New 新視野179
window

他們先殺了我父親
柬埔寨女孩的回憶

First They Killed My Father :
A Daughter of Cambodia Remembers

黃良　著
蔣慶慧　譯

高寶書版集團

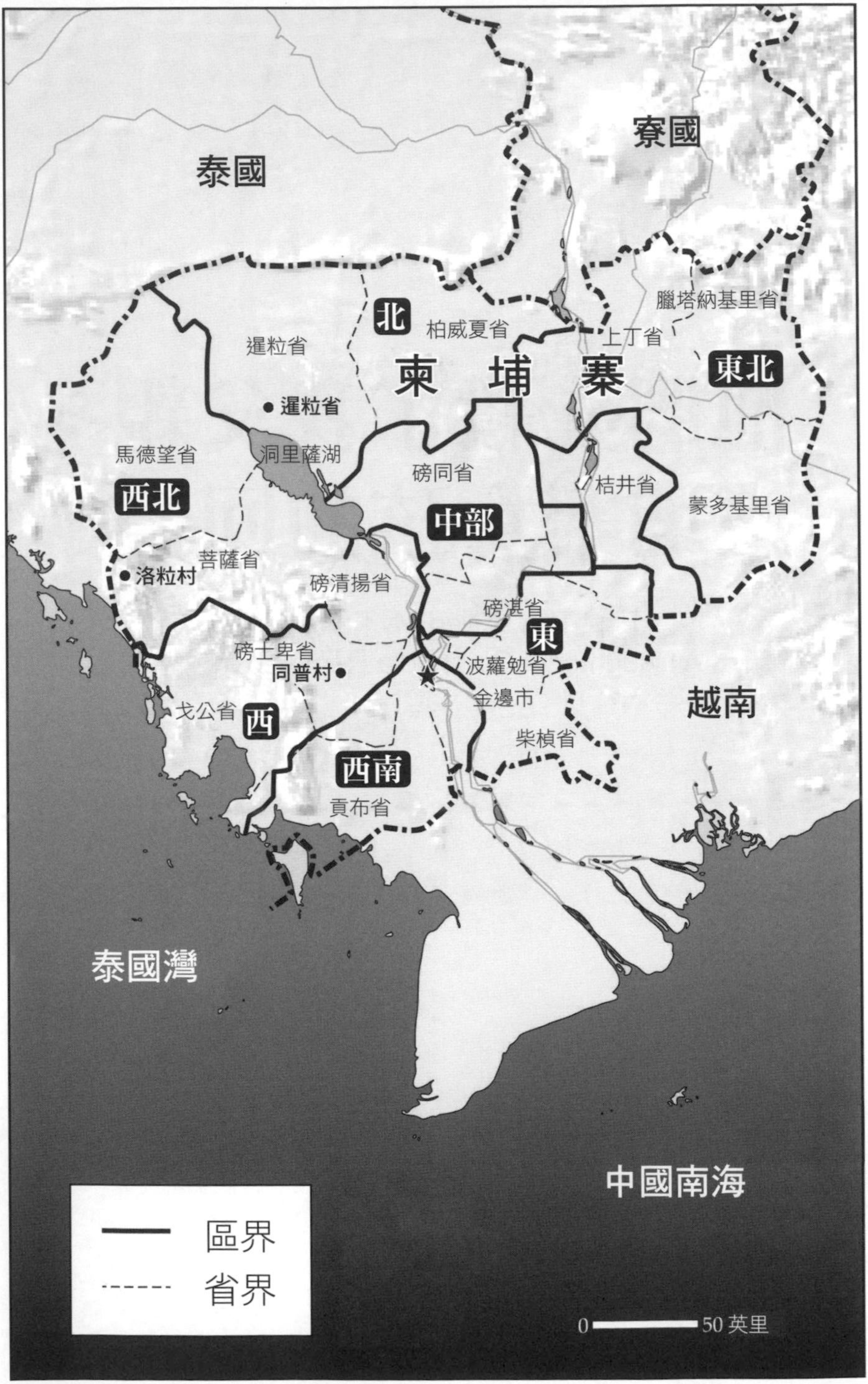
泰國
寮國
柬埔寨
北
柏威夏省
上丁省
臘塔納基里省
東北
暹粒省
暹粒省
馬德望省
洞里薩湖
磅同省
桔井省
西北
中部
蒙多基里省
菩薩省
洛粒村
磅清揚省
磅湛省
東
磅士卑省
同普村
波蘿勉省
金邊市
越南
戈公省
西
柴楨省
西南
貢布省
泰國灣
中國南海
區界
省界
0
50 英里

緬懷在「紅色高棉」政權下喪生的兩百萬人。

獻給始終相信我的父親——黃勝嚴，以及始終愛我的母親——黃愛秋。

給我的姊妹琪、珠和玉，因為姊妹情誼是一輩子的；我的哥哥金，教我擁有勇氣；我的哥哥貴，感謝他提供了超過一百頁關於我們家族的歷史，以及我們在紅色高棉統治下的生活細節，其中許多內容都收編在本書之中；我的哥哥孟和嫂嫂陳央梅，在美國將我（好好地）撫養長大。

推薦序一

活過地獄的孩子

阿潑　轉角國際專欄作者

有那麼一陣子，我對收集關於紅色高棉的紀錄或影像很熱中，試圖瞭解柬埔寨人如何記憶或訴說那段傷痕——一如猶太人談及納粹，或台灣人論及白色恐怖——那些受害者或口拙，或沉默，或面無表情，但即使呼吸都能傳遞出那段語言無法承載的經歷。而外人如我，只能在挨餓、凌虐這類敘事中，想像這歷史地獄。

所謂的地獄，可以透過數據化約：一九七五年四月十七日，獨裁者波布（Pol Pot）與安卡統治柬埔寨三年八個月二十天期間，柬埔寨人民承受飢餓、刑求虐待的遭遇，甚至被抓進勞改營。共有一百七十萬人死去，佔柬埔寨人口的百分之二十一。

《他們先殺了我父親：柬埔寨女孩的回憶》作者黃良在五歲那年經歷了這一切，熬過四年挨餓與失去親人的痛苦，險些被強暴，差點無法活下來，種種劫難後逃到美國，以倖存者身份向全世界訴說這段黑色過去。

這本書就是她的證詞，是一個孩子的控訴，所有文字攀附著五歲孩子的記憶而行，因此書中大部分細節與情感（生離死別）、感覺（挨餓、疼痛）、情緒（悲傷憤怒）勾連，語句直白且尖銳，背景僅藉大人的嘴巴點出，因此讀者不會困在陌生的歷史細節或國際角力裡，可以順暢且輕鬆（但沉重）地閱讀下去。

例如族群問題，黃良的母親是華人，父親是柬華混血，因此全家膚色略白，在紅色高棉統治期間常得遮掩膚色，只因安卡（安卡）想要以種族清洗的方式維持柬埔寨血統的純正性。別說是越南人，即使是華人也會受到歧視或威脅。

但書中未提（作者當時不知）的是，波布本人有華人血統，且本為懷抱理想的青年——在法國殖民時期，名字還是桑洛沙（Saloth Sar）的波布受到殖民政府肯定，得到前往法國留學的機會。那是共產主義風行歐洲的時代，桑洛沙受到影響，將共產主義帶回柬埔寨。

當時，法國人決定了西哈努克為國王，獨裁政權展開。年輕人運作的共黨組織被西哈努克視為眼中釘，被逼迫離開金邊。於是，共黨青年在一九六七年發動全國軍事起義，最後控制了柬埔寨百分之二十的領土。

戲劇性改變出現於一九七〇年，當時的總理龍諾趁著西哈努克訪法，掀起軍事政變。柬埔寨人無法接受國王（神）被推翻，發動示威抗議，卻遭軍隊鎮壓。不滿的人們明白除了加入安卡沒有辦法。西哈努克也是一樣的心情，他轉而跟自己過去反對的安卡合作，成立「柬埔寨民族團結陣線」。共產黨在柬埔寨的勢力因此壯大，逐漸控制整個柬埔寨。

一九七五年四月十七日那天，赤柬軍隊開入金邊，如入無人之境，橫掃整座城市。他們確切執行淨空任務，舉起槍口，逼迫人民留下財產，步行到鄉間。歷史上稱呼的紅色高棉時期，就此展開。

這就是《他們先殺了我父親》這本書開頭沒說清楚的地方：作者一家何以必須離開金邊？為何父親得隱藏曾為龍諾政府服務的經歷，最後又因此受害？都在這樣的背景裡。在這之後，波布政權實行極左主義。他原本想模仿毛澤東的政策，強迫居民到農村勞動，仿效文革，在全國進行種族主義清洗，並屠殺不同政見者。柬埔寨經濟崩潰，人民或是被殺死或是餓死，死亡人數超過百萬，黃良用文字留下了這種歷史概述下的血肉細節。

閱讀這本書的過程中，我會想起脫北者朴研美在《為了活下去》中描述的經歷：在獨裁政權下的民不聊生與殘暴，而年輕女孩在這樣的世道下的風險更遠遠高於其他。換句話說，雖然這本書寫的是快半個世紀前的柬埔寨，然而，場景替換成非洲、北韓或任一封閉威權或戰爭狀態下的政體，人民、女性或弱者的處境，並不會因國籍而有不同，唯一的差別或許是，活下來的人，怎麼面對這一切？是否願意挺身改變它？

推薦序二

流淚中，更激發了堅韌與勇敢

親子教育家．知名作家　陳美儒

很少有一本書從首頁到卷末，始終一直緊緊地吸引我的閱讀視線；每一字每一行每一段落，讀來是如此震懾我的心扉；顫動顫痛甚至無法抑遏地落淚，卻讓我欲罷不能地追逐那每個遭遇的情節。

本書作者黃良出生於一九七〇年，柬埔寨金邊的一個中產階級家庭，家中孩子三男四女，她排行第六。

一九七五年四月，當波布的共產黨執政，扳倒了龍諾政府時，在全國開始實施大規模社會改造，屠殺知識分子、廢除貨幣交易、搗毀學校、宣布婚姻制度無效，不允許宗教存在，把僧人趕出廟宇，逼他們從事農工勞動。

一九七五至一九七九短短不到四年，柬埔寨進入全國充滿種族滅絕、飢荒、酷刑的年代，被世人稱為「赤柬」，也就是「紅色高棉」。在紅色高棉的天空下，誰也不敢保證自己是否能活過明天。

從一九七九至今，四十年過去了，仍有許多當年的倖存者擺脫不了深深的創傷症候群。歷經血腥的洗禮，這個本來綻放微笑的幸福國度，如今貧窮卻成了日常。雖然每年吸引世界上百萬觀光客來憑弔的吳哥窟依然屹立，在首都金邊或鄉間還是會遇見斷腿缺腳的人，成為當年赤柬與越南大戰所埋下地雷的殘酷見證。

一九八〇年，黃良和她的大哥乘船逃到泰國，在難民營度過了五個月，幸運地獲得美國伯靈頓聖家教會贊助，重新安置到佛蒙特州。

在美國大學畢業後的黃良，於一九九五年二十五歲那年回到柬埔寨，得知她有二十多名親人被紅色高棉屠殺，這個令人震驚又痛苦的體悟，讓她決定為自己的家鄉與正義獻身。她用文字真實地追述那段邪惡的歷史，讓世人了解在柬埔寨，殘餘不可知數的地雷依舊存在，同時宣傳這些濫殺、濫傷武器的危險性；她目前是柬埔寨兒童兵與無地雷運動以及柬埔寨基金會的發言人，該中心積極幫助戰爭中殘疾的受害者與地雷爆炸中的倖存者。

與我合著《青春的滋味》的翁仕明博士，於二〇一一年在柬埔寨進行了近兩個月的義診，而後年年前往不缺席。

進出金邊這八年，仕明告訴我，近年外資大量湧入柬埔寨，金邊建築擴展十分快速。而最讓他傷感的是，柬埔寨人在八月中有一個「亡人節」，這個節日類似我們的「清明節」。柬埔寨舉國上下包括學校，都要停課休息二十多天，讓家家戶戶到各地祭拜，因為當年的「紅色高棉」殺了三百多萬人，大體、墳場散落全國。

除了柬埔寨，仕明也前往越南、寮國、泰國診療接觸，他悄悄對我說：「我認為柬埔寨人最善良又樂天。」

看了黃良的《他們先殺了我父親》，心情其實十分沉重，卻也深感生活在台灣的人民是多麼幸福，是多麼值得珍惜。

美儒願全力推薦這本充滿積極、鼓舞正向能量的書，能為你在人生遭遇起伏挫折時，激發人性向善、堅毅、勇敢求活的精神。

目錄
contents

作者註

一九七五年到一九七九年間，紅色高棉政權透過處決、飢餓、疾病和強制性勞役的手段，系統性地屠殺了約兩百萬名柬埔寨人，幾乎是全國人口的四分之一。

這是一個關於倖存者的故事，主角就是我和我的家人。雖然我的經歷是由這些事件編織而成的，但我的故事也是數百萬柬埔寨人的寫照。如果你也曾在這個時期居住於柬埔寨，那麼，這也是你的故事。

家譜　一九七五年

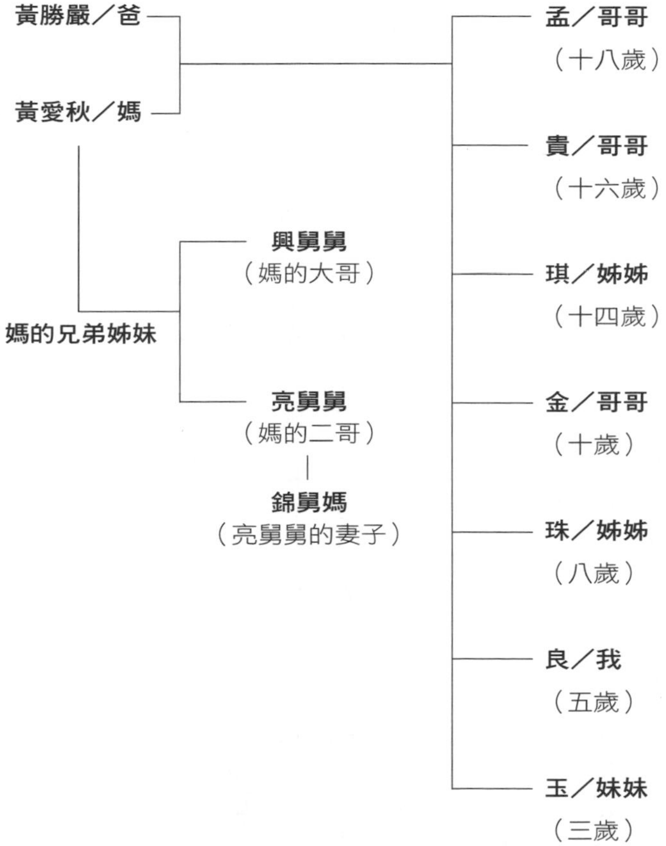
黃勝嚴／爸
黃愛秋／媽
媽的兄弟姊妹
興舅舅
（媽的大哥）
亮舅舅
（媽的二哥）
錦舅媽
（亮舅舅的妻子）
孟／哥哥
（十八歲）
貴／哥哥
（十六歲）
琪／姊姊
（十四歲）
金／哥哥
（十歲）
珠／姊姊
（八歲）
良／我
（五歲）
玉／妹妹
（三歲）

金邊　一九七五年四月

為了趕在陽光穿透霧霾、將全國籠罩在難受酷熱之前享受一下早晨涼爽的微風，金邊市民都起得很早。清晨六點，市民已經在塵土飛揚的狹窄巷弄中來去匆匆，不時還會碰撞到彼此。身穿黑白制服的男女服務生打開店門，用湯麵的香味迎接在外等候的顧客。街頭小販推著販賣食物的推車，上面堆滿了蒸餃、煙燻照燒牛肉串和烤花生，停在馬路旁開始準備經營當日的生意。身穿五彩T恤和短褲的孩子們在人行道上光腳踢著足球，絲毫不理會那些小吃攤販的抱怨和叫罵聲。摩托車引擎、吱吱作響的自行車以及那些有錢人才買得起的小汽車在寬廣的大道上鳴奏著。到了中午，當氣溫攀升超過華氏一百度時，街道又會安靜下來。人們匆忙趕回家躲避酷熱、吃午飯、沖冷水澡以及午睡，然後在下午兩點繼續返回工作崗位。

我們家住在金邊市中心一棟公寓的三樓，所以我對車水馬龍和噪音早就習以為常。這條街上沒有交通號誌燈，警察就在十字路口上，站在墊高的金屬箱子上指揮交通，然而這座城市似乎總是在大塞車。我最喜歡的交通工具是和媽一起搭乘三輪車，因為即使交通再繁忙，司機也能夠穿梭自如。三輪車看起來就像一張前面連著一台自行車的大型輪椅。只要坐上去、付錢給司機，他就會載你到你想去的任何地方。雖然我們擁有兩台車和一輛卡車，每當媽帶我去市場時，我們仍然經常搭三輪車，因為可以更快抵達目的地。當司機踩著踏板、穿梭在水洩不通的城市街道上，我會坐在媽大腿上一邊上下晃動一邊大笑著。

今天早上，在離我們公寓一條街外的一家麵店裡，我被困在一張大椅子上。其實我寧可和朋友一起玩跳房子遊戲。大椅子總是讓我想要在上面跳來跳去，我很討厭雙腳懸空晃動的感覺。今天，媽已經警告過我兩次，叫我不要爬到椅子上亂跳。我只能乖乖坐好，在桌面下來來回回晃著我的腿。

媽和爸很喜歡在早上爸上班前帶我們去麵店。一如往常，店裡坐滿了吃早餐的人們。湯匙碰撞著碗底的鏗鏘聲、喝茶和喝湯發出的啜食聲，空氣中瀰漫著大蒜、香菜、生薑和牛肉湯的香氣，讓我的肚子餓得咕嚕咕嚕叫了起來。一個男人坐在我們對面，用筷子將麵條塞入口中。坐在他隔壁的一個女孩將一塊雞肉沾上放在小碟子中的海鮮醬，她的母親用牙籤剔著牙。湯麵是柬埔寨人和華人的傳統早餐，我們通常都這樣吃，只有在特別的日子才會吃法國麵包配咖啡。

「坐好。」媽一邊說道，一邊伸出手阻止了我晃到一半的腿，結果我反而踢到了她的手。媽給了我一個嚴厲的眼神，很快地輕輕打了我的腿一下。

「妳可不可以乖乖坐好？妳已經五歲了。妳是最難搞的孩子，妳為什麼不能多學學妳姊姊？

妳這樣要怎麼長大變成淑女？」媽嘆口氣。當然，這些話我以前都聽過了。

對她來說，有這種不淑女的女兒一定很不好過，畢竟她長得那麼美，卻有我這種女兒。在媽的女性朋友當中，她的身高、苗條的身材以及骨瓷般的白皙皮膚都令眾人稱羨不已，我經常無意中聽到她們在媽背後談論她那張美麗的臉。因為我是個孩子，所以她們總覺得可以在我面前暢所欲言，認為我不會明白。她們一邊不把我當回事，一邊議論著媽完美上揚的眉型、杏眼、又高又挺的西方鼻以及那張鵝蛋臉。身高約一百六十八公分的媽在柬埔寨女人當中可謂相當魁梧。媽說她之所以長這麼高，是因為她是十足的華人血統。她說將來有一天，我的華裔血統也會讓我變高的。我希望真能如此，因為現在我的身高只到媽的臀部而已。

「柬埔寨的莫尼列公主就是個出了名的淑女。」媽繼續說道。「據說她走路不聲不響，根本沒有人能聽見她靠近。她微笑的時候也絕不露齒，她和男人說話的時候絕不直視他們的眼睛。真是個氣質優雅的淑女啊。」媽看著我搖了搖頭。

「嗯……」就是我的回答，我從小小的可口可樂瓶中大聲地吸了一口。

媽說我走起路來就像快渴死的乳牛踩著重步一樣。她已經試過很多次，要教我窈窕淑女該如何走路。首先，妳的腳跟著地，然後腳掌觸碰地面，腳趾頭疼痛地彎曲，而且動作還必須優雅、自然、安靜。這些在我聽來既複雜又痛苦，而且我踩重步踩得挺高興的。

「她有夠會惹麻煩的，她前幾天——」媽繼續對爸說著，但被端著湯走過來的女服務生打斷了。

「您的雞肉金邊粿條和一杯熱水來了。」女服務生說道，一邊把那碗熱騰騰的清湯粿條放在媽面前。「兩碗香辣牛百葉牛筋上海麵。」女服務生離開之前，又放了一個盤子在桌上，裡面裝滿了新鮮豆芽、切片萊姆、蔥花、紅辣椒以及薄荷葉。

我一邊把蔥花、豆芽和薄荷葉加進湯裡，媽則把我的湯匙和筷子放進熱水中，再用她的紙巾擦乾淨，然後把它們還給我。「這些餐廳都不太乾淨，但熱水可以殺菌。」她也用同樣方法處理了她和爸的餐具。當媽一邊品嚐著清湯雞麵時，我放了兩根紅辣椒到我的碗裡，爸用認可的眼神看著我。我用湯匙把辣椒在碗邊壓碎，我的湯才終於合我的胃口。我緩緩地大聲喝著湯，舌頭馬上就灼燒起來，鼻子也流出鼻水。

很久以前，爸告訴過我，住在熱帶國家的人應該要吃辣的食物，因為那會讓他們多喝水。我們喝越多的水，就會流越多的汗，而流汗可以讓身體排出雜質。我雖然不太明白，但我喜歡他對我微笑的樣子。因此我再次將筷子伸向裝辣椒的盤子，卻打翻了鹽罐，罐子像墜落的圓木般滾到了地面。

「不要再那樣了。」媽斥責道。

「她是不小心的。」爸告訴她，然後對我微笑一下。

媽對著爸皺眉說道：「不要縱容她。你難道忘了鬥雞事件嗎？她那時也說是不小心的，現在看看她的臉成了什麼德性。」

我不敢相信媽居然還在為那件事生氣。那已經是好久以前的事了，有一次我們去鄉下舅舅和舅媽的農場作客，我和他們鄰居的女兒一起玩，我們扛著一隻雞四處和其他孩子的雞打架。要不是我臉上留下的那道大抓痕，媽也不會發現這件事。

「她雖然會闖禍，但也能脫困，這讓我對她很有信心，我認為這顯然表示她很聰明。」爸總是會在每個人面前替我辯駁。他經常說人們只是不了解孩子聰明的表現，我惹的所有這些麻煩，事實上都是實力和智慧的表徵。無論爸說的是否是對的，我都相信他。我相信爸告訴我的每一件事。

如果說媽以美貌聞名，那麼爸則是因為寬容的心受到愛戴。身高一百六十五公分的他體重約六十八公斤，矮胖的體型和媽修長纖瘦的身材形成對比。爸讓我聯想到泰迪熊，又軟又大，非常適合摟抱。爸有一半柬埔寨、一半華人血統，有著一頭黑色捲髮、寬鼻、厚唇和一張圓臉。他的眼神很溫暖，像大地一樣是棕色的，形狀則像滿月。我最愛爸的地方是他微笑的樣子，不只是他的嘴，還有他的眼睛。

我好愛聽我父母相遇結婚的故事。當爸還是出家人的時候，他剛好經過一條溪流，媽拿著水壺在那裡裝水，爸第一眼看到媽立刻就墜入了情網。媽看到了他的善良、堅強以及英俊，最終也愛上了他。爸還俗後向媽求婚，她也答應了。然而，因為爸膚色深而且非常窮，媽的父母拒絕讓他們成婚。但他們很相愛，而且意志堅決，所以他們就私奔了。

原本他們的財務狀況很穩定，但後來爸迷上了賭博。起初他手氣不錯，贏了很多次，但有一天他玩過頭了，把一切都押注在一場賭局中——包括房子和所有的錢。他輸了那場賭局，差點也把整個家輸掉了，因為媽威脅如果爸不戒賭的話就要離開他。在那之後，爸就再也不玩牌了。現在我們全都被禁止玩牌，甚至連撲克牌都不能帶回家。如果被逮到的話，連我都會受到嚴厲的懲罰。除了賭博這件事外，爸是個典型的好父親：善良、溫柔而且慈愛。他很努力工作，是個憲兵隊長，所以我不能如願地常見到他。媽告訴我，爸絕不是一路踩在別人頭上而成功的。爸從未忘記貧窮的感覺，因此，他會幫助許多需要幫助的人，大家都很尊敬而且喜歡他。

「良就是太聰明伶俐了，所以人們無法理解她。」爸說道，然後對我眨了眨眼。我眉開眼笑地看著他。雖然我不是很確定我是不是真的聰明伶俐，但我知道我對世界充滿好奇——從蠕蟲到昆蟲到鬥雞，還有媽掛在她房間裡的胸罩。

「你又來了，縱容她這種行為。」媽看著我，但我沒理她，繼續大聲喝著我的湯。「前幾天她走到一個賣烤蛙腿的攤販面前，開始問人家一大堆問題：『先生，你是從鄉下的池塘裡抓到青蛙的，還是你自己養的？你都餵青蛙吃什麼？你怎麼剝青蛙的皮？你會在牠們的肚子裡看到蟲子嗎？你只賣腿，那牠們的身體你怎麼處理？』良問了太多問題，害得那個攤販只好把推車推離她遠一點。一個女孩子家話那麼多實在很不妥當。」

在大椅子上扭來扭去也不是妥當的行為，媽告訴我。

「我吃飽了，我可以走了嗎？」我問道，更用力地晃動著雙腿。

「好吧，妳可以去玩了。」媽嘆口氣說道。我從椅子上跳下來，朝我住在同一條街上的朋友家走去。

雖然我的肚子已經飽了，但我還是想吃鹹的零食。我口袋中裝著爸給我的錢，走向一個賣烤蟋蟀的小攤販。每個街角都有攤販在擺攤，賣著五花八門的東西，從熟成的芒果到甘蔗、從西式蛋糕到法式可麗餅。這些路邊攤小吃隨時想吃都有，而且一向都很便宜，在柬埔寨非常流行。在金邊，看到人們坐在巷弄中的矮凳上吃東西是很尋常的。柬埔寨人一天到晚都在吃，如果你像今天早上的我一樣口袋裡有錢的話，那麼你想吃什麼都沒問題。

淋上了糖漿的棕色蟋蟀包在綠色的荷葉中，聞起來有煙燻木和蜂蜜的味道，牠們吃起來像烤焦的鹹堅果。我緩緩地漫步在人行道上，看著男人圍繞在那些年輕美女的攤位旁。我知道女性的外在美是很重要的，有美女幫你賣產品對生意絕對有利無害，年輕美女可以把聰明的男人變成目瞪口呆的男孩。我就曾經看過自己的哥哥跟漂亮女生買他們平常根本不會吃的零食，卻不去買平庸女孩賣的美食。

五歲的我也知道我是個漂亮的孩子，因為我曾經聽過大人們對媽說過很多次我有多「醜」。「她很醜對吧？」她的朋友會這樣對她說。「又黑又亮的秀髮，看看她光滑的棕色皮膚！那張瓜子臉真讓人想伸手去捏那蘋果般的酒窩臉頰。看看她的豐唇和笑容！醜死了！」

「不要說我醜！」我會對她們大吼道，然後她們會大笑起來。

後來媽才跟我解釋，在柬埔寨，人們不會公然讚美一個孩子。他們不想讓孩子成為注目焦點。傳說中，人們相信當惡靈聽見有人讚美孩子時，很容易就會嫉妒，然後他們就會過來把孩子帶到另一個世界去。

黃氏家族　一九七五年四月

我們家是個大家族，總共有九個成員：爸、媽、三個男孩和四個女孩。還好我們有一間大公寓，能夠輕鬆容下每個人。我們的公寓蓋得像一列火車，前面很窄，有很多個房間一直延伸到後面。我們家的房間比我去過的其他人家都要多。最重要的一個房間就是客廳，大家經常一起在那裡看電視。客廳很大，還有超挑高的天花板，並預留了閣樓的空間給我的三個哥哥當臥房。一條通往廚房的小走廊介於媽和爸的臥室以及我和三個姊妹共享的臥室之間。廚房中瀰漫著酥炸蒜頭和米飯的香味，我們全家會坐在自己常坐的位置，圍繞著一張桃花心木的餐桌，各自有一張高椅背的柚木座椅。廚房天花板上的電風扇轉呀轉的，把這些熟悉的香味傳送到屋中各個角落，甚至是浴室。我們家很現代化——浴室配備包括沖水馬桶、鐵製浴缸以及自來水。

從我們的公寓和所擁有的物質享受，我知道我們是中產階級。我有許多朋友家裡都很擁擠，一家十口居住在只有兩三個房間的屋子裡。大多數家境不錯的家庭都住公寓或是一樓以上的房子。在金邊，似乎越有錢就得爬越多層樓梯回家。媽說一樓環境不好是因為髒污會跑進家中，還會有那些好管閒事的人不停探頭進來窺視，所以當然只有窮人住在一樓。而完全赤貧的人，則居住在我從不被允許前往的違章建築內。

有時候在我和媽去市場的路上，我會短暫瞥見這些貧民區。我用不敢置信的眼神看著那些有著油膩黑髮、身穿骯髒舊衣的孩子光著腳朝我們的三輪車跑來。他們許多身高看起來都和我差不多，背上揹著光著身子的年幼弟妹跑來跑去。即使從遠處，我都能看到他們臉上、脖子皺摺處和指甲下方沾滿的紅土。他們用單手高舉著佛祖、牛、運貨推車造型的小木雕以及竹子做的迷你笛子，頭上頂著或是腰間捧著巨大的草編竹籃，懇求我們買他們的製品。有些孩子根本沒有東西可賣，就伸出手，口中唸唸有詞地靠近我們。每一次，在我來得及聽懂他們在說些什麼之前，三輪車生鏽的鈴鐺都會吵雜地發出聲響，逼得那些孩子匆忙讓路跑開。

金邊有很多市場，有的大有的小，但販售的商品都大同小異。這裡有中央市場、俄羅斯市場、奧林匹克市場，還有很多其他市場。人們選擇到哪裡購物取決於哪個市場離家最近。爸告訴我，奧林匹克市場過去曾經是一棟美麗的建築，現在它黯淡無光的外表因為發黴和空污而變得灰濛濛，牆壁也因為年久失修而龜裂。曾經一片翠綠、長滿樹叢和花朵的地面現在都死去了，埋在戶外搭棚和販賣食物的推車下方，每天被數以千計的購物者踐踏。

在亮綠色和藍色的塑膠棚子下方，攤販們賣著各式各樣的東西，從條紋、變形蟲花紋和花朵圖案的布料，到中文、高棉文、英文和法文的書籍，什麼都有。破殼的綠椰子、芭蕉、黃澄澄的芒果以及粉紅的火龍果都在特價，還有像銀魷魚這種珍饈佳餚，它們像珠子般的眼睛注視著身邊的同伴，以及一群群正在白色塑膠桶中爬行的棕色老虎蝦。室內的溫度通常比外面低個十度，儀容端正的女孩們身穿白挺的襯衫和百褶裙，在攤位裡展示金銀珠寶的玻璃櫥窗後方，端坐高凳子上。她們的耳朵、脖子、手指和手上都穿戴著沉重的二十四K金珠寶，呼喚著你前往她們的攤位。在這些女子對面幾尺外的地方，黃色、沒有羽毛的雞吊在掛鉤上，身穿沾有血跡圍裙的男子在後方高舉著菜刀，憑著多年的老到經驗，準確地剁著大塊牛肉。距離肉販更遠的地方，隱約留著貓王鬢角、身穿喇叭褲和燈心絨外套的時髦年輕人，用他們的八軌磁帶播放器播放著柬埔寨的流行音樂。歌曲夾雜著攤販叫賣的聲音，全都在爭奪你的注意力。

最近，媽不再帶我一起上市場了。但我依然會早起，看著她上熱騰騰的髮捲和化妝。當她一邊穿上藍色的絲襯衫和褐紅色的紗籠時，我會懇求她帶我一起去。當她戴上金項鍊、紅寶石耳環以及手環的時候，我會求她買餅乾給我。等到她在頸間擦上香水後，媽會大聲叫我們家的女僕看著我，然後自己出門上市場去。

因為我們家沒有冰箱，所以媽每天早上都會去買菜。媽喜歡這樣，因為這樣我們每天吃的東西都是最新鮮的。她帶回來的豬肉、牛肉和雞肉都放在一個皮箱大小的保冷箱裡，裡面裝滿了從同一條街上的冰塊店買來的冰磚。當她購物一整天回到家又熱又累時，她做的第一件事，就是根據華人的傳統，脫下腳上的涼鞋放在門外。然後她會打赤腳站在磁磚地板上，一邊感受著磁磚從腳底傳來的涼意，一邊放鬆地嘆口氣。

到了晚上，我喜歡和爸坐在我們家的陽台上，看著下方人來人往。從陽台可以看到，金邊大多數的建築都是兩層或三層樓高，只有少數幾棟有八層樓高。這些建築都很狹窄、貼得很緊，因為這座城市是狹長型的，沿著洞里薩河延伸約兩英里長。這座城市的超現代風格歸功於法式殖民建築，與那些骯髒、佈滿灰燼的一樓住宅並存。

在黑暗中，街燈閃閃爍爍，世界變得安靜而不慌不忙。餐廳都關門了，販賣食物的推車也消失在巷弄中。有些三輪車司機爬上他們的三輪車睡覺，其餘則繼續踩著踏板四處找生意。有時候我的膽子比較大，我會走到欄杆邊，低頭看下方的燈火。當我膽子更大一點的時候，我會爬上欄杆，緊緊抓住欄杆的支柱，讓欄杆支撐著我的全身，大膽地看著自己垂在世界邊緣的腳趾頭。當我低頭看著下方的汽車和自行車時，一股微微的刺痛感傳遍我的腳趾，那種感覺就像有一千根針輕輕地刺著它們。有時候，我會趴在欄杆上，完全放開支柱，將雙臂高舉在頭頂上。我的手臂在風中自由地揮舞著，假裝自己是一條龍，高飛在城市上空。陽台是一個特別的地方，因為我和爸經常在此討論重要的事情。

當我小時候，比我現在更小的時候，爸告訴我說在某種特定的中國方言裡，我的名字Loung是「龍」的意思。他說龍是神的動物，甚至可能本身就是神祉。龍非常有威力和智慧，而且經常能夠透視未來。他也解釋，就像電影裡演的一樣，偶爾會有一兩隻壞龍降臨地球為人間帶來浩劫，不過大多數的龍都是以保護者的身分存在的。

「當年金出生的時候，我到外面去散步。」爸在前幾天晚上說道。「突然間，我抬起頭看見幾朵美麗蓬鬆的白雲朝我飄過來，就好像它們在跟著我一樣，然後那些雲開始形成一隻兇猛的巨龍形狀。那隻龍大約有六到九公尺長，有四條小小的腿，翅膀伸展開來有半個身體那麼大。牠的頭上長出兩根彎曲的頭角，輕輕地來回擺動著，彷彿像是在跳彩帶舞。突然間牠往下撲到我身邊盯著我，牠的眼睛就像輪胎那樣大。『你會有一個兒子，一個強壯又健康的兒子，他長大後會做很多了不起的事。』我就是這樣得知關於金出世的消息。」爸告訴我說那條龍後來又來找過他很多次，每次都會告訴他關於我們出世的消息。所以我現在才會這樣，讓頭髮像鬍鬚般飄盪在身後，雙手像翅膀般揮舞，在世界的上空飛翔著，直到爸把我叫過去。

媽說我太愛問東問西了。當我問爸是做什麼工作的，她告訴我他是個憲兵。他的制服上有四條槓，那代表他賺很多錢。媽又說當我才一兩歲的時候，有一次有人想殺他，在我們家的垃圾桶裡放了炸彈。我對這件事毫無記憶，因此問道：「為什麼有人想殺他？」我問她。

「當年飛機開始在鄉間投炸彈的時候，很多人都搬到了金邊來。一旦來到這裡之後，他們因為找不到工作，就開始怪政府。這些人不認識妳爸，但他們以為所有的官員都是腐敗的壞人，所以只要是高階官員都是他們攻擊的對象。」

「炸彈是什麼？是誰丟的？」

「這就得問妳爸了。」她回答道。

那天晚上，在外面的陽台上，我問爸關於那些投在鄉間的炸彈的事。他告訴我，柬埔寨正在打一場內戰，大多數的柬埔寨人都不住在城市裡，而是住在農村，在自己的一小塊土地上務農。而炸彈是從飛機上扔下來的金屬球，當它們爆炸時，會把地面炸出像小池塘一樣大的坑洞。炸彈會殺死務農的家庭，毀了他們的土地，讓他們無家可歸。現在這些人流離失所又飢餓，只好來到城市尋求庇護和協助。但由於兩者都沒有得到，所以他們很生氣，把氣都出在政府的官員身上。他的話讓我聽得暈頭轉向，心跳加快。

「他們為什麼要投炸彈？」我問他。

「柬埔寨在打一場我也不懂的戰爭，還有妳不要再問下去了。」他說道，然後就沉默下來。在我們垃圾桶裡爆炸的炸彈把廚房的牆炸塌了，幸虧沒有人受傷。警方沒有找到炸彈是誰放的，我一想到有人試圖傷害爸就覺得難過不已。但願這些到城市裡來的新人能夠了解爸是個大好人，而且總是願意幫助別人，這樣他們就不會想要傷害他了。

爸於一九三一年出生在春暖，一個位於磅湛省的小農村。以村裡的標準來說，他的家境還算不錯，爸也一直都豐衣足食。當他十二歲的時候，父親過世，母親也改嫁了。爸的繼父經常喝醉酒，對他施暴。十八歲的時候，爸為了脫離暴力的家庭，於是離開家，搬到一座佛寺居住並且進修，最後成了出家人。他告訴我，在他出家的那段期間，無論他去哪裡，都會帶著一隻掃把和畚箕，清掃他前方的路，以免踩到任何生物，把牠們踩死。之後為了和媽結婚而還俗之後，爸加入了警察部隊。他做得很好，於是被升官，分配到諾羅敦・西哈努克親王所掌管的柬埔寨皇家特勤。身為特勤人員，爸以便衣身分假冒一般市民，為政府蒐集情報。他對於他的工作很保密。後來，爸認為他在私營企業能做得更好，於是辭去了公務，和朋友一起做生意。西努哈克親王的政府在一九七〇年垮台之後，爸被徵召到龍諾的新政府旗下工作。雖然他被龍諾政府提拔到隊長的職位，但爸說他其實根本不想加入，卻逼不得已，否則可能會被迫害、被貼上叛徒的標籤，甚至還可能有被殺害的危險。

「為什麼？在其他地方也是這樣嗎？」我問他。

「不。」他說道，摸摸我的頭髮。「妳真的很愛問問題。」然後他的嘴角往下一撇，眼神也從我臉上移開。當他再次開口說話時，他的聲音變得疲憊而遙遠。

「在很多國家都不是那樣的。」他說道。「在一個叫美國的國家，並不是那樣的。」

「美國在哪裡？」

「一個離這裡很遠很遠的地方，要穿越很多個海洋。」

「爸，在美國就不會有人逼你加入軍隊嗎？」

「不會。那個國家是由兩個黨派統治的，一派叫民主黨，一派叫共和黨。在他們的爭奪中，不管哪一派贏了，另一派就得去找別的工作。舉例來說，如果民主黨贏了，共和黨的人就會失業，經常得到其他地方去找新工作。現在，在柬埔寨卻不是這樣。如果共和黨在柬埔寨輸了，他們全都得變成民主黨，否則就可能受到懲罰。」

我們的對話被走到陽台上加入我們的大哥打斷了。孟十八歲，很疼愛我們這些弟弟妹妹。和爸一樣，他一向輕聲細語、溫柔而且慈愛。孟是個有責任感、可靠型的人，是他們班上畢業典禮的學生致詞代表。爸剛買了一輛車給他，他開車載的似乎都是書本而不是女孩子，但孟確實有一個女朋友，而且他們打算等他從法國拿到學位回來後就結婚。他預計在四月十四日出發前往法國上大學，因為十三號剛好是新年，爸讓他留下來過年。

如果說孟是我們尊敬的那個哥哥，那麼貴就是我們害怕的那個哥哥。貴十六歲，對女生跟空手道的興趣遠大於對書本的興趣。他的摩托車不只是交通工具，也是少女殺手。他自認為是個超酷又溫文儒雅的傢伙，但我知道他很壞。在柬埔寨，如果父親忙著工作，而母親忙著照顧嬰孩和購物的話，那麼管教和處罰弟妹的職責就會落在最年長的孩子身上。在我們家，因為大家都不怕孟，於是這個角色就落到貴身上，他是不會輕易被我們的迷湯或藉口所勸阻的。雖然他從來沒有真的執行他的威脅、對我們動手，但我們全都很怕他，對他總是言聽計從。

我的大姊叫作琪，才十四歲就已經是個美人了。媽說會有很多男人想娶她為妻，她可以挑自己想要的任何人。然而，媽也說琪的缺點是太愛八卦，而且喜歡爭辯，這種特質是很不淑女的。當媽忙著把琪塑造成一位好淑女時，爸則有更深切的擔憂。他想要保護她的安全，他知道人們心有不滿，因而把氣都出在政府官員的家人身上。他有許多同事的女兒都在街上被騷擾過，甚至被綁架。爸很害怕這種事會發生在她身上，於是安排了兩個憲兵跟在她身後保護她。

金是我十歲的哥哥，他的名字在中文是「金子」的意思。媽給他取了個外號叫做「小猴子」，因為他個子很小、敏捷而且跑得很快。他看很多中國功夫的電影，經常模仿電影裡的猴拳來煩我們。我以前一直覺得他是個怪人，但後來我認識了其他女孩，也有和金同齡的哥哥，我發覺全天下的哥哥都是半斤八兩，他們存在的唯一目的就是要找你的碴和激怒你。

珠是比我大三歲的姊姊，和我是天壤之別。她的名字在中文裡是「珠寶」的意思。八歲的她沉默寡言、害羞，而且很溫順。媽總是會拿我們兩個作比較，問我為什麼不能像她一樣乖巧。珠和我們其他人不同，她長得比較像爸，皮膚特別黝黑。哥哥們總是會開她玩笑，說她其實不是我們家親生的。他們會逗她，說她是爸在我們家的垃圾桶裡撿來的，因為覺得她可憐而收養了她。

我是接下來的一個，五歲的我已經長得和珠一樣高了。在我大多數的兄弟姊妹眼中，我是個被寵壞的麻煩精，但爸說我其實是未經雕琢的鑽石。身為佛教徒，爸相信異象、能量場、光環以及一些可能被其他人認為是迷信的事。光環是身體散發出來的一種顏色，可以讓看見的人知道你是哪種人：藍色代表快樂，粉紅色是慈愛，黑色則是刻薄。不過他說大多數的人都無法看見，但其實所有人都活在一個泡泡中，會散發出非常清楚的顏色。爸告訴我，當我出生時，他看見我被籠罩在亮紅色的光環當中，那代表我是個熱情的人。對於這點，媽說所有的嬰兒出生的時候都是紅的。

玉是我最小的妹妹，今年三歲。在中文裡，Geak這個發音是「玉」的意思，是亞洲人眼中最珍貴摯愛的一種寶石。她很漂亮，而且她做的每一個動作都很可愛，包括她流口水的樣子。大人們總是喜歡捏她胖胖的臉頰，掐成粉紅色，他們說那是健康的象徵，我則認為那是劇痛的象徵。儘管如此，她依然是個快樂的寶寶，我則是脾氣暴躁的那一個。

孟和爸說著話，我靠在欄杆上看著我們這棟公寓對面的電影院。我經常去看電影，因為爸的身分，電影院老闆都會讓我們這些小孩免費進去。當爸跟我們一起去的時候，他會堅持要付錢幫我們買票。從我們的陽台上，我可以看見電影院上方的一個大看板，描繪著這個星期播放的電影。看板上畫著一張大圖，圖上有一位美麗的年輕女子，有著一頭狂野、凌亂的秀髮，淚水滑落她的臉頰。近看之下，她的頭髮其實是很多條蠕動的小蛇。背景刻畫著村民對她扔著石頭，她一邊跑開一邊試圖用傳統的高棉長布巾包住頭。

下方的街道現在很安靜，除了偶爾傳來草編掃帚將一天的垃圾在路邊掃成小堆的聲音。片刻之後，一個老人和一個年輕男孩推著一台大型木製推車走了過來。老人從店家老闆手中接過幾張瑞爾[1]鈔票，男孩將垃圾鏟到推車上。他們處理完畢之後，老人和男孩又推著推車走到另一堆

1　柬埔寨貨幣。

垃圾前面。

在我們的公寓裡，金、珠、玉和媽坐在客廳裡看電視，貴和琪在寫功課。身為一個中產家庭，意味著我們擁有的錢和物質比許多家庭多出很多。當我的朋友來家裡玩的時候，他們都很喜歡我們家的咕咕鐘。還有，許多住在我們這條街上的人家裡連電話都沒有，但我們家卻有兩台，雖然他們不准我用。

在我們家的客廳裡，有一個很高的玻璃櫥櫃，媽在裡面放了很多盤子和小裝飾品，但最特別的是那些又好吃又漂亮的糖果。當媽在客廳裡，我經常會站在櫥櫃前，掌心平貼著玻璃，口水直流地看著那些糖果。我用懇求的眼神看著她，希望她會可憐我，賞我一些。有時候這樣做有用，但其他時候她會輕打我的屁股一下把我趕走，抱怨我在玻璃上留下了髒手印，然後說我不能吃那些糖果，因為那是要請客人吃的。

根據我的觀察，除了錢和那些物質的東西之外，中產家庭也有更多的閒暇時間。當爸去上班、我們這些孩子去上學的時候，媽其實沒什麼事要做。我們有一個每天來家裡洗衣服、煮飯和打掃的女僕。我也和其他人家的孩子不同，並不需要做什麼家事，因為女僕都會幫我們做。然而我還是很努力，因為爸一天到晚都逼我們去上學。每天早上當珠、金和我一起走路去學校的時候，我們會看到很多年紀不比我大多少的孩子在街上賣芒果、用彩色吸管編成的塑膠花還有沒穿衣服的粉紅塑膠芭比娃娃。我對我的同儕很忠誠，總是跟他們買東西，而不會跟大人買。

我在學校的第一堂課是法語課，下午是中文課，到了晚上，則忙著上高棉語課。我一個星期有六天都這樣上課，而每到星期天，我就必須做功課。爸每天都叮嚀我們，我們的第一要務就是去上學，然後學會說多國語言。他會說流利的法語，而且說那就是他之所以能夠在事業上成功的原因。我很喜歡聽爸跟他的同事說法語，那也是我喜歡學這個語言的原因，即使那個老師很刻薄，而且我不喜歡她。每天早上，她都會要我們站成一排面向她，把雙手往前伸直，然後她會檢查我們的指甲，看看是否乾淨。如果不乾淨的話，她就會用教鞭打我們的手。有時候她不讓我去上廁所，除非我用法語徵求她的許可：「Madame, puis j'aller au toilet?[2]」有一次她朝我扔了一支粉筆過來，因為我在打瞌睡。粉筆打中了我的鼻子，每個人都在笑我。我真希望她能夠教我們語言但不要這麼刻薄。

我不喜歡一直去學校，所以有時候我會蹺課，一整天都待在遊戲場，但我沒有告訴爸。不過，關於學校，有一點我很喜歡，就是我今年要開始穿制服。我的制服是一件有著蓬蓬短袖的白上衣和藍色的短褶裙，我覺得很漂亮，雖然有時候我會擔心裙子是不是太短了。幾天前，當我和朋友玩跳房子遊戲的時候，一個男生跑過來試圖掀起我的裙子。我很生氣，用力地把他推開，比我想像中的還要用力。他跌倒了，而我跑開了，雖然我的膝蓋頓時變得虛弱無力。我想那個男生

2 法語，意思是「女士，請問我能夠去洗手間嗎？」

現在應該很怕我。

大多數的星期天，當我們全都寫完功課後，爸會帶我們去俱樂部游泳作為獎勵。我很喜歡游泳，但他們不准我游到深的那一頭。俱樂部的游泳池非常大，所以就算在淺的那頭，還是有很多空間可以玩耍和潑水在珠的臉上。媽幫我換上泳衣，那是一件很短的粉紅色連身裙，大腿的地方則是縫合起來的，然後她和爸就會到二樓去吃午餐。琪會盯著我們，爸和媽則會從玻璃後方的餐桌那裡向我們揮手。而在那天，我第一次看到了老外。

「珠，他好高大而且好白！」我暫時停下潑水的動作對她耳語。

「他是老外，就是他是白人的意思。」珠得意地假笑一下說道，試圖裝出一副自己很懂的樣子。

我盯著老外，看著他走向跳水的跳板。他比爸高出超過三十公分，長長的手臂和腿上都有很多毛，有一張瘦骨嶙峋的長臉和一個像鷹嘴般高窄的鼻子。他的白色皮膚上長滿了黑色、棕色甚至是紅色的小點。他身上只穿了一件內褲，頭上戴著一頂肉色的橡膠帽，讓他看起來很像禿頭。他從跳水板上往下跳，輕鬆地跳進水裡，幾乎沒有激起太多漣漪。

我們看著老外仰漂在水面上，琪責備珠給了我錯誤的資訊。她一邊將剛塗了紅色指甲油的腳趾來回拍打著水面，一邊告訴我們，「老外」原本代表法國人。因為法國人曾經在柬埔寨待了很久，所以我們把所有的白人都稱為「老外」，但他們很可能是從其他國家來的，包括美國。

取得政權 一九七五年四月十七日

這天下午，我正和朋友在家門前的街上玩跳房子遊戲。我在星期四通常都會在學校裡，但不知道為什麼，今天爸叫我們全部留在家裡。當我聽見遠處傳來的隆隆引擎聲，我就停下來不玩了，每個人都突然停下手邊的事，看著那些卡車吵雜地駛進我們的城市。幾分鐘後，沾滿污泥的舊卡車顛顛簸簸地緩慢駛過我們家門前。這些綠色、灰色、黑色的載貨卡車輪胎上的花紋都已經磨光，搖搖擺擺地一邊濺起塵土，一邊引擎冒著煙往前行駛。在卡車後座，男子們身穿褪色黑色長褲和長袖黑色上衣，腰間緊繫著紅色腰帶，額頭上綁著紅色長巾，並肩站在那裡，朝天空揮舞拳頭歡呼著。他們大多數看起來都很年輕，全都很瘦且皮膚黝黑，和在我們舅舅的農場裡工作的那種農民一樣，他們油膩的長髮飄揚在肩後。在柬埔寨，女孩留著又長又油膩的頭髮是不被接受的，因為那象徵著這女孩儀容不整；留著長髮的男人更是會被人瞧不起，而且被認為不可靠，人們相信留著長髮的男人都有不可告人的祕密。

儘管他們的外表如此，群眾依然拍手歡呼，迎接他們的到來。雖然這些男人看起來很髒，但他們臉上的表情卻極度興高采烈。他們將長步槍扛在手臂上或揹在背上，微笑著、大笑著，並向群眾揮著手，就像國王對待夾道迎接的人群一樣。

「發生什麼事了？這些人是誰？」我的朋友問我。

「我不知道。我要去找我爸，他會知道的。」

我跑回我們的公寓，看到爸坐在陽台上，觀看著下方的興奮騷動。我爬上他的大腿問他：「爸，這些人是誰，為什麼每個人都在對他們歡呼？」

「他們是士兵，人們歡呼是因為戰爭結束了。」他輕聲回答道。

「他們想要什麼？」

「他們要我們。」爸說道。

「要我們幹嘛？」

「他們不是好人。看看他們的鞋子——他們穿的鞋子是用汽車輪胎做成的涼鞋。」五歲的我沒有特別注意戰爭這檔事，然而我知道爸很優秀，所以他說的準沒錯。他光是看這些士兵的鞋子就能知道他們是什麼樣的人，這點更讓我確定他知識淵博。

「爸，那種鞋子怎麼了？他們為什麼是壞人？」

「那表示這些人是破壞者。」

我其實不太明白爸的意思，只希望將來有一天我能有他的一半聰明就好了。

「我不明白。」

「沒關係，妳去玩吧，不要跑太遠，也不要擋到別人的路。」

和爸聊過之後我覺得安心多了，於是我從他大腿上爬下來，開始往樓下走去。我總是會聽爸的話，但這一回我被好奇心戰勝了，因為我看到街上聚集了好多人。大家都在歡呼，迎接這些奇怪男子的到來。理髮師停止剪髮，手上拿著剪刀站在店門外；餐廳老闆和食客都已經走出餐廳外觀看歡呼了。在街道旁的巷弄中，男孩和女孩成群結隊，有些在步行，有些則騎著摩托車一邊叫喊一邊按著喇叭，其他人朝卡車跑去，和士兵們擊掌或觸摸他們的手。在我們這條街，孩子們蹦蹦跳跳，在空中揮舞著他們的手臂，迎接著這些奇怪的男子。我也跟著興奮起來，對著士兵們歡呼揮手，雖然我根本不知道為什麼要這麼做。

等到卡車都駛離了我們這條街，人們也開始安靜下來後，我才回家去。當我回到家時，我很困惑地看到全家人都在打包行李。

「發生什麼事了？大家都要去哪裡？」

「妳跑到哪裡去了？我們很快就得離開家了，所以快一點，去吃妳的午飯！」媽東奔西跑地一邊繼續打包家裡的東西。她匆匆從臥室走到客廳，把我們家人和佛祖的照片從牆上拿下來抱在懷中。

「我不餓！」

「不要和我頂嘴，快去吃點東西，我們要去很遠的地方。」

我感覺到媽今天沒什麼耐性，於是決定不要太囂張。我溜進廚房打算什麼也不吃，我大可偷偷把食物帶走藏在某個地方，直到被我們家的幫傭找到。我唯一畏懼的是我的哥哥貴。有時候，他會在廚房裡等著我，逼我好好吃東西——不然就等著好看。我一邊往廚房走去，探頭往我的臥室一看，偷看到琪正在把衣服塞進一個棕色塑膠袋中。玉靜靜地坐在床上玩著一面小鏡子，珠則把我們的梳子和髮夾都塞進她的書包中。

我盡可能不發出聲音，躡手躡腳地走進廚房，果然，貴就在那裡。他用右手吃著東西，左手輕撫著放在廚房桌上的一根細竹棍，竹棍旁放著一碗飯和幾顆鹹蛋。大多數傍晚，家中較年幼的孩子會在廚房裡學習中文，家教老師會用竹棍指著黑板上的字。但落在我哥哥手中，竹棍則被用來教育我們與中文截然不同的事。我知道如果我不聽話，我應該要害怕哥哥會怎麼拿它教訓我。

我對貴露出我最迷人的笑容，但這一回毫不管用。他嚴厲地叫我去洗手吃飯。每當遇上這種時候，我都會幻想我有多麼恨他。我等不及要長得和他一樣高大強壯，到時候我就會和他單挑，好好地教訓他很多事。但此時此刻，既然我比他小，我只能聽命於他。我每吃一口飯就發出牢騷和嘆息聲，每次他的眼神轉向別處，我就會伸出舌頭對他扮鬼臉。

幾分鐘後，媽匆匆走進廚房，開始把鋁碗、盤子、湯匙、叉子以及刀子都扔進一個大鍋中。

餐具發出吵雜的碰撞聲，讓我感到緊張不安。然後她拿起一個布袋，把一袋袋的糖、鹽、魚乾、米以及罐頭食物都裝進去。在浴室中，金把肥皂、洗髮精、毛巾以及其他各種物品扔進一個枕頭套中。

「妳還沒吃完嗎？」她問我，氣喘吁吁的。

「沒。」

「欸，妳最好還是趕快去洗手，然後坐到卡車上。」

我很高興可以脫離坐在那裡怒視著我的貴，於是匆忙地從椅子上跳下來往浴室走去。

「媽，我們這麼匆忙要去哪裡啊？」我從浴室大聲對她吼道，這時金也拿著袋子準備離開浴室。

「妳最好趕快去換衣服，妳身上穿的那件已經髒了。然後到樓下坐到卡車上去。」媽告訴我，然後轉身，沒有回答我的問題。我認為那是因為我的年紀，大家總是對我不以為意，每次問問題都沒人回答真的很令人感到挫折。但我擔心貴會再度威脅我，所以我走進了臥室。

臥室看起來彷彿被季風掃過：衣服、髮夾、鞋子、襪子、皮帶以及圍巾散落滿地，我和珠睡的那張床以及琪的床上也一樣。我很快地脫下身上的棕色連身褲，換上我從地上撿起的一件黃色短袖上衣和藍色短褲。穿好衣服之後，我下樓往我們家的車走去。我們的馬自達是黑色的，不僅拉風，而且比坐在卡車後頭要舒服多了。開馬自達這種車是我們和其他人與眾不同的地方，和我們擁有的其他物質一樣，馬自達讓其他人知道我們是中產階級。不管媽剛才怎麼跟我說，我決定走向我們的轎車。我開始爬進馬自達時，聽到金喊了我的名字。

「不要進去，爸說我們要把馬自達留下來。」

「為什麼？跟卡車比起來，我更喜歡這台。」

同樣地，金沒有回答我的問題就走掉了。爸當初買那輛卡車是因為他和朋友做過一陣子進出口貿易，買來送貨用，結果生意沒做起來，所以卡車放在我們家後面的巷子裡很久了。當貴扔了一個布袋在卡車的底板上時，這輛老舊的皮卡車嘎吱作響起來。爸在前面綁了一大塊白布在天線上，孟則綁了另一塊布在側後視鏡上。貴不發一語地把我抱起來放在堆滿袋子、鍋盆和食物的卡車後艙，其他兄弟姊妹也爬上車，然後我們就出發了。

金邊的街道比往常更吵雜。孟、琪、金、珠和我坐在卡車的後艙，爸開車，媽和玉坐在前座。貴騎著他的摩托車緩緩地跟在我們後面。我們坐在卡車上，可以聽見汽車、卡車和摩托車隆隆作響的聲音、刺耳的三輪車鈴聲、鍋碗瓢盆互相碰撞的聲音以及周遭人們傳來的哭聲。我們並不是唯一一戶出城的人家，人們從家中蜂湧而出到街道上，以極為緩慢的速度離開金邊這座城市。有些幸運的人和我們一樣，能夠搭乘某種交通工具，然而許多人都是靠步行離開，他們的涼鞋隨著每一個步伐拍打著他們的腳掌。

我們的卡車在街道上龜速前進，讓我們得以安全地將這景象一覽無遺。到處都有人哭喊著，和那些決定留下來的人道別，淚水從他們的眼眶中湧出。幼小的孩童哭著要找母親，鼻涕從他們的鼻子流入敞開的嘴中。農民嚴厲地鞭打著他們的母牛和公牛，要牠們把牛車拉得更快一些。女人和男人把裝在布包裡的家當扛在背上和頂在頭上，用小步伐快步走著，呼喊著要他們的孩子保持並行並牽好彼此的手，以免跟不上腳步。我用身體緊貼著琪，跟著整個世界在匆忙混亂中遠離這座城市。

士兵無所不在。到處都有好多士兵對著擴音器吼叫，他們不再是之前我看到的那些微笑面孔。現在他們大聲地對我們喊著憤怒的言語，胸前還持著步槍，大吼著要人們關起店鋪、把所有的槍枝和武器都拿出來交給他們。他們大喊著要家家戶戶走得更快，不要擋路，不要頂嘴。我把臉埋在琪的胸前，手臂緊摟著她的腰，強忍住哭聲。珠靜靜地坐在琪的另一邊，緊閉著雙眼。在我們身旁的金和孟則面無表情地坐著，看著下方的騷動。

「琪，為什麼這些士兵對我們這麼兇？」我問道，身體更加緊貼向她。

「噓。他們叫做紅色高棉，他們是共產黨。」

「共產黨是什麼？」

「嗯，那個意思是……這很難解釋，以後再問爸吧。」她輕聲說道。

琪告訴我那些士兵宣稱他們非常愛柬埔寨和它的人民。我心想如果他們真的這麼愛我們的話，為什麼要對我們這麼壞。我今天稍早還曾對他們歡呼過，但現在我很懼怕他們。

「盡量不要帶太多東西！你們不需要城市生活的那些家當！你們三天後就可以回來了！沒有人可以留在這裡！這座城市必須要清空！美國要轟炸這座城市！美國要轟炸這座城市！離開這裡到鄉下去待幾天！馬上離開！」士兵們重複地廣播著這些訊息。我用雙手遮住耳朵，把臉埋藏在琪的胸前，感覺著她的手臂緊摟著我小小的身體。那些士兵在他們的頭頂上揮舞著槍枝，朝半空中開槍，以確保我們都明白他們的威脅是來真的。在步槍齊射多發子彈後，人們驚恐慌亂地推擠著彼此，試圖從這座城市撤離。我內心充滿恐懼，但我很幸運，因為我們家有一台卡車，而我們全都可以安全地搭車遠離這些驚慌的群眾。

撤離　一九七五年四月

經過很多個小時之後，我們終於離開城市，行駛在大馬路上，雖然前進的速度依然非常緩慢。

「我們要去哪裡？」我一直重複問金，感覺我們似乎已經走了好久好久的路。

「我不知道，我們剛過了波成東機場[3]，表示我們在四號公路上。不要再一直問我了。」

我鑽到布巾底下躲太陽，自己生著悶氣。

我全身無力，開始感到越來越疲累。面對著耀眼的陽光和路上的塵埃，我的眼皮已經快睜不開了。風把我的頭髮吹得亂七八糟，搔癢了我的臉，但我並沒有微笑。我的鼻孔吸進乾燥的熱空氣，我畏縮了一下。琪把我的布巾尾端緊緊包住我的鼻子和嘴巴擋住風沙，並告訴我不要探頭看卡車側邊。

3　位於柬埔寨首都金邊西方的民用機場，一九九五年改名為金邊國際機場。

在柬埔寨，我們只有兩個季節——乾季和雨季。柬埔寨的熱帶氣候是根據季風而形成的，從五月到十月，季風會帶來豐沛的雨量。琪說在雨季時，整個國家就是個綠油油的天堂。她說雨季的水量十分充足，會讓樹木長得很高，樹葉也會因濕潤而肥沃，它們會變成帶著金屬光澤的深綠色，看起來彷彿像水球一樣會爆破開來。在五月季風來臨之前，我們必須忍受四月，也就是最炎熱的月份。氣溫經常會高達攝氏四十三度，炎熱得連小孩都會待在室內避免曬太陽。現在就是這麼熱。

隨著我們離城市越來越遠，高樓大廈的公寓消失了，取而代之的是茅草蓋成的小屋。城市裡的建築物都蓋得很高、很密集，這些小屋則又低又矮，零星散佈在稻田中央。我們的卡車緩緩地駛過擁擠的人群，寬廣的柏油大道也逐漸被刮著風、塵土飛揚的道路所取代，幾乎不比牛車行駛的小徑寬多少。高大的象草和多刺的棕色樹叢已經取代了金邊盛開的花朵和高大的樹木。我看著行經的一個個村莊，一種不安的感覺襲上心頭。放眼望去，道路上盡是行走的人們，而那些小屋裡則空無一人，稻田也荒廢了，無人看管。

我睡著了，夢見我依然在家裡，依然在和朋友們玩跳房子遊戲。當我醒來時，我們已經停靠在一間小屋附近，準備過夜休息。我們身處在一個和金邊有著天壤之別的世界，然而我們其實才行進了大約十英里左右。太陽已經下山，不再用灼熱的陽光折騰我們。在我們四周，田野中升起了不少火堆，照亮著那些蹲在火堆旁準備餐點的婦女的臉龐。我依然可以看見數以千計的人在漫無目的地行走，或是前往未知的目的地。其他人則和我們一樣，已經停下腳步，準備在路邊休息一晚。

我的家人手忙腳亂地在一幢廢棄小屋附近的田野中準備紮營。哥哥們收集了木柴開始生火，媽和琪在準備餐點，珠在幫玉梳頭，小心翼翼不敢扯痛她的頭髮。當一切都準備好之後，我們圍繞在火堆旁吃著晚餐，那是媽在那天稍早準備的白飯和鹹豬肉。我們小孩子就隨便蹲著吃，我的父母則坐在媽打包的一張小草蓆上。

「我想上廁所。」晚餐之後我急著跟媽說。

「妳得到樹林裡上。」

「可是要去哪裡？」

「妳能找到什麼地方都可以。等一下，我拿衛生紙給妳。」媽走開來，回來的時候手上拿著一疊紙張，我不敢置信地睜大了眼睛。「媽！那是錢耶！我不能用錢啦！」

「用吧，這對我們已經沒有用了。」她回答道，把硬挺的鈔票塞入我手中。我實在不明白，我知道我們一定是遇上大麻煩了。我知道現在不是爭辯的時候，所以我抓著錢往樹林裡走去。我完事之後，珠和我決定去附近探險。我們一邊走，一邊聽到附近樹叢傳來樹葉的沙沙聲。我們的身體緊繃起來，緊抓住彼此的手，屏住呼吸。後來，一隻小貓的側影懶洋洋地從樹叢中漫步出來，尋找著食物。牠的主人一定是因為趕著離開而忘記牠了。

「珠，我在想我們家的貓不知道怎麼樣了。」

「別擔心牠們了。」

我們在金邊養了五隻貓。雖然稱為我們的貓，但其實我們不能真正算是牠們的主人，我們連名字都沒幫牠們取。牠們肚子餓的時候就會跑到我們家來，無聊的時候就會跑走。

「哼，此時此刻牠們恐怕已經變成某人的晚餐了。」我們問金的時候他開玩笑說道。我們全都笑了起來，然後罵他怎麼可以說出這種話。柬埔寨人通常不會吃貓狗，雖然有一些特別的店家會賣狗肉，但價錢非常貴，算得上是珍饈吧。老年人說吃狗肉可以增加身體的熱氣，進而增進精力和元氣，但不能吃太多，否則你的身體會燒起來。

那天晚上，媽哄我在卡車後艙入睡。珠、玉、我和她一起睡在卡車上，年長的幾個孩子則和爸一起睡在地上。那是個有風的溫暖夜晚，所以不需要蓋被子。我很愛睡在戶外的星空下，我的想像力深受那明亮閃爍的光芒所吸引，但卻又無法理解天空的遼闊。每次我試圖搞懂「宇宙」這個概念，腦子就會感到天旋地轉，那些我永遠不會懂的知識就像是個漩渦，把我捲了進去。

「珠，天空好大喔！」

「噓。我要睡覺了。」

「妳看那些星星，它們好美，而且在對我們眨眼睛耶。我真希望能夠跟它們還有天使在一起。」

「很好很好，趕快睡覺吧。」

「妳知道星星是天空裡的蠟燭吧。每天晚上，天使都會出來為我們點亮蠟燭，這樣如果我們迷路了，還是能看得見。」

爸以前就告訴過我想像力是我的天份，而且他很喜歡我說的故事。

早晨，當我醒來時，我的兄弟姊妹都已經起來了。他們是被紅色高棉朝遠處天空發射的槍響吵醒的，但我因為很累所以睡死了。我的兄弟姊妹每個人的眼睛下方都有灰色的眼袋，頭髮都打了結，亂七八糟的。我緩緩地坐起身來，伸展著痠痛的肩膀和背部。睡在卡車上沒有我想像中那麼好玩。過沒多久，一群紅色高棉士兵就過來對我們大吼，要我們繼續上路。

在吃過一頓白飯和鹹蛋的少量早餐之後，我們回到卡車上再次出發。我們開了好幾個小時，所到之處都看見人們朝四面八方行走。高照的豔陽把我們的背曬得很燙，陽光毒辣地穿透我黑色的頭髮，一滴滴小小的汗珠聚集在我的髮際線和上唇的曲線上。過了一陣子後，我們全都看彼此不順眼，開始吵起架來。

「不遠了，孩子們。我們就快到了。」當我們停下來吃午餐的時候爸這樣告訴我們。「我們很快就會抵達安全的地方。」

當媽和琪在準備餐點的同時，爸和孟去撿柴火。他們回來的時候，爸告訴貴我們能夠這麼快離開城市是件好事。他說他剛才跟人聊天，對方告訴他士兵們逼每個人都離開城市。他們清空了學校、餐廳和醫院。那些士兵甚至強迫生病的人離開，也不准他們先回家和家人道別，所以很多人都失散了。

「很多老人和生病的人沒有撐過今天。」貴嚴肅地說道。「我在路邊看到的，他們身上都還穿著沾滿鮮血的醫院病袍。有些用走的，有些則被家屬用牛車或醫院病床推著。」

現在我明白為什麼琪一直用布巾包住我的頭，叫我不要抬頭、不要看卡車外側了。

「士兵們在每一區到處巡邏敲門，叫人們離開。那些拒絕的人都在自家門前被開槍打死了。」爸搖了搖頭。

「他們為什麼要這麼做？」金問道。

「因為他們是破壞者。」

珠和金彼此互望一眼，我則坐在那裡一臉茫然驚恐。

「我不懂。這一切是怎麼回事？」我問他們。他們看著我，但不發一語。昨天我還在跟朋友玩跳房子遊戲，今天我們卻在逃離拿著槍的士兵。

迅速吃過一頓白飯配鹹魚的午餐之後，我們爬上卡車再次上路。我看著川流不息的人們似乎在跟隨著我們的路線行進。我一邊抗拒著悶熱帶來的昏睡感，思緒一邊從一個主題翻騰到另一個主題。我質疑我們為何必須離開、我們要去哪裡以及我們何時才能返家。我不明白到底發生了什麼事，渴望著能夠回家。突然間我們的卡車發出劈啪作響像是窒息的聲音，打斷了我的白日夢。卡車反衝了一下，發出嘎嘎聲，然後終於停了下來。我爬下車，暗自希望它會再度發動。

「卡車沒有油了，這附近也沒有加油站。」爸說道。「看來接下來的路我們得用走的了，我們還得走很長的路。」然後爸命令我們該帶什麼，該把什麼留下。

「你們！」某人喊道。我們全都停下手上的事，動也不動地站在原地。

「你們！」一個紅色高棉的士兵朝我們走來。「把你們的手錶給我。」

「當然。」爸垂下肩膀表現出服從的模樣，從孟和貴的手腕上摘下了他們的手錶。爸把手錶遞給那個士兵的時候，並沒有直視他的眼睛。

「好了，快走吧。」那個士兵下令，然後就走開了。等到他走遠之後，爸輕聲告訴我們，從現在開始士兵想要任何東西我們都必須交出來，否則他們就會開槍射殺我們。

我們從清晨一直走到黃昏。當夜晚來臨時，我們在一座寺廟附近的路邊休息。我們拿出魚乾和白飯，沉默地吃著。之前的神祕感和刺激感都消失了，現在的我只有害怕。

七天的步行　一九七五年四月

次日早晨，當我睜開眼睛時，首先映入眼簾的是珠那張上下顛倒、悶悶不樂的臉，她拉扯著我的頭髮，一片多雲的天空映襯在後方。「起來吧，我們又得趕路了。」她告訴我。

我緩緩地坐起身來，把眼屎從我惺忪的睡眼中揉出來。在我周遭，一片人海都醒來了。嬰兒在哭泣，老人在呻吟，鍋碗瓢盆碰撞著牛車側邊，車輪輾著下方的泥土。這裡的人數多得讓我數不清。我的目光跟隨著貴和孟，看著他們拿著銀色的大鍋子走進寺廟取水，琪說寺廟的附近都會有井。片刻之後，貴和孟拿著他們的空鍋走出來，顯然全身上下都在顫抖。

「我們進去寺廟裡，但沒有看見出家人，只有紅色高棉的士兵。」他們告訴爸。「他們對我們大吼，叫我們不能靠近寺廟的井。我們停下來然後就回頭走了，但其他人還是照樣進去了——」貴的話被寺廟裡傳來的槍響所打斷，我們匆忙地收拾家當離開了這一區。後來我們聽說紅色高棉士兵在寺廟裡殺了兩個人，還有很多人也受傷了。

今天是我們在路上的第三天，我的腳步也變得輕快一些。在金邊的時候，那些士兵曾說過我們三天後就可以回家了。那些士兵告訴我們，我們必須離開是因為美國要轟炸我們的城市，但我並沒有在天空中看到任何飛機，也沒有聽見投射炸彈的聲音。我覺得很奇怪，他們要我們離開，然後在三天之後就可以折返回家。我想像著那個愚蠢的畫面：我們像黑螞蟻一樣在一天過後走到一個停靠點，結果又得立刻轉身回家。我不禁微笑起來。我不明白，但我猜他們大概是需要三天的時間清理城市吧。

「爸，我們很快就可以回家了嗎？士兵說三天之後我們就可以回家了。」我拉扯著爸的褲子。現在是下午，而我們甚至還沒放慢腳步。

「也許吧，不過現在我們必須繼續往前走。」

「可是爸，今天已經是第三天了。我們是不是要回頭往家的方向走了呢？」

「不，我們必須繼續往前走。」爸哀傷地說道。我心不甘情不願地照爸的話做了。每個人都必須扛東西，所以我挑了裡面最小的一樣東西，就是飯鍋。我一邊走著，隨著天空中的太陽爬得越來越高，飯鍋在我手中也開始變得越來越沉重。金屬把手陷入我的掌心刺痛著我。有時候我會用兩隻手把它抬在身前，其他時候我會把鍋子從右手臂換到左手臂，但不管我怎麼拿，鍋子似乎都會撞痛我腿上的某一個部位。現在已經是傍晚，我也喪失了今晚能夠回家的希望。我又累又餓，拖拖拉拉的，步伐越走越小，到後來我遠遠落在大家身後。

「爸，我好餓，而且我的腳很痛。」我對他大聲說道。

「妳現在不能吃東西，我們剩下的食物已經很少了，需要定量配給，因為我們還有很遠的路要走。」

「我不知道我們為什麼要省著吃！」我動也不動地站在路上，放下了手中裝米的鍋子，拭去臉頰上的泥土和淚水。「三天很快就會結束了，我們就可以回家了。我們乾脆就回家吧，我想要回家。」我一邊斷斷續續地啜泣，一邊說出這些話。我十八公斤重的身軀已經拒絕再繼續往前走。路面上的紅色塵土和我身上的汗水已經混合，在我的皮膚上形成一層泥漿，讓皮膚變得又乾又癢。爸朝琪走過去，從她手上的鍋子裡拿出一個糯米飯糰。然後他朝我走來，把食物遞給我。我羞愧地垂下眼神看著地面，但我還是從他那裡把食物接了過來。他沉默地摸摸我的頭髮，我一邊啜泣一邊吃著飯糰。爸彎下身子，直視著我的眼睛，然後柔聲說道：「他們是騙人的，那些士兵是騙人的。我們今天晚上不能回家。」他的話讓我啜泣得更大聲了。

「可是他們明明說三天的。」

「我知道。我很遺憾妳信以為真了，可是他們是騙人的。」

「我不懂他們為什麼要騙人。」我用顫抖的聲音說道。

「我也不知道，但他們騙了我們。」我的希望幻滅了，我用前臂擦拭著我的鼻子，把鼻涕抹得整個臉頰上到處都是。爸用他的手溫柔地把我的臉擦乾淨，然後把裝米的鍋子從我手中接過去，說接下來的路我什麼都不用扛，只要自己走就好了。

媽抱著玉朝我走來，幫我用布巾包住頭遮擋太陽。我真希望我跟玉一樣是個幼兒。她根本完全不用走路，媽一路上都抱著她。我雖然悲慘，但至少有鞋子穿。有些人光著腳走在酷熱當中，背上揹著或頭上頂著所有的家當。我為他們感到難過，我知道他們的情況比我糟多了。無論我們走多遠，沿途總是會看到越來越多的人。當夜晚來臨，我們再次把馬路當成家睡覺，就和成千上萬個逃離金邊的家庭一樣。

我們第四天上路時，一開始就和前幾天一樣。「我們到了沒？」我一直問金。當我沒有得到回答時，我便開始吸著鼻子哭泣起來。

「沒有人在乎我！」我發著牢騷，但還是繼續往前走。

到了中午，我們來到了位於貢保鎮的紅色高棉軍事檢查關卡。所謂的關卡其實只是幾個自搭的小帳棚，旁邊停了卡車。這個基地裡有很多士兵，而且很容易就能認出來，因為他們都身穿同樣的寬鬆黑色睡褲和上衣，所有士兵的背上都揹著同樣的槍。他們快步從一個地方走到另一個地方，手指放在武器的扳機上，在群眾面前來回踱步，用擴音器大聲吼著指令。

「這裡是貢保基地！除非得到我們的批准，否則你們不准通關！和你的家人站在一起排隊！我們的士兵同志會過來問你們幾個簡單問題！你們必須誠實回答，不許對安卡說謊！如果你們對安卡說謊，我們會知道的！安卡無所不知、無所不在。」這是我第一次聽到「安卡」（Angkar）這個字眼，意思是「組織」。爸說安卡是柬埔寨的新政府，他告訴我們，在過去，西哈努克親王以君主政權統治柬埔寨。然後，在一九七〇年，龍諾將軍因為對親王的政府有所不滿，在一次軍事政變中推翻了他。龍諾的民主政府從那時起便一直在和紅色高棉共產黨打內戰。現在紅色高棉贏了戰爭，而他們所成立的政府叫做「安卡」。

「在你們的右側，會看到同志弟兄坐在那裡等著幫助你們。任何曾經為廢黜政府工作過的人、士兵或政客，到前面的桌子來登記就業，安卡立刻就需要你。」我一看到那些紅色高棉士兵就感到全身一陣焦慮，我覺得自己好像快吐了。

爸很快把我們全家人聚在一塊，要我們和其他農民家庭站在一起排隊。「記住，我們是農民。他們想要什麼東西都給他們，不要爭辯。什麼話都不要說，讓我來說就好，不要往任何地方亂跑，也不要亂動，除非我叫你們那麼做。」爸嚴肅地指示我們。

排隊擠在那麼多人當中，多天沒有梳洗的酸腐體臭味撲鼻而來。為了遮掩那臭味，我拉起布巾緊緊包住鼻子和嘴巴。在我們前方，隊伍分成兩群，一大批前士兵、政府公務員以及過去的政客走向那張桌子準備登記就業。我的胸口砰砰地快速跳動，但我不發一語，緊貼著爸的腿。他把手放下摸著我的頭頂，一直保持這個姿勢，彷彿在保護我抵擋烈陽和士兵。幾分鐘之後，我的頭感覺涼快了一些，心跳也緩慢下來。

在我們前方的隊伍中，紅色高棉士兵對群眾吼了一句話，但我聽不見。然後一個士兵粗魯地把一個包袱從一個男人的肩上扯下，將裡面的東西全都扔在地上。從這堆物品當中，士兵撿起了一件舊的龍諾軍服。士兵對那個男人冷笑一下，然後把他推向站在身旁的另一個紅色高棉士兵，然後又繼續走向下一個家庭。那個包袱中有龍諾軍服的男人低著目光，肩膀下垂，雙臂鬆散地垂落在身體兩側，並沒有反抗，順從地讓另一個士兵用步槍的槍托指著他將他推開。

過了很久之後，終於輪到我們被盤問了。我可以看得出來我們已經在這裡站了很久，因為現在陽光已經照到我的下背部，而不是我的頭頂。當一個紅色高棉士兵朝我們走來時，我的腹部開始翻攪糾結。我傾身緊靠著爸，往上抓住他的手。爸的手比我的手大很多很多，所以我只能抓住他的中指。

「你是做什麼的？」士兵簡潔地問爸。

「我在裝貨港當包裝工人。」

「妳是做什麼的？」士兵用手指指著媽。她的目光緊盯著地面，換手抱著玉。「我在市場賣舊衣服。」她用幾乎聽不見的聲音說道。

士兵一個個地檢查我們的包袱。然後他彎下身，打開爸腳邊那個裝米的鍋蓋。當士兵在檢查鍋子的同時，我把爸的手指抓得更緊了，心跳也隨著加速。士兵的臉和我靠得很近，我專心盯著骯髒的腳趾頭。我不敢看他的眼睛，因為我曾經聽說，當你注視他們的眼睛時，你會看到魔鬼本人。

「好吧，你們過關了。你們可以走了。」

「謝謝你，同志。」爸順從地說道，對著那個士兵點了點頭。士兵已經在看爸身後的人，所以只是揮揮手要我們趕快離開。安全地通關之後，我們又走了好幾個小時，直到太陽下山，世界又再度充滿陰影和輪廓。在眾多人群中，爸幫我們在路邊找到一塊沒有人的草地。媽把玉放在我身邊，要我盯著她。我坐在她身旁，很驚訝地發現她的臉色如此蒼白。她靜靜地呼吸著，極力想要睜開眼皮，但最後還是不敵睡意。她的肚子咕嚕咕嚕叫著，我的肚子也發出抱怨聲回應。我知道我們有好一陣子都不會有東西吃了。我躺在她身旁的一小包衣服上，把頭靠在另一包衣服上，很快地，我也睡著了。

當我醒來時，我直坐在一張草蓆上，琪正在塞食物到我的嘴巴裡。「吃吧。」她說道。「野菇飯糰。貴和孟從樹林裡摘來的香菇。」我依然閉著眼睛，飯糰緩緩地被我乾燥的喉嚨吞下，撫慰了我的飢餓。當我吃完我那一小份之後，我又躺了下來，把紅色高棉士兵的世界拋在腦後。

到了半夜，我夢見我在參加一場新年遊行。柬埔寨今年的新年是四月十三號。依照傳統，我們會以遊行、美食和音樂慶祝新年三天三夜。在我的夢中，響亮的煙火歡慶著新年的到來。桌上擺著各式各樣的食物：紅色的餅乾、紅色的糖果、紅色的烤豬以及紅色的麵條，每樣東西都是紅色的。我身上甚至穿了一件媽特別為這場合縫製的紅色連身裙。在中國文化中，女孩子穿這個顏色不太恰當，因為太引人耳目了。只有那些想引人注目的女孩才會穿紅色，而且她們通常被認為很「壞」和「不成體統」，多半是來自不好的人家。但新年是個特別的日子，在這個歡慶的場合，每個人都可以穿紅色。珠在我身邊拍著手慶祝著什麼，玉則咯咯笑著，試圖追趕上正繞著圈子跑的我。我們全都穿著同樣的連身裙，全都看起來很漂亮，頭髮紮成馬尾綁著紅色緞帶，臉頰上擦了紅色腮紅，嘴唇上塗了紅色唇膏。我的姊妹和我手牽著手歡笑著，背景傳來煙火的隆隆聲。

第二天早晨，我聽見我哥哥和父親輕聲細語談論前一晚發生的事，醒了過來。

「爸，」孟用驚恐的聲音說道，「有人告訴我昨晚的吵雜聲是紅色高棉士兵對那些登記就業的人開槍的聲音，他們把每個人都殺了。」他們的話語壓迫著我的太陽穴，讓我的頭因恐懼而抽痛。

「什麼都別說。如果被士兵聽見的話，我們會有危險的。」聽到這些讓我感到害怕，於是我朝爸走了過去。「我們已經一直走、一直走，走了五天了。我們什麼時候可以回家？」

「別再說了。」他輕聲說道，把我交給琪。琪牽著我的手帶我走進樹林中讓我上廁所。我才剛走了幾步，貴就把我們叫住了。

「快轉身走回去！不要再往前走了！」他喊道。

「她需要上廁所。」

「離妳們幾尺遠那片很高的草叢那裡有一具屍體。所以這裡昨天晚上才沒人。」

我把琪的手抓得更緊了，突然間注意到一股味道撲鼻而來。那不是爛草的味道，也不是我自己的體味，而是一股惡臭得令我反胃的味道。那股味道和曝曬在太陽底下太多天的雞內臟味道很類似。我周遭的一切變得模糊起來，也沒有聽到琪叫我移動雙腿的聲音，只聽見蒼蠅大快朵頤人類屍體的嗡嗡聲。我感覺到琪的手拉著我，我的雙腿不由自主地朝著她的方向移動。她握著我的手，我們趕上了其他家人的腳步，開始第六天的步行。

一路上到處都是士兵，催促著我們往前走。他們用槍和擴音器指著路對我們發號施令。在酷熱的四月，許多人都因為中暑和脫水而生病，但他們都不敢休息。每當有人生病，全家人就會扔掉他的家當，把那個病人揹在某人的背上。或者，如果這家人夠幸運有牛車的話，就會把他放在牛車上，然後繼續往前走。我們走了一整個早上和下午，只有在太陽下山後才會停下來吃東西和休息。

在我們周遭，其他家庭也停下來休息過夜了。有些人蹣跚地往田野走去，撿拾著柴火準備烹煮餐點；其他人則吃著他們之前煮熟的食物，一躺下就睡著了。我們繞過蜷曲的身體，找到一塊自己的空地。累癱了的媽和琪勉強整理出一塊讓我們可以休息的地方，然後開始生火。從一個我們用來攜帶剩餘家當的塑膠袋中，琪拿出一張床單，將它鋪在地上，我和玉坐在小包袱上方。我揉著疼痛灼熱的腳踝，珠和金把我們其他的行囊放在床單上。我牽著玉的手，試圖帶她走到床單上坐下，但她掙脫我的手，蹣跚地朝爸走去。他把她抱起，摟在胸前。她那張被陽光曬黑又曬傷的臉倚靠在爸的頸邊，爸的身體左右搖擺著。很快地，玉就睡著了。

我們的食物補給只剩下幾磅米了，因此孟、貴和金必須去找尋其他食物來加菜。他們走了半英里路到鄰近一個叫安史努爾的城鎮，然後在半個小時後回來了。他們的身影緩緩地朝我們靠近，金的臂彎中抱著滿滿的柴火，孟的手中拿著一小根插著兩條魚的樹枝和一些野菜。貴拿著一個小鍋子朝我們走來，臉上堆滿欣喜若狂的笑容。

「媽，妳看！」他對她喊道，完全掩不住興奮之情。「糖！」

「紅糖！」媽呼喊道，從他手中接過鍋子。雖然我很疲倦，那兩個字卻讓我朝那個鍋子的方向跑去。

「紅糖！」我小聲地重述道。我從來不知道區區這兩個字居然能夠帶給我如此多的喜悅。

「媽，讓我嚐一嚐！有四分之一個鍋子這麼多呢！」

「噓。不要這麼大聲說出來。」琪警告我。「否則大家都會來跟我們要的。」我注意到隔壁幾個人朝我們看過來。

「來吧，大家都來嚐一嚐。我們得省著吃。」媽說道，我們圍繞在她身邊。我的兄弟姊妹把他們的手指伸進糖中，然後舔著手指上沾的糖。

「我……我……我……」我懇求媽，她緩緩地把鍋子放低到我搆得到的地方。我知道這是我唯一能夠吃到最多糖的機會，因此我等了幾秒鐘讓嘴裡的口水變多一點。然後我把手指放進嘴裡，讓口水沾滿我的手指，並且確保手指的每一公釐都被沾濕了。當我對手指的濕度感到滿意之後，我把它從嘴巴裡拿出來，讓它緩緩地在糖堆上方滾動了一番。我的手指滾動得如此緩慢，可以感覺到粗顆粒黏在上面。當我把手指從鍋子裡拿出來時，我很高興看到我的成果。我那一根手指上所沾的糖比任何人的都要多！我小心翼翼地把另一隻手放在我的寶藏下方，以便接住任何可能從手指上掉下來的糖粒。我緩緩地帶著手指走回之前坐的草蓆，開始一顆顆地吃著糖粒。

晚餐過後，媽帶我們幾個女孩子到附近的池塘去，那裡已經擠滿了在洗衣服的人們以及赤裸的孩子們，試探性地將他們的頭放進混濁的水中。那些孩子全都看起來疲憊不堪，根本沒有精力跳上跳下、歡笑或是對彼此潑水。媽指示我們脫掉身上的衣物。我脫下棕色的上衣，那件六天前當我匆匆換上時還是黃色的上衣。赤裸的珠、玉和我等媽脫下她紗籠下方的衣物然後遞給了琪。由於沒有肥皂，琪只能把衣物拿到河岸邊，將它們在岩石上揉搓洗淨。

媽一手抱著玉，一邊牽著我的手，帶著我和珠走進池塘，這也是我們六天以來第一次洗澡。我們手牽著手，走到水深及我腰間的地方停了下來。水觸碰在皮膚上的感覺輕柔又清涼，緩緩地洗去上面累積的一層層污垢。水中滑溜的草隨著我們移動的韻律來回搖擺著，輕輕地觸碰著我的腿。其中一些葉片滑過我的腳踝，一陣涼意傳過我的背脊。我跳了起來然後跌進水中，把依然緊抓著媽的手的珠也一起拉了進去。當我重新浮出水面時，她們全都在笑我，我很高興我們又能一起歡笑了。

到了早上，媽把每個人叫醒，我們準備開始第七天的步行。前方的路在熱氣中閃閃發亮，滾滾沙塵無所不在，刺痛著我的眼睛。在遠處，我的目光緊盯著一個騎著單車的人。我看不清他有多高，只看得出他非常瘦。奇怪的是，他行進的方向和人潮是相反的。突然間，媽的尖叫聲把我嚇了一跳。媽大聲地啜泣著，一邊勉強說道：「是你們的亮舅舅！」

我們舉高雙手，上下跳躍著，興奮地對舅舅揮手。亮舅舅也向我們揮一隻手，踩得更快，朝我們騎過來。他在離我們幾尺遠的地方停下來，我們全都立刻朝他蜂擁而上。他眨著眼睛，將媽摟入懷中，爸則沉默地站在他們身邊。亮舅舅過去幾天中所有的擔憂和恐懼現在全都結束了，因為他終於找到妹妹了。他從自行車前方的架子上遞給媽一個包裹，當媽一邊打開鮪魚罐頭和其他食物時，他告訴爸，今天早上其他來自金邊的人抵達了他的村莊。那些新來的人告訴他關於撤離的事，以及紅色高棉如何逼每個人離開所有的城市，包括金邊、馬德望以及暹粒。一聽到這些，他就騎上自行車，整個早上都在找我們。然後他又告訴我們一個大好消息——媽的大哥也正在趕來，要用牛車載我們。我的臉上出現一抹喜悅的笑容，我知道我終於不用再走路了，再過幾天，我們就可以搭他們的牛車回家了。

站在亮舅舅身邊，我必須使勁仰著頭才能看見他的臉，因為他長得非常高。即使如此，我依然只能看見他薄薄的嘴唇，以及他和媽說話時，每隔幾秒鐘就會外擴、又寬又黑的鼻孔。二舅亮幾乎有一百八十二公分高，比我們所有人都高出許多。他瘦長的手臂和雙腿讓他看起來就像我過去曾在課本中畫的火柴人。亮舅舅住在一個叫做同普的村莊，從革命之前，亮舅舅和興舅舅就都已經住在鄉下，而且從來沒有住在城市過，紅色高棉認為他們是新社會中未腐敗的模範公民。爸說我們要去舅舅們的村莊和他們住在一起。

由兩隻骨瘦如柴的黃牛所拉的牛車走得奇慢無比，在那天傍晚抵達村莊了。爸和媽跟舅舅說著話，我很快跟珠和玉在牛車上佔了個位子。我們走在一條沿著二十六號公路往西的碎石子路上，一直走到一個被紅色高棉佔領、叫做巴登的村莊。無論我們到哪裡、轉往哪個方向，我們的前後方都有人在前進。在人群當中，我們的牛車駛過那座紅色高棉的村莊，沒有停下來。我們轉往西方行進，遠離了路旁的同伴。在巴登和同普村之間的路上，我睡著了。

同普村　一九七五年四月

四月二十五日早晨，在離開位於金邊美好的家八天後，我們抵達了目的地。同普是一個塵土飛揚的小村莊，放眼望去四周都是稻田。在稻田周圍，紅土小徑蜿蜒得像在水中滑行的蛇一樣。在田野中，灰色的水牛和棕色的乳牛慵懶地吃著草。牠們許多脖子上都掛有鈴鐺，緩緩移動頭部時會發出鈴響。當牠們奔跑的時候，會讓我聯想到金邊的冰淇淋車。這裡沒有水泥建造的城市建築和房屋，人們都住在稻田裡用四根梱柱高架在象草上方的茅草屋中。

「這些孩子看起來比我還髒！」我驚喊道，看著一個孩子從小徑前跑過，他對我衣衫襤褸的外表絲毫不以為意。「媽總是在抱怨我，但看看他們吧。」那些孩子全身上下都紅紅的，而且沾滿塵土，紅土附著在他們的衣服、皮膚和頭髮上。

珠皺著眉頭看著我，搖了搖頭。雖然珠只比我大三歲，但她經常表現出一副比我懂很多的樣子。我的身材比她壯，可以輕易打倒她，雖然我很少這麼做。因為她很害羞、文靜、順從，而且不太說話，我們所有的哥哥姊姊都認為只要她開口，說的一定都是重要的話。當我們爭吵的時候，他們也都會站在她那邊。因為我很吵又很愛講話，我說話總被認為又平庸又傻氣。現在，珠看著我，雙眉緊皺在一起，彷彿試圖看穿我的心思。我對她吐了吐舌頭，我才不在乎。我很高興來到這裡，而且再過幾天就能回家了。

我們開心地與舅媽們和許多表兄弟姊妹們重逢之後，爸就和亮舅舅一起去參見村長，徵求允許在這裡定居。亮舅舅和興舅舅說，自從紅色高棉贏得戰爭之後，士兵們就把老村長換掉，讓一個紅色高棉的幹部取代了他。現在村民連人類最基本的欲望都必須徵求允許——包括讓家中成員和他們同住，或是離開村莊到其他的地方去。

他們很快就回來了，說我們的請求獲得了准許。當爸說我們全都得跟亮舅舅全家人一起住在他們的房子裡時，我對這個城鎮的興趣很快就幻滅了。亮舅舅和太太有六個孩子，所以再加上我們九個人，等於有十七個人一起住在同一個茅草屋簷下。他們的房子在城市人的標準中根本不能稱為房子。它看起來更像那種窮人住的簡陋茅屋，屋頂和牆壁都是稻草做的，而且地板也只是泥土地面而已。裡面沒有臥室或浴室，只有一個大的開放空間，這裡沒有室內廚房，所以所有的烹調都是在室外一個稻草屋頂的遮棚下進行。那天晚上，金把我拉到一旁，責罵我對新家的態度太勢利眼了。雖然他才十歲，但他已經明白我們的舅舅有多麼勇敢，竟然懇求新任紅色高棉村長允許我們住下來。

「這個村子好窮。」當全家人聚集在亮舅舅的茅屋地板上時，我對爸這樣說道。我們有的坐在草蓆上，有的坐在木板凳和椅子上，聆聽著爸的指示。

「我們也很窮。」爸聲音中的嚴肅讓我因羞愧而臉紅。「從現在起我們和這裡所有的人都一樣窮。我們必須住在離城市很遠的地方，以免有人認出我來，知道我的身份。如果有我們家以外的人問我們是從哪裡來的，就告訴他們，我們和你們的舅舅一樣是鄉下人。」

「為什麼我們不想要讓他們知道我們是誰呢，爸？為什麼我們不能回家，回到我們自己的房子去？士兵答應過我們三天後就可以回家的。」

「紅色高棉是騙人的。他們贏了戰爭，所以我們不能回去了。妳不能再一直想著我們會回去，妳必須忘了金邊。」爸過去從來沒有如此直言不諱地告訴我。我漸漸地開始意識到他話中的真意，我的身體因恐懼與不敢置信而顫抖。我永遠不能回家了。我再也見不到金邊了，再也不能坐我們家的車，不能和媽一起搭三輪車去市場，跟攤販買吃的。所有的那些都一去不復返了。他伸出手把我抱在懷中，我的眼睛流著淚，嘴唇也顫抖著。

當爸繼續一邊說下去，我從他懷中跳下來，投入琪的懷中。爸試著讓我的哥哥們了解柬埔寨的政治史。由西哈努克親王統治的柬埔寨當時是法國殖民地，在一九五三年成為一個獨立國家。在整個一九五〇和一九六〇年代，柬埔寨繁榮了起來，而且自給自足。然而，許多人都對西哈努克親王的政府有所不滿。許多人認為西哈努克政府腐敗且追逐私利，使窮人變得越來越窮，富人則越來越富。各種民族主義的派系興起，要求改革。其中一個團體，一個祕密的共產黨派系

——紅色高棉——向柬埔寨政府發起了武裝鬥爭。

當美軍轟炸柬埔寨邊境，試圖摧毀北越基地時，也把越戰帶進了柬埔寨。炸彈炸毀了許多村莊，殺死了許多人，讓紅色高棉得以取得鄉下人和農民的支持。在一九七〇年，西哈努克親王被他的首席將軍龍諾所推翻。有美國在背後撐腰的龍諾政府既腐敗又軟弱，因此很容易就被紅色高棉所打敗。

爸又對我的哥哥們說了很多，但我不是很在乎政治。我只知道我應該要裝傻，絕口不提我們在城市裡的生活。我永遠不能告訴任何人我想家，說我想回到從前的生活。我把頭靠在琪的肩膀上，閉上眼睛，一邊緊咬著牙。她溫柔地摸著我的頭髮，輕撫著我的臉頰。

「別擔心，妳的大姊姊會照顧妳的。」她輕聲在我耳邊說道。媽坐在她身邊的草蓆上，抱著靜靜在懷中熟睡的玉。珠在她旁邊，專注在紅白相間的布巾上，認真地反覆摺疊著。

稍後，到了夜晚，我躺在充當床的木板上，翻來覆去地害珠也無法好好睡覺。

「我討厭這個，我好不舒服！」我對睡在旁邊的珠發著牢騷。在城市裡的時候，我們三個較年幼的女孩睡在同一張床的床墊上。在農場裡，男生睡在吊床上，女生則全都像沙丁魚般成排睡在一個竹樹製成的木板平台上。我還寧可睡吊床。

「安靜一點，快睡覺吧。」

「珠，我想上廁所。」

「那就去啊。」

「我害怕，陪我去。」

珠轉身背對著我作為回答。每次我想上廁所，我都得自己走去樹林裡的戶外廁所。我們的紙鈔已經用完了，現在已經沒有可以用來當衛生紙的東西了。珠教我如何使用樹葉，但三更半夜的，我又看不見，我很怕上面會有蟲。

在夜晚走進樹林是一種很恐怖的經驗，尤其對一個想像力豐富的人而言。在黑暗中，我看見幽靈在搖晃著樹木，讓我知道他們在等我。風將他們輕聲吟唱的咒語吹過樹梢，捎來我的耳邊。幽靈在召喚著我，想要占據我的身體。我一想到晚上要單獨去上廁所就充滿了恐懼，因此我強迫自己忍到黎明，然後才狂奔到樹林裡。

我很快就發現每個人都多麼早起，第二天早上，在太陽還沒升起、我還沒醒來之前，他們就已經開始忙著農務。農家的生活既無聊又單調，但至少有足夠的東西可以吃。這裡和我在金邊的生活不同，除了家人之外，我沒有別的朋友。要交朋友實在很困難，因為我不敢說話，擔心會不小心說溜嘴，道出我們家的祕密。爸說安卡已經廢除了市場、學校以及大學，也禁止了錢幣、手錶、時鐘、八軌磁帶播放器以及電視。

由於我們現在已經是鄉下人了，我得學習看懂太陽和月亮在天空中的位置來得知日夜時間。如果我碰到其他孩子、和他們交談，我必須小心我說的話以及我用的語言。我不能提我想吃的食物、我看過的電影或是我搭過的三輪車。如果我提到的話，那些孩子就會知道我們是城市人。我很習慣城市裡的孩子想要吸引我的注意並和我交朋友，但在這裡，當我靠近其他孩子時，他們卻用懷疑的眼神看著我，然後避開我。無所謂，反正我有很多表兄弟姊妹可以一起玩。當我沒有一整天看著別人也在看我們的時候，我會幫表哥、表姊帶牛到草地上去吃草。我漸漸習慣了農家生活，放棄了回家的夢。

我表姊麗春第一次讓我騎在牛背上的時候，我很怕我會摔下來。這些乳牛比我高很多。麗春十六歲，長得比乳牛還高，她輕而易舉地就把我放上去。我坐在牛背上，腿垂在牠腹部的位置，雙手緊抓著穿過牠鼻環的繩索，雙腿夾緊牠的身軀。每次乳牛走動的時候，牠龐大的胸骨都會在我腿間移動，我的腳跟就像手指滑過鋼琴鍵盤般在牠胸骨上滑動。

「身體放鬆。」麗春笑著說道。「乳牛很懶，所以牠們都走得很慢。如果妳坐得這麼僵硬，妳會摔下來的。」聽了她的建議後，我不再抓得這麼緊，並且隨著乳牛走動搖擺我的上半身。幾分鐘後，我的恐懼就消失了。

「我們還要走多遠？天氣很熱，而且我的屁股很痛。」我抱怨道。

「我們要翻過山丘，那裡的草比較綠。是妳自己說要來的，所以就別再發牢騷了。」麗春指著一群在遠處田野中行走的女孩。「妳看，至少妳不是做她們的工作。」

她們是農家女，年紀不比我大多少，在田野中走動。她們的背上斜揹著包袱，眼睛看著地面。偶爾，一個女孩會彎身從地上撿起一個黑綠色的圓形塊狀物，然後放進包袱中。

「她們在做什麼？」

「她們在撿乾牛糞！」

「太噁心了！」

「通常農夫都會推著推車去鏟新鮮牛糞用來當作表土，這些女孩撿乾牛糞是因為人們認為那具有療效，他們會加水煮沸當茶喝。」

「噁心死了！」我再次驚叫。

如果每天都做的話，就連騎牛這種新鮮的經驗也會變得無趣。然而，農家生活雖然單調，住在同普村越久，我卻變得越來越恐懼和焦慮。無論我去哪裡，我都無法擺脫有人在監視我、跟蹤我的那種感覺。雖然我沒有地方好去，但每天早上我還是會匆忙更衣，以便能夠在爸出門工作前瞥見他的身影。大多數的日子裡，等到我醒來的時候，爸和哥哥們都已經出門了，媽則忙著為我們家人縫製衣服，或是在花園裡幹活。

換好衣服後，我都會盡量做好個人衛生。爸告訴我們那很重要，所以我要盡量讓他高興。由於我們已經不再有牙刷或牙膏了，所以我會拿一把稻草，像牙刷那樣刷過我的牙齒。至於比較後面的牙齒，我會把指甲伸進口中，刮去上面厚厚的黃垢。

沐浴方面，我會用一間像戶外廁所那樣的洗澡間，裡面有一個圓形的大容器，看起來就像一個九十公分高的土製花盆。金和其他表兄弟姊妹每天傍晚都會在裡面裝滿水。我脫下衣服，用門上一塊碎裂的木頭把它掛起來，然後我會把手伸進容器中，舀一整碗水淋在身上。這裡沒有肥皂或洗髮精，所以我的頭髮變得黏膩打結，梳起來真的很痛。

晚上爸回來的時候，都會看起來又髒又累。有時，爸很快地吃完飯後，會獨自一人沉默地坐在外面盯著天空。當他回到小茅屋後，他很快就睡著了。我幾乎不再坐在他大腿上了，我很想念他的擁抱，還有以前他都會說古老中國神話故事逗我笑。爸的故事通常都是關於佛祖和祂們的龍如何下凡到人間來消除妖孽、保護人民。我心想，不知道現在佛祖和龍是否也會來幫助我們。

等候站 一九七五年七月

「發生什麼事了？」我問媽，一邊揉著我的眼睛。「妳為什麼把我叫起來？」我睜開眼睛看到天色依然很暗，但亮舅舅、他的太太錦舅媽還有所有的表兄弟姊妹都已經起來了。在我身邊的珠捲起了她的薄毯，疊好衣服，把它們放進枕頭套中。在屋外，麗春舀起煮熟的米飯放在芭蕉葉上，琪戳著劈啪作響的火堆一邊烤著魚乾，金則在汽油桶中裝滿水。

「別吵。我們得走了。」媽用手掩住我的嘴。

「我不想走。我不想再走路了。」我想回去睡覺。雖然我們已經在同普村住了兩個月，而我起水泡的雙腳也已經痊癒了，但一想到又要再走路，就讓我的腳踝隱隱作痛。

「別吵。」爸告誡我。「我們不能讓任何人聽見妳的哭聲。這裡已經不再安全，所以我們不能再留下來了。我們必須離開，不過我們會搭卡車前往目的地。」

「為什麼我們必須離開，爸？」

「這裡已經不再安全，所以我們不能再留下來了。」

「我們要走很遠的路嗎？」

「不會，妳的舅舅們已經跟村長打過招呼，安排讓一輛紅色高棉的卡車來載我們。卡車會帶我們到馬德望去。妳祖母就住在那裡。」

「可是我不想再搬家了，爸。」爸已經不知道能說什麼安慰我了。我強忍住淚水，穿上拖鞋，朝琪對我伸出的手走去。爸和媽轉身面向亮舅舅，感謝他讓我們和他同住。亮舅舅看著她，哭喪著臉，眼睛眨呀眨地，然後祝媽旅途平安。表兄弟姊妹們站在茅屋外為我們送別，他們的手了無生氣地垂在身體兩側，看著爸帶我們離開。

等到我們抵達路邊的會面點時，已經有三十個人在那裡等候了。那裡有四家人，在碎石子路上或蹲或坐。很多人都有一雙杏眼、窄鼻以及淺色皮膚，代表他們可能是華裔。純種柬埔寨人有著黑色捲髮、塌鼻、厚唇和深巧克力色的皮膚。這些旅客並沒有和我們打招呼，相反地，他們只是消極地盯著路面。他們和我們一樣都帶著小包衣服和小包食物。我們坐在他們旁邊的碎石子路上，沒有交談。在黑夜中，我們全都在等卡車的到來。周遭的世界依然寂靜沉睡，唯一能聽見的只有蟋蟀的叫聲。片刻感覺像永恆。然後突然間，軍事卡車刺眼的大燈出現了，停在我們面前。爸把我從他溫暖的臂彎中放到卡車堅硬、冰冷的車床上。我不想放開他。我永遠也不想離開他安全的懷抱。

車程既顛簸又吵雜，但黎明的涼爽空氣讓大家感覺還算舒適。媽盯著遠方發呆，玉睡在她的懷中。當我再度在爸懷中找到安全感時，我的其他兄姊半睡半醒著。卡車往前開著，每個人都非常安靜。整個早上，卡車都朝西北方行駛。隨著太陽在天空中越爬越高，風也把雲朵提供的些許保護吹走了。卡車司機的技術沒有爸好，他也不在乎我們這些坐在後面的人會彼此碰來撞去。卡車就這樣開了一整天，只有傍晚才停下來讓我們煮東西吃。

當它一停下來，每個人都跳下車伸展疲憊的筋骨。爸把我從卡車上抱下來，放在珠身旁的地面上。在我們四周，人們都瘋狂地甩動著腿，彷彿在試圖抖掉爬進他們褲管的動物一樣。貴繞著圈子走動著，一邊快速左右晃動他的手臂。他是個空手道黑帶的武術高手，身高一百七十公分的貴身材精瘦而健壯。在金邊的時候，我最喜歡坐在旁邊看他練空手道。他可以把一條腿踢到超過頭頂那麼高，然後保持那個姿勢很久，實在令我感到不可思議。他也會在空中跳得很高，做很多快踢的動作，然後在短短幾秒內安穩地落在地面，同時發出很多好笑的聲音並扭曲著臉，那總會令我笑出聲來。現在，他繞著圓圈走得越來越快，他的手臂就像螺旋槳般，彷彿會讓他像直升機一樣飛起來。我以前曾經看過他做這個動作很多遍，但這一回他臉上沒有好笑的表情，我也沒有笑出聲來。

在短暫的休息和用餐之後，我們回到卡車上，一整晚都待在那裡。到了早上，我在爸的大腿上醒來時，看到我們已經抵達了一個「卡車站」。那裡到處擠滿了人，有些在煮早餐，有些剛起床，還有很多人依然睡在路邊或是草叢裡。坐在卡車後面的我們都不敢亂動，直到士兵指示我們可以動。

「我們在菩薩省。你們要在這裡等基地的人過來，帶你們去住在他們的村莊。」一個士兵告訴我們，然後就走開了。

「我們昨天晚上為什麼必須離開？」我問爸。

「有些剛到同普村的新人是金邊來的。雖然他們是朋友，但住在那裡還是太危險了，因為他們知道我的身分。」

「爸，他們是我們的朋友耶。他們不會告我們的狀害我們的！」

「友誼已經無所謂了，他們很可能別無選擇。」爸跟我說話的時候態度非常嚴肅。我不明白他的意思，但決定不再追問這方面的問題了。

「我們要坐這些卡車去馬德望嗎？」我小聲問道。

「不，這不是前往馬德望的路。士兵把我們帶到另一個地方了。」

「我們不能告訴他們說我們必須去馬德望嗎？說他們把我們帶錯地方了？」

「不，我們不能和他們爭辯，不管他們要帶我們去哪裡，我們都得去。」爸聽起來很疲憊，他把我放到地上，指示金照顧我，然後他試圖去問問看我們何時會出發。他走進擁擠的人群，我看著他的身影慢慢消失。

金告訴我，從現在起我必須特別當心提防。我不僅絕對不能告訴任何人我們家過去的生活，也絕對不能信任任何人。我最好乾脆完全不要開口說話，這樣我就不會不小心把關於我們家的事說溜嘴，開口說話就等於為我們家帶來危險。年僅五歲的我已經開始明白寂寞是什麼感覺——沉默、孤獨，同時懷疑每個人都想傷害我。

「我要去四處看看。」我對金說道，因為我覺得好無聊。

「別走遠了，不要跟任何人說話。我們很可能很快就要上路了，我可不想到處找妳。」

我想要聽從哥哥要我別走遠的警告，但我的好奇心很重。當家人不注意的時候，我偷偷從他們的視線中溜開，去探索這個「等候站」。我走得越遠，就看到越多數以百計的人在這個營地裡，他們在說話、坐著或是隨處席地而睡。很多帳篷的繩索上都曬著溼衣服，劈啪作響的火堆旁有一堆堆的柴火，還有手工製的木板凳。他們看起來已經等待了很長一段時間。有些人一動也不動地躺著，我都懷疑他們是否還活著。我停下腳步看著一個老婦人，身穿棕色上衣和褐紅色紗籠的她躺在地上，雙臂擺在身側，頭靠在一個小包袱上。她的眼睛半閉著，頭髮亂七八糟，皮膚又黃又皺。老婦人身邊的年輕女子用湯匙餵著她吃稀飯。

「她看起來好像已經死了。」我對那個年輕女子說道。「她怎麼了？」

「奶奶已經半死了，妳看不出來嗎？」她惱怒地對我說。

我盯著她看越久，我的皮膚就冒出越多的汗。我過去從來沒有見過一個半死的人。那個年輕女子沒有理我，繼續餵著她的奶奶。老婦人的嘴巴一側吞著稀飯，另一側流著口水，又把食物吐了出來。我從來沒想到會有這種事，我以為人不是完全死了就是活著。我很同情那個老婦人，但又對能夠身處於兩個世界之間感到驚嘆。我的好奇心戰勝了我對她的恐懼。

「有醫生或任何人可以幫她嗎？」

「到處都沒有醫生。走開吧！妳的父母沒有在找妳嗎？」

她說的當然沒錯，我聽見媽在喊我的名字，呼喚我回去。幸虧，我的家人正忙著登上另一輛卡車，所以沒空生我的氣。當爸把我抱上卡車的時候，我注意到兩個身穿寬鬆黑色睡褲和上衣的中年男子站在我們旁邊。其中一個用黑筆在一個棕色的小本子上寫東西，另一個在我們爬上卡車的同時，指著我們的頭數著。我找到一個讓我可以看到鄉間風景的座位，其他四家人也很快地爬上卡車，塞滿了中間的空位。等到所有的家庭都上車之後，那兩個作筆記的男子又開始數著，沒有微笑也沒有跟我們打招呼。他們數完之後，就和卡車司機一起坐進前座，然後我們便上路了。

卡車駛離了等候區，駛上一條穿越山間的顛簸狹窄道路。各戶人家都很安靜，表情嚴肅，唯一的聲響來自樹枝刮過卡車側邊以及泥漿黏在輪胎上的聲音。感覺過了好久之後，我對景色感到無聊了，於是爬上爸的大腿。

「爸，」我小聲說道，以免被其他人聽見。「剛才我們離開那個地方的那些人，他們為什麼會在那裡？」

「他們在等基地的人來帶他們走。」

「就像帶走我們一樣地帶走他們嗎？」

「對。那些穿黑衣服的男人是鄉下村莊的代表。在那些等候區，這些代表手上會有一張人名的清單，他們就知道該把哪些人帶回他們的村莊。」爸小聲說道。

「那兩個男人，他們是我們村莊的代表嗎？」

「對。」

「基地的人是誰？」

「噓……我以後再告訴妳。」

「為什麼我們這麼快就離開了，但其他那些人卻還在等？」

「我用妳媽的金項鍊賄賂了一個人，讓他把我們的名字放在名單上，好讓我們可以離開。」

爸嘆了一口氣，又沉默了下來。我把頭倚靠在他胸前，心裡想著我是多麼幸運，能有這樣一位父親。我知道爸很愛我。在金邊的時候，每次去看電影，我都會要求我要坐在爸隔壁。當電影演到恐怖的地方，我就會抓住他的手臂，讓他知道我準備要跳上他大腿了。然後爸就會把我從我的座位上抱起來放在他大腿上，讓他的身體變成我的椅子，手臂變成我的扶手。現在，那好像已經是好久以前的事了。他看起來好嚴肅、好哀傷，我心想，我是否再也見不到我那風趣的爸了。

安朗摩村　一九七五年七月

當我醒來時，發現我們已經停了下來，所有的家庭都準備要下車了。村莊代表和卡車司機說了幾句話，然後就開走了，把我們留在一個鳥不生蛋的地方。在我們四周，綠色的山峰聳立在灰色的天空下。到了七月，雨季已經過了一半，空氣雖然涼爽，但依然沉重潮濕。我們周圍盡是有著寬廣綠葉的濃密大樹和肥沃的象草。我、珠和玉坐在我們的小堆衣物上方，聽著鳥兒的尖銳叫聲，其他人伸展著筋骨。幾尺之外，爸和其他四個跟我們一起搭卡車的家庭的父親聽著代表們下達指示。

「我們必須從這裡往山上走去。」爸告訴我們。他把玉抱起來揹在背上。貴、孟、琪和金拿起我們裝有衣服的包袱，跟隨著代表走在通往山上的一條隱密小徑上。珠和我牽著媽的手，落後其他家庭。我試圖跑到靠近爸的地方，害怕山裡會有蛇或是會吃小孩子的野生動物出沒，但卵石和碎石子跑進了我的拖鞋，每隔幾分鐘就得把它們甩開，讓我跑不快。我們沉默地在狹窄的山間小路上往上爬。到了晚上，我們抵達了目的地。村長把五家人都叫到他家裡去，給了我們米飯和魚當晚餐，然後大人們就離開去聽進一步的指示。之後，他帶我們到他家後面的一間小茅屋去，那就是我們的新家。小茅屋是用四根木樁支撐的，離地面有九十公分高，屋頂和牆壁上都覆蓋著竹葉和稻草。

「這個村莊叫做安朗摩，我們要暫時住在這裡。」爸在那天晚上這樣告訴我們。「根據卡車載補給品來的時間，每一兩個星期村長就會配給鹽、米和穀物給每一家人。除了這些補給品之外，我們要自己在小茅屋後面種菜。記住，不要提到金邊。村子裡會有紅色高棉的士兵巡邏，向安卡報告我們的一舉一動。從現在起，我們和這裡的每一個人一樣都是農民。」

我們全家人像沙丁魚一樣擠成一排，睡在屋裡的一頂蚊帳內，縮成一團取暖。第二天晚上，我生病了，而且還發了高燒。我全身都疼痛不已，並且一直嘔吐，感到忽冷忽熱。我睡不著，也沒有食欲。媽用很多層毯子把我包住，但我還是暖不起來。燒得厲害的時候，我會看見鬼魂和妖怪要來殺我。我的心跳加快，造成一陣陣劇痛傳遍脊椎，令身體發燙。我很怕那些妖怪，一直跑、一直跑，想要逃開。但無論我跑得多快或多遠，都無法逃離他們的魔掌。當我恢復意識時，媽告訴我金和珠也病了，而且也同樣做了被妖怪追殺的惡夢。

「這都是山和天氣的緣故。」爸告訴我們。「我們終究會習慣的。我們必須注意吃的東西，這裡沒有醫生或藥物，只有民間偏方。」爸應該要叫那些蚊子注意牠們吃的東西，因為害我們生病的罪魁禍首就是蚊子。

我們不是這裡唯一的新成員。貴告訴我們有八百人在安朗摩，大約有三百人是新來的，但村裡的人數每天都在改變，因為安卡經常把人從村裡移來移去，所以我們也才有這棟空房子可以住。每天，爸、貴和孟都會在日出時就醒來去工作，等到太陽下山才回來。他們工作得非常辛苦，有些日子會種稻米、蔬菜以及砍柴，其他日子則會建築水壩和挖壕溝。無論他們工作得多辛苦，在第一個月過後，能吃的食物卻變得越來越少。我們是靠哥哥每天捕來的魚過活的，我們已經吃不起白米，必須混合蘑菇、香蕉莖幹和其他葉片。過了幾週之後，就連葉子都變得匱乏了。媽告訴我們只能摘菜園中深綠色的老葉子，不能摘淺綠色的。她說我們需要讓淺綠色的葉子長大，這樣才能給我們更多食物。每當我們抓到動物時，我們什麼都吃——腳、舌頭、皮膚以及內臟。

有一天，金眉開眼笑地回家來，因為他抓到了一隻小野鳥。媽笑顏逐開地拍了拍金的頭，然後從他手中把鳥接過來。金已經把鳥的雙腳綁起來，但牠還是掙扎著試圖啄媽的手。

「快去拿一個碗和一把刀過來。」媽告訴珠。她抓住鳥的翅膀，將它們交叉在牠的背上。固定住翅膀之後，媽指示珠把碗放在鳥的身體下方。媽用膝蓋夾住牠的身體，抓住牠的頭將牠往後仰，讓牠伸長脖子。鳥似乎感應到了危險，嘶叫得越來越大聲，一邊試圖掙脫，卻徒勞無功。媽用另一隻手拿起刀子，用一個俐落的動作，將尖銳的刀鋒朝鳥脖子一割，牠就不再發出聲音了。濃稠的血從鳥敞開的傷口噴出，流入碗中。

「全部都要接住。」媽著急地對珠說道。「這血很好。」珠拿起碗靠近傷口，接住所有的血。「把它放在陰涼處，這樣會凝固得比較快。我們可以拿它來煮稀飯，今天晚上我們就能好好吃上一頓了。」媽宣布道，一邊微笑一邊終於放開了鳥。鳥雖然已經死了，血也流光了，但牠的身體依然在泥土中猛烈顫抖著。

「可憐的鳥。」我嗚咽說道，伸出手輕輕地摸著牠的羽毛。牠的血沾上我的雙手，但我仍繼續摸著牠，直到牠顫抖的身體一動也不動。

最後，食物變得如此匱乏，村長便派了孟、貴和其他年輕男子到山頂上挖野薯、竹筍以及根莖類植物來餵養村裡的人。他們每個星期都會在週一出發，然後在週三或週四才疲憊不堪地歸來。收穫較優的星期，他們會帶著很多袋食物回來，村長則會配給給全村的村民。有時候他們帶回來的東西非常少，每個人每天就只能拿到一顆小馬鈴薯。

我們住在安朗摩的第二個月時，剛好遇上了有史以來最嚴重的降雨。每天從早上開始下雨，一下就是一整天，只有到了晚上很晚的時候才會稍微停下來。雨下得如此之大，我的哥哥們都無法再上山挖馬鈴薯和竹筍。我們在菜園裡種的食物也都被雨水沖走了。為了生存，我的哥哥姊姊會在晚上搖著樹木，希望能夠找到金龜子。而我們這些年紀較小的孩子，因為比較接近地面，會去抓青蛙和蚱蜢覓食。雨水讓地面變得又軟又泥濘，珠、金和我經常在泥巴中溜來滑去，即使沒有在找青蛙的時候也一樣。我們的臉、頭髮和衣服上全都沾滿了棕色的泥巴，像豬一樣在爛泥巴堆裡笑著打滾。我們也會抓昆蟲，拔掉牠們的頭和翅膀，沾上胡椒鹽烤來吃。

幾個星期過去了，雨還是下個不停。雨水淹沒了村莊，水都深及爸的腰間了，許多動物也淹死了。爸告訴我們，所有的茅屋都蓋成遠離地面的高腳屋，就是因為怕會淹水。我們又冷又餓，唯一能吃的食物就只有漂來的魚和兔子，爸把一面漁網綁在一根長棍子上，從茅屋旁急流而過的水中將它們撈起。

「爸！爸！有東西來了！」有一天我尖叫道。

「那是好東西呢，看起來像一隻兔子。」

「爸你看，又有東西來了。」一珠告訴他。

爸伸長了手用網子把它們撈起，他將手伸進網子裡，抓起兩隻兔子的頭。牠們的體型像大隻的老鼠，在他手中顯得鬆垮而了無生氣，身上的毛糾結成團。他把兔子拿出來，將牠們放在一個木板上。當他用小刀砍斷牠們的脖子時，發出了小小的嘎吱聲，然後金倒了一碗水在牠們的屍體上，把血沖掉。爸把牠們的皮膚從脖子一直往下切開到腹部下方，然後，他從脖子抓住皮膚，從兔子的身體上撕下來。接著爸把肉和骨頭分開，將肉切成非常薄的肉片，泡在媽事先準備好的萊姆汁中。因為所有的東西都很濕，而且我們下方有三十公分深的水，所以我們無法生火。爸餵我們幾個年紀較小的孩子吃兔肉片，雖然萊姆汁讓味道變得沒有那麼腥，但我還是很討厭那種口感。肉在我的口中又拉又扯，實在很難嚼食，我的胃一陣緊繃，想要把食物吐出來。我咬著一片萊姆，強迫自己把肉吞下去，因為我知道如果吐出來的話，我就沒有東西可以吃了。

最後，雨季終於結束了，洪水也退了，留下的是潮濕、泥濘的地面。整個村莊陷入一片恐慌，因為到處都沒有食物。「我們必須離開。」有一天晚上爸這樣告訴我們。「大家都很不滿，他們都很餓。這裡的老村民對每個人都心生懷疑，而且他們問了太多問題。我們和其他人很不一樣，你們的媽說高棉語帶著中文口音，你們幾個孩子的膚色也比較淺，還有，除了我之外，我們家人對務農方面的事知道得不多，所以村民會把他們的問題最先怪到我們頭上。」爸說飢餓和恐懼是讓人反目成仇的原因，所以我們又得逃亡了。爸已經懇求村長在村民們有機會跟我們翻臉之前，安排我們搬到其他村莊去住。等到早上，我們的行囊裡只會帶著衣服，然後我們會走下山，等紅色高棉的卡車來載我們。

「屠殺已經開始了。」當我們往山下的會面區走去的時候，爸這樣告訴我的哥哥們。「紅色高棉把那些被認為對安卡有威脅的人都處決了。這個新的國家沒有法治或紀律，城市人無緣無故就被殺了。任何人都可能被視為對安卡有威脅——過去的公務員、出家人、醫生、護士、藝術家、老師、學生，甚至是戴眼鏡的人，因為士兵認為這是聰明的象徵。任何被紅色高棉認為有能力帶頭造反的人都會被殺，我們必須格外小心。但如果我們一直搬到不同村莊去住的話，就能保持安全。」

到現在，搬家對我而言已經再熟悉不過了。每當媽在大清早把我叫醒，我不會問她任何問題，那已經成了一種慣例。在步行很久之後，我們會抵達好幾個月前曾被放下車的同一個地點。在那裡，我們會等上一整個下午，一直到晚上，讓村長安排的卡車把我們帶到遠方沒有人認識我們的地方。等到卡車在黑暗中駛來時，我們會靜靜地爬上後方。我們不會向已經在上面的家庭打招呼，只會沉默地跨過他們的身體，找到空位坐下來。

卡車帶我們前往山的另一頭一個叫做黎卡的村莊，我們在那裡等候士兵的新指令。我心想安卡為什麼要一直遷離和重新安置人民，把他們像牛群一樣從一個地方趕到另一個地方。對我們家人來說，遷離是一種選擇。爸說我們必須不停搬家才能保持安全。對許多其他家庭而言，他們根本無從選擇。感覺就像沒有村莊想要收留我們，而士兵也不知道該拿我們怎麼辦。最後，一輛卡車前來帶我們去我們的新家，也就是洛粒村。我爬上車，獨自一個人坐在卡車的角落，其他家人則依偎在一起。孟說五個月前，當我們剛抵達安朗摩村的時候，那裡大約有三百個新人，而現在有超過兩百個人已經死於飢餓、食物中毒以及瘧疾。我轉頭看著媽緊緊把玉抱在胸前，彷彿永遠不想放開她。

「媽，我餓。」玉哭道。

「噓……很快就會沒事了。」

「餓，肚子痛痛。」玉繼續哭著。

「我好愛妳，我會讓事情變好的。等我們回到家後，我們會去公園，買妳最喜歡吃的東西。

我們會買一些豬肉餃子，很棒對不對？我們會去野餐，然後去游泳，然後去公園，然後……」玉很瘦，她臉上的顴骨已經整個凸出來。現在她的臉頰是凹陷的，她的皮膚垂在骨頭上，她的眼睛因飢餓而無神。

洛粒村　一九七五年十一月

在紅色高棉硬把我們從金邊的家撤離後的第七個月，我們抵達了洛粒村。現在已經是午後了。天空中的雲朵被吹散了，太陽的白色光束照耀在我們的新家上。洛粒村看起來就和我們一路上經過的那些村莊沒什麼兩樣。這裡四周圍繞著叢林，在雨季時一片綠意盎然，在乾季則酷熱又塵土飛揚。我抬起頭看著天空，微笑著感謝上天讓我平安抵達。這是七個月以來我們第三次搬家，我希望我們能在這裡待上一陣子。

鎮上廣場距離馬路十二公尺遠，那裡什麼也沒有，只有一塊乾涸的土地和幾棵樹。鎮上廣場是人們聚集聽公告、指令和工作分配廣播的地方，或者，對我們家而言，是等待村長的地方。在鎮上廣場後方，村民們住在同樣有著茅草屋頂的茅屋中，用枇柱架高，全都以相距約十五公尺的距離整齊排列在森林外圍。

卡車司機命令新來者下車，等候村長的指示。我的家人很快跳下卡車，把我留在後面。站在卡車邊緣，我強忍住想要跑去躲在遠處角落的衝動。在卡車四周，村民們已經聚集過來想看看我們這些新來者。這些村民全都身穿相似的寬鬆黑色睡褲和上衣，肩上或頭上綁著一條紅白格子的布巾。他們看起來很像那些攻進我們城市的紅色高棉士兵，只是老了一點，而且沒有拿槍。

「資本主義者應該被槍斃。」群眾中有人這樣喊道，怒視著我們。另一個村民走了過來，朝著爸的腳邊吐口水。爸的肩膀往下垂得很低，雙手合掌做出打招呼的動作，我畏縮在卡車邊緣，一顆心猛烈跳動著，不敢下車，擔心他們可能會對我吐口水。我迴避他們的眼神，他們看起來非常兇，就像餓虎準備朝我們撲來。他們黑色的眼睛瞪著我，充滿了輕蔑。我不明白為什麼他們要這樣看著我，彷彿我是什麼奇怪的動物，現實中我們看起來是差不多的。

「來吧，妳得從卡車上下來。」爸柔聲對我說道。我的腳拖著身體，小心翼翼地朝他敞開的雙臂走去。當爸把我抱在懷中後，我小聲在他耳旁說：「爸，資本主義者是什麼，為什麼他們應該被殺？」爸什麼也沒說，把我放了下來。

已經有五百個基地人士住在洛粒村了。他們之所以叫做「基地人士」是因為他們是從革命前就住在這個村莊裡的。大多數的人都是不識字的農民和鄉下人，都是革命的支持者。安卡說他們是模範市民，因為許多人從未離開過他們的村莊，所以不曾被西方世界所腐敗。而我們是新人，也就是從城市裡移居來的人。那些自從革命前就住在鄉村的鄉下人被允許留在他們的村莊作為獎勵，其他所有人則被迫聽從士兵的命令遷移搬家。基地人士會訓練我們成為辛勤的勞工，教我們為國家感到驕傲，唯有那樣我們才有資格稱自己為高棉人。我無法理解為什麼他們恨我，或是為什麼資本主義者必須被殺，但這以後再說。我往前走去，牽起珠的手，然後我們一起跟著媽走向位於鎮上廣場的集會。

當我問金資本主義者是什麼的時候，他告訴我那是指從城裡來的人。他說紅色高棉政府把科學、科技以及任何機械的事物都視為邪惡，因此必須摧毀。安卡說擁有汽車和手錶、時鐘和電視等電器會在貧富之間造成深深的階級區隔。這使城裡的有錢人炫富，而鄉下的窮人則連讓家人豐衣足食都有困難。這些裝置都是從國外進口的，因此受到了污染。進口貨被定義為邪惡，因為它們是讓外國得以入侵柬埔寨的管道，不只是在實體上，還有文化上。所以現在這些貨品都被禁止了。只有卡車還能運行，為的是能夠安置人口並且運送武器，以便讓任何對安卡的異議噤聲。

金的解釋讓我顫抖不已，於是我朝珠貼過去，把頭靠在她肩上。當我們等待村長的時候，其他載滿移居者的卡車也持續抵達。到了一天結束時，大約有六十個家庭、將近五百個新人已經擠滿在鎮上廣場。當太陽消失在樹梢後方，村長才終於出現在新人群眾面前。他和爸一樣高，體型消瘦方正，一頭灰色的短髮像濃密的森林樹叢般整齊地直立。他的眼睛像兩塊深色的煤炭，被一個堅挺的窄鼻隔開，下方則是口沫橫飛的薄唇。村長的步伐慵懶而緩慢，雙手和雙腿精準而刻意地擺動著。黑色睡褲垂落在他身上，比他身後的那兩個士兵穿起來更寬鬆。他看起來一點也不出色，除了能夠對兩個背上揹著步槍的男人發號施令之外。

「在這個村子裡，我們嚴格遵守著安卡所制定的規章和制度。我們期望你們能夠遵守每個規章。其中一個規章是關於衣著，你們可以看到，我們都穿著一樣的衣服，每個人的頭髮都是同樣的髮型。只要穿著一樣，我們就能擺脫腐敗的西方所創造出來的虛榮。」他說起話來帶著濃濃的叢林人士口音，我實在很難聽懂。

村長的手腕一揮，一個士兵就走到一家人面前。他伸出手從一個女人那裡拿走一個包袱。她垂下目光，讓包袱從肩上滑落。他翻著包袱裡的東西，用嫌惡的眼神看著裡面那些顏色鮮豔的衣服。他把包袱裡的東西扔在一群人圍成的圓圈中央。士兵一一對每一戶人家重複進行著這個舉動，廣場上家家戶戶一包又一包的衣服都被丟棄成一堆。在衣服堆的最上方是一件粉紅色的絲襯衫、一件藍色的牛仔夾克以及一條棕色的燈心絨長褲——過去生活中遺留的一切都將被毀滅。

在士兵靠近之前，媽就已經把我們所有的包袱全都聚集起來，堆成一個小堆放在我們家人面前。士兵撿起我們的包袱，開始把我們的衣服扔進衣堆中。他的手伸進我們的包袱裡，拉出一件紅色的東西——我的呼吸急促起來。一件小女孩的連身裙。他露出怒容，彷彿看到這種東西令他感到噁心，然後把連身裙在手中揉成一團，扔進了衣服堆裡。我的視線跟隨著那件連身裙，將所有的注意力都集中在上面，迫切地想把它從衣堆裡撿回來。我的第一件紅色連身裙是媽為了過年幫我做的，我記得媽量著我的尺寸，拿著柔軟的雪紡紗布料貼著我的身體，然後問我是否喜歡。「妳穿這顏色漂亮極了。」她說道。「而且雪紡紗布料穿起來很涼快。」媽幫珠、玉和我做了三件同樣款式的連身裙，全都有著蓬蓬袖和從膝蓋上方向外展開的寬大裙擺。

我不知道士兵是什麼時候把所有的衣服扔完的，我的目光始終無法離開我的連身裙。我站在那裡，媽和爸各站在我的左右。我感到體內一陣糾結，尖叫的欲望逐漸攀升到喉嚨，但我硬把它壓了下去。「不！不能是我的連身裙！我對你做了什麼？」我在腦海中尖叫著，淚水盈滿了眼眶。「請幫幫我！我不知道我還能不能再承受了！我不明白你們為什麼這麼恨我！」我咬牙切齒得如此厲害，喉嚨的疼痛感往上移到了太陽穴。我的雙手緊握成拳，繼續盯著我的連身裙。我沒有看到士兵把手伸進他的口袋，然後拿出了一盒火柴；我沒有聽見他的手指在火柴盒側邊點燃火柴的聲音。我只知道接下來那堆衣服就成了一團火球，而我的紅色連身裙也像塑膠一樣在火焰中熔化。

「穿色彩鮮豔的衣服是被禁止的。你們必須脫下身上的衣服，把那些也燒掉。鮮豔的顏色只會讓你的心思變得腐敗。你和這裡的任何人都沒有不同，從現在起必須穿黑色的褲子和上衣，每個月會分發一套新的給你們。」為了說清楚講明白，村長來回踱步，直視著新人的眼睛，用食指指著我們。

「在民主柬埔寨中，」村長繼續說道，「我們全都是平等的，無需在任何人面前畏縮。當外國人佔領柬埔寨時，他們帶來了壞習慣和華麗的稱謂。安卡已經把外國人都趕走了，所以我們無需再用華麗的稱謂稱呼彼此。從現在開始，你們要用『同志』[4]來稱呼彼此。舉例來說，他是

4　高棉語為「Met」。

芮恩同志，她是思蕊同志。不要再用先生、太太、爵士、大人或是閣下。」

「遵命，同志。」我們齊聲回答。

「小孩子也要改變稱呼父母的方式。父親現在叫做『Poh』，不再是爹地、爸或是其他名詞。母親是『Meh』。」村長大聲嚷嚷地說著其他新的字眼，我更用力地緊抓著爸的手指。新高棉連吃飯、睡覺、工作、陌生人都有新的字眼，全都是為了讓我們更平等。

「在這個村裡，就和在我們純潔的新社會一樣，所有人都生活在一個集體的體制下分享一切。沒有私人擁有的動物、土地、花園，甚至是房子，一切都是屬於安卡的。如果安卡懷疑你是個叛徒，我們會到你家任意檢查任何東西。安卡會提供給你所需的一切。你們新人會一起吃飯，用餐時間是中午十二點到下午兩點，以及晚上六點到七點。如果你來晚了，就什麼也吃不到。餐點會用分發的，你工作得越努力，就能吃到越多。每天晚上晚餐後，我會讓你們知道需不需要開會。基地人士和我們的士兵同志會巡邏你工作的地方，如果他們看見你怠忽職守或是舉報你偷懶，你就不會有東西吃。」我的視線跟隨著村長，看著他在一群群人身旁踱步。我祈禱我能記住他說的每一句話。

「你必須遵守安卡為你制定的所有規章。這樣的話，你就永遠不需要為城市人的犯罪和腐敗所煩惱。」

「遵命，同志。」新人異口同聲說道。

「每一家人都會被分派到村裡的一間房子去住。那些今天沒有分到房子的人，明天就要自己蓋。你們第一週的工作任務就是幫彼此蓋房子。」

「遵命，同志。」

「在我們的社會裡，孩子不用去上學，因為那只會讓他們的腦子裡裝滿無用的資訊。如果我們讓孩子努力工作，他們就能擁有敏銳的思想和敏捷的身體。安卡無法忍受懶惰。努力工作對每個人都有好處。任何人都嚴格禁止在沒有政府批准的情況下從事任何教育。」

「遵命，同志。」

「很好，你們可以坐下來等，我們會安排你們的住宿。」村長再次吐了一口口水在我們面前的地面上，然後離開。當他一走出視線之外，緊張的群眾就立刻分散開來，尋找陰涼處休息。我躺在媽鋪在珠旁邊的草蓆上，很快就入睡了。過了很久之後，我聽到附近人們耳語的聲音，醒了過來。當我的眼睛聚焦時，看見一大群人已經聚集在離我們腳邊幾尺遠的地方，而爸也消失在人群中。他在片刻之後回來，說有一個來自金邊的醫生，他與妻子以及三個孩子一家人吞毒藥自殺了。

雖然我們都應該是平等的，但村裡還是有三種階級的村民。一級市民是由掌管全村的村長、他的助理以及紅色高棉士兵所組成的。他們全都是基地人士和紅色高棉的幹部，全都擁有教導、維持治安、判決以及執行的權力。所有的決定都是他們制定的：工作細節、每戶人家的糧食配給、懲罰的嚴重程度。他們都是安卡在地方上的耳目，會把所有的一舉一動全都向安卡報告，並且能全權執行安卡的法律。

接下來是基地人士。如果一級市民是無所不能的嚴酷教師，那麼基地人士就是和他們勾結的霸凌者。雖然他們的權力不如一級市民那麼大，但他們的生活幾乎是獨立自主、不受士兵監視的。他們居住在村子另一頭屬於自己的房屋中，和我們是分開的。基地人士無需集體用餐，也不用和新人一起工作。然而，他們卻經常跑到我們這頭來巡邏，告訴我們該怎麼做。他們之中許多人都和一級市民有親屬關係，會向村長報告我們每日的一舉一動。

新人則是村莊結構中最低等的一級。他們沒有言論自由，必須服從其他階級。新人是那些過去居住在城市裡，被迫遷移到村子裡的人，他們不像鄉下人那樣會農耕。他們被懷疑會對安卡不忠誠，必須隨時隨地都被監視是否有叛亂跡象。他們過去過著腐敗的生活，必須被訓練成為有生產力的勞工。為了灌輸對安卡的忠心，並且打破紅色高棉眼中對都市人不夠格的職業精神的印象，新人都被分派到最艱苦的工作崗位，從事最長時間的勞動。

即使在新人當中，也有不同的階級。那些過去曾是學生或從事公務員、醫療、藝術或教職的人被認為在道德上是腐敗的。再來是越南裔、華裔或是其他少數民族，他們被認為在種族上是腐敗的。每當被問到過去從事什麼職業的時候，新人都會說謊，宣稱他們是貧窮的農民或是經營小店的商人，就像爸一樣。在紅色高棉的農業社會中，只有好勞工是有價值的，其他所有人都可以被犧牲。因此，新人必須極為努力地工作，以證明他們活著比死了更有價值。爸說因為我們和別人不一樣，是華裔柬埔寨人，所以我們必須比別人更努力工作。

在村長發餐碗和湯匙給我們並把我們分發到茅屋之後，我們只有幾分鐘的時間能夠稍微安頓，接著馬上就是六點鐘的鈴響，表示吃飯時間到了。我拿著木碗和湯匙，和家人一起跑到集體廚房去。所謂的廚房其實只是一張長桌，沒有椅子或長凳，位在一個沒有牆壁的茅草屋簷下。在敞開的廳堂正中央，有幾個磚爐和一張長桌，但沒有椅子或長凳。在長桌上有兩個大鍋，一個裝滿了飯，另一個則裝著烤鹹魚。六、七個基地女人攪拌著鍋子，然後從裡面舀起食物。桌旁已經有新人排著長長的隊伍，他們和我們一樣，全都換下了原本的城市人穿著，改穿黑色睡褲和上衣。從現在起，那將是我們唯一的穿著打扮。

當我看到前方的隊伍有多長時，一顆心猛烈地抽跳了一下。我看著地上放著許多裝滿熱騰騰食物的鍋子，告訴我的胃不用擔心。隊伍移動得很快而且很安靜，我暗自輕聲數著前方的人頭，一個個地扣除，心急地等著輪到我。終於，輪到媽了。她把玉放下來，拿著兩個碗，垂下頭和肩膀，讓自己的身體彎得比廚子低，然後小聲說道：「拜託妳同志，一個是給我的，一個是給我的三歲女兒的。」那個女人面無表情地低頭看著身高連媽的大腿都不到的玉，然後放了兩勺飯和兩條魚在媽的碗裡，又各放了一勺在玉的碗裡。媽低下頭感謝那個女人，就拿著食物離開了，玉則跟在她身後。

當我往前走到桌旁，我的肚子大聲地咕嚕咕嚕叫著。我看不見鍋子裡面的東西，聞著米飯和魚的味道令我口水直流。我把碗舉高到眼睛的高度，方便同志為我盛飯。我不敢抬頭看她，擔心她可能會因為我的直視而生氣，就不給我食物了。我的目光緊盯著碗，看到她的手把一些飯扔進碗裡，然後又在上面放了一整條魚。我勉強地小聲擠出一句「謝謝妳，同志」然後離開，祈禱自己不會跌倒打翻我的食物。

我們一家人坐在一棵樹的樹蔭下，一起吃著食物。雖然我們已經很久都沒吃過這麼多食物了，但到了晚上我們都又餓了。爸知道我們必須想辦法取得更多食物，設法安排了金在村長家擔任跑腿的工作。第二天晚上，金回家的時候就帶了剩菜回來。

「村長沒有工作給我做，所以他叫我去幫他的兩個兒子工作。村長的兩個兒子和我同年，而且他們很喜歡我。」金這樣說道。當我們問他今天過得如何時，他的嘴角往上揚試圖微笑。「他們會指使我，我總是得替他們幹活或是跑腿，但看看他們給了我什麼！他們說從現在開始，我都可以把剩菜帶回家來！」我們不敢置信地盯著金展示在桌上的飯和肉。

「你做得很好，小猴子。」媽告訴他。

「他們的剩菜簡直是大餐！白飯和雞肉！爸你看，雞上面還有剩下肉呢！」我興奮地大喊道，盯著那殘留在雞骨上鮮嫩多汁的碎肉。「小聲點，我們可不想被其他人聽見。」媽警告我。

我的兄弟姊妹們飢腸轆轆，圍繞在爸身邊，手上拿著碗。爸一個個舀給我們一些飯，並且給我們每人一根骨頭。輪到我的時候，他給了我一塊上面有最多肉的胸骨。我走到茅屋的角落，開始剝著骨頭上的肉，直到一點也沒剩下。然後我啃著骨頭，把風味和骨髓都吸出來。那天晚上，我是帶著飽足感入睡的。接下來的幾個星期，金很快地和村長的孩子成了好朋友，而他們每天晚上都讓金帶剩菜回家來。從他臉上、臉頰上和腿上的紅色印記很明顯地可以看出，金承受了他新「朋友」對他吐口水和毆打的百般凌虐。然而，十歲的金明白，唯有忍受他們的殘酷，才能幫忙餵飽家人。每天早上當他準備走路去村長家時，媽都會一邊看著，一邊輕聲說道：「我可憐的小猴子，我可憐的小猴子。」從外表看起來，金開始變得越來越像猴子了。他黑色的頭髮被剃得很短，同時因為營養不良而微禿，露出大片額頭；棕色的皮膚撐在他枯瘦的臉上，讓他的眼睛和牙齒貌似凸出，對他那張小男孩的臉而言顯得過大。雖然當他一身黑服的身影離去時我是低著頭的，但我很感激他能帶給我們額外的食物。

每次看到爸從金手中接過食物時臉上的表情，我的腹部都會一陣翻攪。爸現在瘦得一張臉已經不再像滿月了，他柔軟的身體已經消瘦，以至於每當玉試圖爬上他大腿時，他臉部的肌肉都會抽搐一下。從前我最愛用雙臂摟住的那個圓滾滾的肚子也已經凹陷，露出了肋骨，然而他總是最後一個拿最小份的剩菜。他試探性地吃著食物，彷彿在逼自己硬吞下去，因為他心裡是想把東西吐出來的。有時候他的目光會在金臉上新出現的傷痕停留很久，然後他會更用力地吞嚥，試圖把食物吞下去。他臉上的痛苦讓我感到如此羞愧，但我對哥哥的犧牲感到慶幸。每天晚上，我窩在茅屋中的黑暗一角，深陷在羞愧和無聲的淚水中，我都會吸吮啃咬著雞骨頭，直到什麼也不剩。

在新家，我們沒有時間去認識鄰居、拜訪其他村民、散步或是和任何家人以外的人交談。新人之間的社交接觸幾乎是不存在的。大家都不願與人來往，擔心如果透漏了個人想法或感覺，就會有人向安卡告狀。現在這種事很常發生，因為向村長告發別人可以得到獎賞和好處，例如更多食物，或者，有時候，甚至是攸關生死的事。

因為有了金帶回家的額外食物，我們在這個新環境的生活頭幾個月過得好多了。我的父母、兄姊在稻田裡工作，而我們這些較年幼的孩子則留下來在社區菜園裡工作。我很想念我的家人，但只有在每天晚上，等到他們在田裡工作了十二到十四個小時之後疲累不堪地回到家，才能短暫地看到他們。晚餐過後，每週有三到四次，新人必須去參加一個多小時的會議。這座村子對外在的世界是封閉的，甚至對其他村子也一樣。郵件、電話、電台、報紙以及電視全都被禁止了，所以我們唯一的消息來源只有村長。

「今晚的會議是關於什麼的，爸？」那天晚上，當他很晚進門時，我從睡夢中醒來問道。

爸吻了我的額頭一下，說會議和其他夜晚的會議都是一樣的，村長向成年人教導並且解釋安卡的哲學，所有的新人都坐在那裡聆聽。村長會說教，並且夢想著安卡的成就以及政府的哲學

——建立一個沒有犯罪、沒有欺騙、沒有詭計、沒有西方影響的完美農業社會。安卡說我們的新社會將會在兩年內生產出超過上千公斤的稻米，然後我們想吃多少米就有多少米。我們也會自力更生，唯有自力更生，一個國家才能成為自己命運的主宰者。村長說我們的國家將會經歷一段困難時期，當我們不再接受外國的接濟時，糧食也將會不足。村長說，只要我們所有人努力種植稻米，我們很快就能夠餵飽自己的國人。

到了晚上，為了避免被別人聽見，我們在睡前都只會小聲對彼此簡單說幾句話。在黑暗中，士兵巡邏著這一區，除了聆聽還會朝屋內探視。如果他們聽見甚至只是懷疑人們在討論政治——尤其是資本主義——到了早上，全家人就會不見蹤影了。士兵會告訴我們那家人被送到思想改造營了，但我們都很清楚他們已經消失無蹤，永遠都不會再被看見了。

一週七天，我們日復一日地工作著。有些月份裡，如果我們是生產力良好的勞工，就能放半天的假休息。每逢那種時日，媽和我們幾個女孩都會在附近的溪裡洗衣服，但是因為沒有洗潔劑，所以也無法洗得很乾淨。我很期待那些放假的時刻，那是我們能夠共處的特別時光。在村裡大約五百個新人家庭中，只有兩、三個嬰兒。雖然我無法完全聽懂媽的話，但我偶然聽見媽說女人們太操勞、吃不夠，而且充滿了恐懼，大多數的女人都再也無法懷孕了，就算懷上了，許多人也會流產，大多數的新生兒都活不過一兩天。爸說我們的國家將會失去一整個世代的孩子。他一邊搖著頭，一邊看著玉。「最先受害的總是孩子。」

爸說玉不會成為紅色高棉的下一個受害者，因為村長喜歡爸。村長讓金帶剩菜回家，他知道這樣我們的生活過得比較容易些。爸工作得比村裡任何人都更努力而且更久。爸因為貧賤的出身，懂得很多技能，而且村長要他做什麼他都會。他善於木工、建築以及務農。爸總是話不多，甚至對於工作表現得很熱中——這種特質向村長證實了爸不是個腐敗的人。他選了爸當新人的領導，而這個職位也讓我們能夠得到多一點的糧食配給。

雖然安卡說我們在民主柬埔寨是人人平等的，但根本不是。我們居住和被對待的方式都像奴隸。在我們的菜園中，安卡給我們種子，我們可以栽種任何想要的植物，但我們所栽種的一切都不是屬於自己的，而是屬於社區的。基地人士會吃我們在社區菜園中栽種的莓果和蔬菜，但如果新人吃的話就會受到懲罰。到了收穫的季節，田野中的農作物必須交給村長，然後他會配給給五十戶人家。如往常一樣，無論農作物的量有多少，新人永遠無法得到足夠的糧食。偷竊食物被認為是十惡不赦的重罪，如果被逮到，違法者可能會在公眾廣場被砍掉手指，或是被迫在已知地雷區附近種菜。紅色高棉士兵在革命期間，為了保護他們從龍諾軍隊接管的省份而埋下了這些地雷。由於紅色高棉埋下了很多地雷，卻沒有畫地圖標明這些地雷埋在何處，現在很多人在行經這些地區的時候都受傷或喪命了，在這些地區工作的人們都不會再回到村裡來。如果人們踩到地雷，手臂或腿被炸飛了，他們對安卡就不再有利用價值，士兵就會開槍把他們打死。在這個新農業社會，是沒有殘障人士的容身之地的。

紅色高棉政府也禁止人們信教。金說安卡不想要人們信奉任何可能分散對安卡忠誠度的神祉或女神。為了確保這項規章能夠執行，士兵們摧毀了全國各地的佛教寺廟和祭祀場所，大幅破壞了一個叫吳哥窟的地區，那是一個在柬埔寨歷史中很重要的宗教之地。

吳哥窟是佔地超過二十五英里的寺廟，在九世紀時，由為了鞏固威望而大興土木的高棉國王們所興建，並且在三百年後落成。在十五世紀時，暹羅入侵之後，吳哥窟荒廢在叢林中，直到十九世紀才被法國探險家重新發現。從那時起，這些歷經戰爭而滿目瘡痍的廟宇及其中的美麗雕像、石雕以及多層的塔樓就一直是世界七大人造奇觀之一。

我記得當年我們走在搖搖欲墜的迴廊上時，我緊抓著爸的手指。寺廟的牆壁裝飾著精心雕琢的人物、牛隻、牛車、日常生活以及古早時期的戰役場景。護衛著那古老台階的是花崗岩製成的巨獅、老虎、八頭蛇以及大象。在它們旁邊，砂岩製成的神祉有著八隻手，盤腿坐在蓮花座上，俯瞰著寺廟中的池塘。被叢林樹藤覆蓋的牆上，則有上千位有著巨大渾圓乳房的飛天女神，身上僅包裹著短裙，對訪客微笑著。我伸手罩住了一個乳房，在掌心感覺那冰冷、粗糙的岩石，然後又很快把手抽回，遮住嘴巴咯咯笑著。

爸帶我走到一個寺廟區，那裡的樹很高，看起來幾乎觸碰到天堂了。它們扭曲的樹幹、樹根以及樹藤纏繞著廢墟，就像巨大的蟒蛇，壓迫吞噬著翻覆的石塊。他抱著我走過不穩的階梯，來到寺廟洞穴的黑暗入口處。「這裡就是神祉居住的地方。」他小聲說道。「如果妳呼喚祂們，祂們會回答的。」我急切地舔濕了嘴唇然後大喊道：「Chump leap surdei, dthai pda!（您好，神明！）」然後我緊摟著爸的腿，聽著神明回答道：「Dthai pda! Dthai pda! Dthai pda!」

貴說在這一區的寺廟中，那些士兵摧毀了裡面的動物守衛，接著不是把神像的頭推倒就是開槍射落，使祂們神聖的身體上布滿了彈孔。在他們摧毀了寺廟之後，士兵們又漫步在鄉間尋找僧侶，逼他們改信安卡。拒絕的僧侶會被殺害，或是被迫去地雷區勞役。為了避免被滅絕，許多僧侶都把頭髮留長，跑到叢林裡躲了起來，其他的則集體自殺了。雖然這些僧侶把寺廟維護得很好，如今它們卻又再次淪陷於叢林中。我心想不知道那些神祉都到哪裡去了，因為祂們的家已經被摧毀了。

勞改營 一九七六年一月

我們在洛粒村第三個月的時候，情況開始變糟。村民們的工時變得更長，但配給的食物卻越來越少。士兵們每天都會在村裡巡邏，尋找年輕力壯的男子，徵召他們從軍。如果你被徵召了，就必須加入；如果你拒絕，就會被貼上叛徒的標籤，而且可能會被殺。因為這樣，我的父母強迫貴娶了蓮——一個來自附近村莊的年輕女孩。貴才十六歲，所以根本不想結婚，但爸說他必須這麼做才不必加入紅色高棉的軍隊。如果紅色高棉知道他有太太可以為安卡生兒子，就比較不會徵召他入伍。蓮也不想嫁給我哥哥，但她也是被她的父母強迫的。他們擔心如果她落單的話，很可能會被士兵性侵，最後就會像我們村裡另一個年輕女人達薇那樣。

達薇是我們一個鄰居的女兒，正值青春期。她就快十六歲了，長得非常漂亮。儘管正值戰爭和飢荒，達薇的身體依然繼續蛻變成年輕女性的胴體。就像我們所有人一樣，她的頭髮也被剪得很短，但和我們不同的是，她的頭髮很濃密而且捲曲，美麗地垂落在她那張鵝蛋型的小臉旁。人們經常誇讚她，光滑的棕色肌膚、豐滿的嘴唇，尤其是她那雙又圓又大的棕色眼眸以及纖長的睫毛。

達薇的父母從來不讓她單獨出門去任何地方。每當她去撿拾柴火時，她母親總是會跟著她，就連她需要去上廁所的時候也會守著她。她父母神經兮兮地保護著她，每次有人試圖和她說話，他們總是會抓住她的手臂把她拉開。達薇的頭上幾乎總是包著一條布巾或是臉上抹了泥巴，為的就是掩飾她的美貌。然而無論她的父母怎麼做，他們依然無法保護她不被那些巡邏村莊的士兵們看上。

有一天傍晚，三個士兵來到他們的小茅屋，告訴達薇的父母他們需要達薇和她的一個朋友跟他們一起走。他們說需要女孩們去幫忙摘玉米，為一個特別慶典做準備。達維的母親一邊哭著，一邊緊緊抱著她的女兒。

「帶我走吧。」她懇求著士兵們。「達薇是個懶女孩，我可以比她工作得更快，在更短的時間內摘更多玉米的！」

「不！我們需要她！」他們嚴苛地回駁。聽到他們的話之後，達薇哭得更厲害了，不顧一切地緊抓著她的母親。

「帶我走吧。」她父親跪下懇求道。「我可以比她們兩個工作得更快。」

「不！不要跟我們爭執。我們需要她，而她必須為安卡效忠！到了早上她就會回來的。」

然後士兵們就抓住達薇的手臂，把她從母親顫抖的懷中拉走。達薇大聲啜泣著，懇求他們讓她留在母親身邊，但士兵們依然把她拖走了。她母親跌跪在地，雙手合十，懇求他們不要帶走她唯一的女兒。那位依然跪在地上的父親把頭嗑在地上，用額頭碰撞著地面，同樣也懇求著士兵。當士兵把達薇拖走的時候，她不斷回過頭去看著依然跪在地上、雙手合十為她祈禱的雙親。她一直回頭看，直到再也看不見為止。

達薇的父母痛苦不堪的哭喊聲響徹了一整夜。他們為什麼要這樣對她？在我們的小茅屋中，我的家人臉上都露出嚴肅而無助的神情。貴和爸坐在琪的兩旁，她的臉上露出因恐懼而扭曲、蒼白的神色，心想如果士兵把她帶走了，他們會對她做出什麼事。今年十四歲的琪和達薇同年，將雙膝抱在胸前坐在那裡，兩眼無神，肩膀明顯上下起伏著。聽見她的啜泣聲，媽把玉交給了珠，爬到琪面前，用雙臂摟著她。我們其他人都不發一語地移動到各自睡覺的位置試圖入眠。我顫抖著身子爬到珠旁邊，抓住她溼答答的手，平躺著盯著天花板。在黑夜中，我們都試著入睡，但卻都因為達薇母親的哭聲而醒著，她像一隻失去了狼寶寶的母狼般哭嚎著。

士兵遵守了承諾，第二天早上把達薇送回她父母身邊了，但他們送回來的那個達薇已經不再是被他們帶走的那個女孩。在他們家的茅屋前，達薇站在她父母面前，披頭散髮，腫著一張臉，肩膀下垂，手臂像死人般無力地垂落在身側。她已經無法再直視父母的眼睛。她不發一語地走過他們身邊走進了小茅屋中，他們往旁邊走了一步讓她過去，然後跟著她進了屋。從那之後，小茅屋就寂靜無聲。

在達薇被綁走後的幾天，她臉上的瘀傷變成了深紫色，然後才又漸漸消失。她手臂上的結痂已經乾涸，變成幾乎看不見的小疤痕。但對達薇來說，那些傷疤會永遠存在。我有時候在吃飯排隊時會看到達薇，但她已經不再和任何人說話。她走起路來像行屍走肉，而且總是低著頭。沒有人敢提那天晚上的事，也沒有人敢問她到底發生了什麼事——無論是她的父母或是村民。每次看到達薇，我都會避開她。如果有人聚在一起，當他們看見達薇時，也會安靜下來。

隨著日子一天天過去，有越來越多人以視而不見的方式對待達薇。有時候，我會看到達薇注視著鎮上廣場的村民們，當人群散去後依然在那裡逗留。有時候，她會直接走進一群人當中，彷彿像是在挑釁他們對她開口說話。那些群聚者會拖著腳步、朝著掌心咳嗽、閃避目光，然後朝不同方向走開。琪經常會朝達薇走去，但最終又只握緊拳頭朝我們走了回來。

士兵在欺侮了達薇之後並沒有收手。之後的很多個夜晚，他們又來了，帶走了許多其他女孩。有些女孩在第二天早上回來了，很多卻沒有。有時候，士兵會帶著一個女孩回來，然後告訴她的父母說他們已經成婚了。他們說嫁給士兵為安卡傳宗接代是她的職責。許多被迫嫁給士兵的女孩後來都下落不明了，據說她們都慘遭「丈夫」的毒手。經常聽到有士兵說女人的職責就是要為安卡效勞，她們的職責就是她們天生的用處：為安卡生兒育女。如果她們不盡職責，就毫無價值、可有可無，等於一無是處，還不如死了算了，好讓她們的食物配給可以供應給那些對重建國家社稷有用的人。為人父母的對於這些年輕女孩被綁架毫無阻止的能力，因為士兵的權力廣大無邊。他們有權力可以審判、陪審、維安以及行使軍權，他們全都配有步槍。許多女孩選擇用自殺逃脫這些綁匪的魔掌。

為了保護貴不被徵召從軍，同時保護蓮不被士兵綁走，他們在雙方家長同意之下，很快地暗中祕密舉行了結婚儀式。在他們結了婚之後，貴和蓮就去住在一個勞改營，被發配到那裡工作。爸不怕紅色高棉會要孟去從軍，因為他的身體比較弱，所以爸沒有逼他結婚。然而，士兵們說十八歲的孟年紀已經太大，不能和我們住在一起，所以他們強迫他去勞改營和貴跟蓮同住。

勞改營不像我們的村莊，那裡只住著年輕男子，有些有娶妻，有些則是單身。他們在那裡從事著將貨物搬上搬下卡車的苦力勞動。貴說大多數時候他們搬上卡車的都是大米，卸下卡車的則是武器和彈藥。因為他們勞動得很辛苦，所以食物方面倒是不虞匱乏。我的哥哥們每次來訪時，都會偷偷帶風乾的剩菜給我們。一開始，孟和貴被允許隔週來看我們。但隨著時間過去，士兵逼他們工作更長的時間，只讓他們每隔三個月才能回到洛粒村。

每當我的哥哥們來訪時，貴的新媳婦蓮因為沒有家人在我們的村子裡，所以只能留在營裡。因為這樣，我對我的嫂嫂了解得非常少。我只見過她一次，就是在婚禮上，我覺得她非常漂亮，雖然她的眼中含著淚水。每當貴來訪時也很少提到妻子，只說她還活著，身體也很健康。連我都看得出來這是一樁形式上的婚姻，而不是愛的結合。

有時候我會從屋內的另一頭盯著我哥哥看，想找回那個跳躍在半空中讓我大笑的武術高手的身影，但那個武術高手現在已經不復存在了。在金邊的時候，貴從來不會直接從一個地方走到另一個地方，他會悠哉地閒逛，一路上在很多地方停留，和朋友及漂亮女孩打招呼。只要他想要，總是會有一群人圍繞在他身旁。

在我們位於洛粒村的小茅屋內，貴坐在爸身邊，沒完沒了地說著話。他直挺挺地背對著牆壁，彷彿不敢靠在上面。他盤腿而坐，手掌平貼在地上，隨時準備一躍而起。他依然健壯，只是那份吸引女孩的活力和自信已經不見了。十六歲的他已經變得又老又冷酷，而且很孤獨。即使和我們在一起，他依然戴著勇敢的面具，緊繃地撐在他那張不屈不撓的臉龐上。

如果說貴的臉上總是故作堅強，那麼孟的臉上則是毫不隱藏。當他開口說話時，會用脆弱、顫抖的聲音，試圖安慰爸媽在勞改營的一切都很好。孟不像貴一樣身體被辛苦的勞力工作鍛鍊得更為結實，他顯得瘦骨如柴。他坐在我們的小茅屋中，無精打采地坐在竹子牆邊，呼吸得很吃力，每個字都像在嘆氣。當他看著我們時，他的眼睛會在我們的臉上停留，彷彿想要記住每一個細節，好讓他不會忘記。在他的注視下，我不自在地換了個姿勢，然後遠離他的視線。我無法置身於一個四周充滿仇恨的地方，卻同時接受哥哥這麼多的愛。

貴和孟離開後的幾個月，有傳聞說越南佬試圖入侵柬埔寨，使紅色高棉把很多十幾歲的男孩和女孩都從他們的家中帶走了。有一天，三個士兵到村裡來，要新人聚集在鎮上廣場，說安卡需要每一個青少男、青少女明天就出發前往公查拉——一個青少年勞改營。聽到消息後，琪的眼眶盈滿了淚水，朝媽跑了過去。

「每個人都必須尊敬並且為安卡服務！」士兵們喊道。「任何拒絕安卡要求的人都是敵人，將會被消滅！任何質疑安卡的人都會被送往思想改造營！」琪和媽轉身面向彼此擁抱著。爸沉默地別過頭去，把玉從珠的懷中抱過來。

到了早上，媽用一條布巾把琪的黑色睡褲和上衣包好。琪坐在媽身邊，她們的手觸碰著。我們靜靜地走出小茅屋，來到了鎮上廣場，很多青少年和他們的家人都已經聚集在那裡，他們和焦慮不安的父母眼中也都含著淚水。琪和媽相擁，緊緊地抱著彼此，她們的指節都發白了。在短短幾分鐘內，士兵們就過來把孩子們都帶走了，而我們只能無語、絕望地看著。

我感覺一顆心彷彿被什麼動物挖出來一樣。我試圖擠出笑容，好讓姊姊能夠帶著一絲希望上路。她是爸的第一個女兒，而十四歲的她卻必須靠自己的力量生存下去。「別擔心，爸，不會有事的，我會生存下去的。」她說道，然後就揮著手離開了。在她那身垂落到臀部下方的黑色上衣以及褲擺已經磨損的長褲下方，她看起來比隊伍中其他人都瘦小許多。

我回想起過去在金邊時，那時的她是那條街上最美的一個女孩，媽說她以後可以嫁給她想嫁的任何人。每個月，琪都會和媽一起到美容院去做頭髮和美甲。我常看著琪過度整理著身上的制服，不停地將她那件藍色的百褶裙和白色的襯衫壓平，好讓它們看起來又新又挺。現在她的人生中已經不再有愛美的喜悅了。那條紅白相間的格子布巾包裹著下方那逐漸稀疏的油膩黑髮，她看起來根本不像十四歲，反倒比較像十歲。琪和其餘二十個男孩女孩跟在士兵身後，沒有再回頭看過我們一眼。珠和我站在那裡，眼中含著淚水望著琪的身影，直到她離開我們的視線之外。我心想不知道我是否還有機會能見到她。

在鎮上廣場的另一頭，幾個基地孩子匆忙地跑回家去。雖然這裡沒有大門，但一道隱形的界線將村子隔成了兩半。新人都知道不能穿越界線。偶爾，基地男人會走到我們這一頭來監視新人，並驗收工作成果。現在，幾個還沒回家的基地孩子站在那裡，皺著眉頭看著我們。我其實很少看到他們，也不認得他們是誰，我甚至不知道在村裡有幾個基地孩子。他們身穿看起來很新的黑色睡褲和上衣，他們的手臂和腿都能把衣服撐滿，臉也都長得又圓又胖，我羨慕又帶著恨意地瞇起眼睛。

「家人分開是好事。」爸輕聲說道，然後就上工去了。媽什麼也沒說，繼續望向琪消失的方向。

「她為什麼必須離開？爸為什麼不求村長讓她留下來？」我等爸媽走遠之後這樣問金。

「爸擔心士兵可能會得知他的真實身份。如果紅色高棉的士兵知道爸曾在龍諾政府工作的話，他們會傷害我們全家的。如果他們發現的時候，我們家人已經分散在各地，他們就不能傷害到我們所有人。」

我永遠無法了解爸是怎麼知道這些事情的，但他就是知道，而且他都會讓我們知道，好讓我們不會不小心洩漏什麼消息。

「爸，他們會殺了我們嗎？」那天晚上我這樣問他。「我在鎮上廣場上聽其他新人竊竊私語，說紅色高棉士兵不只是會殺曾經為龍諾政府工作的人，還有任何受過教育的人。我們都受過教育，他們也會殺了我們嗎？」我問他時一顆心猛烈跳動著。爸嚴肅地點了點頭。這就是為什麼他要我們表現出愚蠢的樣子，而且絕對不能提我們在城市生活。

爸相信戰爭會持續很長一段時間，而這一點讓活著變得很悲哀。每天我們都會聽到其他家庭因為受不了恐懼而自殺。我們雖然活著，但我們知道隨時都有被發現的危險。一想到死亡，我就感到反胃，但我不知道該如何繼續活在這份悲傷中。

我痛苦地回想起過去媽因為我打破了她昂貴的骨瓷餐盤而打我屁股，或是因為我跳上傢俱、和珠打架或試圖從櫃子裡偷糖果而罵我時，我對她所感受到的憤怒。當時，身為一個被寵壞的五歲孩子，我會在公寓裡暴走亂發脾氣。我躺在房間裡，悶悶不樂地哭著，經常希望自己死了算了。我想要讓她因為她對我做的事而受苦，我想要讓她感到受傷和罪惡，讓她知道是她害我自殺的，然後我會從天堂看著下方的人間，看著她的悲慘而感到幸災樂禍，那就會是我的報復。我會從雲朵上看著下方她那張哭喪的腫臉，到那時，我才會相信她已經吃夠了苦頭，然後我才會回到人間原諒她。而現在我才知道，當你死了之後，無論你多麼想要，都不可能起死回生，死亡是永久的。

為了抗拒死亡，新人努力地種植稻米和蔬菜。然而，我們種得越多，得到的糧食配給卻似乎越少。我們必須工作得更努力，但我們卻越來越瘦、越來越餓。我們依然繼續種植和收割，卡車也來來去去，載走我們的農作物，以便讓戰爭得以持續下去。當媽和爸在田裡為戰爭盡心盡力的同時，身為村長家跑腿的金每天晚上下工回到家，像是從他自己的戰場上負傷歸來。金會把剩菜遞給爸，大聲地談論著他的一天，媽會摸著他的瘀傷輕聲說道：「謝謝你，我的小猴子。」而爸則會不發一語地接過食物分發給我們。

有一天晚上，我和珠坐在我們的台階上，看見金的身影緩緩地走回家。在他上方，憤怒的雲朵密布在天空中，沒有任何星光能夠指引他回家的路。他手中拿著用布巾包裹的剩菜，而我的肚子感激得因喜悅而抽動。當他靠近我們時，我看見他的肩膀沉重地往前弓起，而他的雙腳拖著步伐，彷彿在泥濘中跋涉。

「金，怎麼了？」珠問他。金沒有回答，只是沉默地走進茅屋中，珠和我則緊跟在後。

在黑暗中，金走向爸，跪在他面前。金低垂著頭，用顫抖的聲音說道：「爸，村長告訴我不要再去他家了。」

爸一動也不動，輕聲呼吸著。

「對不起，爸。」金說道。「對不起，爸。」金重複說道，他的話輕輕地飄盪在空氣中。

媽聽出他聲音中的絕望，放下玉爬到金的身邊。她伸出雙臂摟住了他的頭，把他拉進懷中。

「謝謝你，小猴子。」她在他的髮間說道，摸著他的頭髮，他的肩膀上下起伏著。

外面的風現在猛烈地呼嘯著，試圖將雲朵吹散，可惜徒勞無功。星斗依然躲著不見我們。珠和我牽起彼此的手互相取暖。自從我們五個月前抵達洛粒村之後，村長固定提供的剩菜讓我們免於餓死，現在我們又得開始餓著肚子入睡了。感覺沉默了好久好久之後，爸告訴我們總會度過難關的。

第二天，當我站在一排排成熟的紅甜椒、番茄、橘色的南瓜以及綠色的小黃瓜前，我想起了琪。現在已經是三月，自從她離開已經過了一個月了。琪很喜歡南瓜籽，以前在電影院裡她都會大聲地嗑著。想起她使得太陽在皮膚上的曝曬感覺更灼熱，令我的毛孔冒出更多水份，浸溼了衣服。

在我旁邊的金擦拭著額頭，繼續沉默地工作著。我們的任務是把籃子裝滿，把它們交給在社區廚房裡的廚子們。我的手指一邊摘著四季豆，口中流著口水。感覺著毛茸茸的豆子在我的大拇指和食指之間，我非常想趁沒有人注意的時候偷偷塞進嘴裡，但我還是把它扔進桶子裡了。

「我好餓。」我小聲對哥哥說道。「不要吃這些菜。如果妳被逮到，會被村長毒打一頓的。」他說。我聽從了他的命令，繼續工作，偶爾停下來偷看他一眼。在金邊，每當爸在星期天帶我們幾個女孩子去游泳池的時候，金通常都會跑去我們家對面的電影院混。當我們回來時，在門口迎接我們的不是李小龍，就是中國的神祉、孫悟空或是幾個功夫大師的招數，從醉拳到龍爪或少林寺僧人。每當珠和我跟他在同一個房間裡的時候，入戲的金就會一整天對著我們跳躍、搖擺、轉圈、出拳和踢腿。

回想起那在金邊的小猴子，我別過了頭。我真希望金能夠再回去為村長工作，繼續帶他們家的剩菜回來給我們，但村長不想要金再為他工作了。金和爸都沒有跟我們解釋為什麼他把金辭退了，但爸懷疑那和一個名叫波布的人有關。最近，村裡的基地人士都在竊竊私語地談論這個名字，彷彿那是一句神奇的魔咒一般。沒有人知道他是哪裡來的、是什麼人，或是長什麼樣子。有些人說他或許是安卡的首腦，其他人則爭辯說安卡的首腦是由一大群男人所組成的。如果是波布下令發派更多士兵到村裡，那麼這樣的佈局也造成了權力平衡的變化。一開始，村長的權力是最大的，用手下的執行官士兵統治村莊。現在士兵的人數增加了，他們的權力也隨之壯大，而村長則被降低到管理者的角色。

「金，士兵把食物都帶到哪裡去了？」我問。

「當安卡組成軍隊的時候，沒有足夠的錢去購買槍枝和補給品給士兵，所以安卡向中國借錢購買槍枝和武器，現在必須還債給中國。」金解釋道，一邊繼續把蔬菜放進我們的草籃裡。

「如果中國在幫安卡並且給他們錢，那為什麼士兵這麼恨我們這些華人？其他小孩討厭我是因為我的皮膚比較白，他們說我有華人血統。」我小聲對金說道。金站直身子，確保其他孩子不會聽見我們說話。

「我不知道。我們不該聊這些。安卡恨所有我們這些外國人，尤其是越南佬。或許鄉下人分辨不出華人和越南佬的區別，越南佬的皮膚也比較白。對一個從未離開過村子的人而言，所有白皮膚的亞洲人看起來都一樣。」

那天晚上，爸告訴金安卡想要驅逐所有的外國人。它想要讓民主柬埔寨政權重建過去的輝煌，也就是當柬埔寨曾是一個版圖橫跨部份泰國、寮國以及現在南越的大型帝國。安卡說如果我們想做到這點，就不能被任何其他人擁有。我不在乎安卡為什麼或是打算如何重建柬埔寨，我只知道我的肚子一直都因為飢餓而疼痛。

新年 一九七六年四月

又到了四月，很快就要過新年了。過了新年，我就要六歲了，但我的身高依然只到爸的腰間，媽擔心我會永遠長不高。爸媽擔心營養不良會阻礙我的發育，而我會永遠無法長得像他們那樣高大。自從我們離開城市後，我就再也沒照過鏡子。有時候，我會試著在池塘中看自己的倒影，但裡面的水總是髒的。那個回望著我的模糊孩子身影看起來凹陷扭曲，一點都不像在金邊那個被鄰居說長得「醜」的小女孩。

紅色高棉的柬埔寨不允許慶祝新年或任何其他節日。不過，我依然夢想並懷念著我們在金邊過年的情景。在柬埔寨，新年是我們最盛大也最重要的一個節日。連續三天，所有的商店、餐廳、公司行號以及學校都會關門。除了大吃大喝慶祝之外，沒有別的事好做。每天都會有朋友家辦派對，在這些聚會上，主人會擺上宴席，包括烤豬、鴨、牛肉、甜蛋糕以及漂亮的糖果。我最喜歡的部份就是爸媽帶孩子們拜訪朋友的時候，孩子們在這個節日收到的不是禮物，而是錢——全新的鈔票，放在精美的紅包袋裡。當然，我對那些都已經不在意了，現在我滿腦子只想著食物。

夢想著食物讓我的肚子疼痛地咕嚕咕嚕叫了起來，此時此刻的我願意用任何東西換取一小塊月餅或是一支烤鴨腿。這個念頭讓我流口水，但也讓我感到一股哀傷。我知道無論我多麼努力夢想，都只是在期盼著不可能的事罷了。我希望媽和爸不知道我們這些孩子腦子裡隨時都在想些什麼，他們會要我們忘了過去的生活，在現實中生存。明明知道吃不到卻仍想著那些食物是沒有用的。然而，要想別的事情還真不容易，飢餓吞噬了我的理智。

村裡有很多人都冒著生命危險從附近的田野裡偷玉米。我看到他們偷偷摸摸吃東西的樣子，他們看見我走過時，會很快地把東西藏起來。我想問他們能不能分我一點，但我知道根本沒用，因為那表示他們必須承認自己犯的罪。雖然我自己也很想當個賊，卻沒有勇氣那麼做。想當年在金邊時的我既有錢又被寵壞，孩子們還會偷我的東西，但我根本不在乎，那似乎是上輩子的事了。那時的我就算被偷也不會變窮，但我會嚴厲地譴責這種行為。小偷在我的眼中一文不值，我認為他們太懶惰，不肯努力去得到他們想要的。現在我才明白，他們偷竊只是為了生存下去。

在除夕夜，我作了一個最棒的夢，但也是最糟的惡夢。我坐在一張長桌旁，桌子上擺滿了食物，都是這世界上我最愛吃的。放眼望去全都是吃的！又紅又脆的烤豬、色澤金黃的鴨、熱騰騰的餃子、肥嘟嘟的炸蝦以及各式各樣的甜蛋糕！每樣東西看起來和嚐起來都如此真實，我根本不知道自己在作夢。我用雙手一口氣把所有東西都塞進嘴裡，舔著我美味的手指。然而我吃得越多，肚子卻越餓。我焦慮又著急地吃著，擔心安卡士兵會出現把一切都從我面前奪走。我很貪心，不想和任何人分享這些食物，甚至是我的家人。到了早上醒來時，我感覺既沮喪又罪惡。我醒來後只想尖叫，對玉大吼大叫，然後揍珠一頓，因為我不知道該如何面對我的絕望。飢餓的疼痛永遠都在，永無止盡，永遠不會離開我。通常，我會有罪惡感是因為在我的夢中，我不但會狼吞虎嚥，還會把食物藏起來，即使是玉我都不會和她分享。

每天的每一分鐘，我的肚子都在叫，彷彿像自己在吃自己一樣。現在，我們的糧食配給已經固定減少到廚子只給每十個人一小罐十二盎司的米。我哥哥們的糧食配給量也變少了，以至於他們來訪的時候能帶給我們的也非常有限。他們想要常來，但士兵們逼他們更努力工作，讓他們沒有時間來訪。

廚子們持續在大鍋中煮米湯給村民吃。每到吃飯時間，我家人的手中都會拿著湯碗，和其他村民一起排隊領取我們的配給。廚子們以前還會給我們粥，但現在鍋子裡的米粒只夠煮湯了。輪到我領食物的時候，我都會充滿期待地看著廚子攪拌米湯。我緊張地屏息著，祈禱她會可憐我，從鍋底舀起我的湯，因為所有的固體食物都在那裡。輪到我的時候，我會盯著米湯的湯鍋；當我看到她拿著湯勺攪拌著湯時，我會發出絕望的嘆息。我雙手緊捧著碗，拿著那兩勺湯，走到平時我在樹下坐的陰涼位置，離其他人遠遠的。

我從來不會一口氣把湯全都吃掉，也不想讓家人拿走我的份。我靜靜地坐在那裡，一口一口地品嚐著，先從湯開始喝。我碗底剩下大約三湯匙的飯，而我必須讓它撐久一點。我緩緩地吃著飯，如果有一粒掉到地上我都會撿起來，因為一旦吃完了，我就得等到明天才有得吃。我看著碗內，一邊數著碗裡剩下的八粒飯時，內心不禁哭了出來。我只剩下八粒飯了！我夾起每一粒緩緩地嚼著，試圖品嚐那滋味，不想吞下去。淚水和食物混雜在我口中。等到那八粒飯全都吃完，而我看到其他人還在吃的時候，我的心都會一沉。

村裡的人口一天比一天少。許多人都死了，大多數都是死於飢餓，有些是吃了有毒的食物，有些則是被士兵殺死的。我們的家人也慢慢地快餓死了，然而，政府每一天都在減少我們的糧食配給。飢餓，飢餓永遠都存在。我們什麼都吃，從地上腐爛的樹葉到被我們挖起的樹根。我們用捕獸器捉到的老鼠、烏龜和蛇也不會被浪費掉，我們會拿來煮然後吃牠們的腦、尾巴、皮和血。沒有捉到動物的時候，我們會在田野中尋找蚱蜢、甲蟲和蟋蟀。

在金邊時，如果有人告訴我說我必須吃那些東西，我應該會吐出來。現在，因為不吃就會餓死，我會為了躺在地上的一隻死去動物和別人打架。對我而言，能夠再活下去一天成了最重要的一件事。我唯一沒吃過的只有人肉了。我曾聽說過很多關於其他村莊的事，說那裡的人會吃人肉。有一個故事是關於一個附近村莊的女人變成了食人魔，他們說她是個好女人，不是士兵口中形容的那個惡魔，她只是太餓了，所以當她丈夫因為吃了有毒的食物而死亡之後，她吃了他的肉，同時還餵給了她的孩子，她不知道屍體中的毒素也會讓她和孩子喪命。

我們村裡的一個男人有一天在路上看見了一隻狗，那隻可憐的狗身上已經沒什麼肉了，但那個男人還是殺了牠把牠吃了。第二天，士兵們來到那個男人的家。他哭著求饒，但他們絲毫不理會他。他抬起雙手掩護，但依然無法抵擋士兵的拳打腳踢和步槍的槍托。士兵把他拖走之後，就再也沒有人見過他。他的罪名是沒有和社區中的人分享狗肉。

我對這個男人的命運感到難過，因為換成是我，我也會對自己的狗做同樣的事。在金邊的時候，我們家養了一隻親人的小狗，鼻子總是濕濕的。那是一隻體型很小的狗，一身雜亂的長毛總是拖在地上，很喜歡躲在我們家那張東方地毯上的衣服堆下。我們的管家很胖，而且她不知道那隻狗喜歡躲起來。當她一腳踩下去把那隻狗踩死時，那個場面真是慘不忍睹。爸在我們幾個女孩看見之前就把屍體扔了。現在的我覺得很羞愧，因為如果牠還活著的話，我知道我會把牠吃了。

想到食物就讓我的肚子因飢餓而咕嚕咕嚕叫。爸告訴我今天是新年。雖然我的腳很痛，我還是決定要去附近的田野中散步。爸得到村長的允許讓我留在家，因為我生病了。躺在茅屋中幾個小時之後，我咕嚕咕嚕叫的肚子逼得我必須出去找食物。我的眼睛仔細探索著地面，希望能夠找到一些食物來填填我飢餓的肚子。那天很熱，太陽熱到穿透我的頭髮，灼燒著我的頭皮。我用手指梳過頭髮，摸著那些讓我的頭很癢的頭蝨。因為沒有洗髮精或肥皂，想要做好個人衛生簡直就像長期抗戰，也因此，我的頭髮油膩地糾結成塊，讓我更難抓到頭蝨了。我在一棵樹的樹蔭下停下來稍微休息一下。

在金邊的時候，我可以在我們家跑得很快，幾乎不會碰到傢俱的尖角和銳利的邊緣。即使是在平日晚上，我都會混到很晚才睡覺。現在的我一天到晚都覺得很疲倦，飢餓已經讓我的身體變得很糟。在經過一個月沒有太多東西吃的日子之後，除了肚子和雙腳之外，我全身都瘦骨如柴。我可以數得出每一根肋骨，但我的肚子卻是往外凸的，在我的胸口和臀部之間鼓脹得像一顆球一樣。我腳上的肉腫脹得如此厲害，發亮得像隨時會爆開一般。我好奇地用大拇指戳我腫脹的腳，把肉往內壓，按出了一個凹痕。我暗自數著，等待著看需要花多長的時間凹痕才會自己膨回來。過了一段時間之後，我又會在腳上、腿上、手臂上甚至臉上按下更多凹痕。我的身體就像一個氣球，我按下的那些凹痕會緩緩地再次膨脹起來。就連走路都變得困難了，因為我只要一動，關節就會痛。當我走路的時候，想要看清行走的方向也成了問題，因為我的眼睛已經腫得幾乎閉起來了。當我能夠勉強看得到路，可以行走時，我的肺想要吸進足夠的空氣，而呼吸短促使得控制平衡變得很費力。大部份的日子，我都沒有精力也沒有意願到處走走，但今天我必須出去找食物。

我緩緩地朝村子後方黑壓壓的森林走去。一年中會有一兩次，士兵們會把森林中的幾塊地放火燒光，以便創造更多農地。我不知道他們為什麼要這麼做，因為我們連已經清出的既有土地都沒有力氣耕作了。這一區的森林在幾天前才剛被放火燒過，地面依然灼熱而且冒著煙。我在地上尋找著可能被火困住或燒死的動物或鳥，想要藉此飽餐一頓。上個月，在森林中另一區被紅色高棉夷平創造更多農地的地方，我找到了一隻蜷縮成一團的穿山甲，牠的殼已經燒焦變脆，但我依然花了不少力氣才把牠攤平，吃到裡面美味的肉。今天的我就沒有那麼幸運了。

很久以前爸曾告訴過我，四月是個非常幸運的月份。在柬埔寨文化中，新年一向都是在四月到來，那表示所有在新年之前出生的孩子都會老一歲。在柬埔寨的曆法中，金現在已經十一歲了，珠九歲，我六歲，而玉四歲。在柬埔寨，人們在十五歲之前是不過生日的。十五歲之後，親朋好友才會相聚大啖美食來歡慶這個人的長壽。爸告訴我，在其他國家，人們在過了自己出生的同月同日之後才算老了一歲。每年的這一天，親朋好友都會團聚，用美食和禮物慶祝。

「連小孩子也一樣嗎？」我不敢置信地問道。

「特別是小孩子，小孩子會得到專屬於他們的一整個甜蛋糕。」

想到能夠吃一整個甜蛋糕就讓我的肚子發出窸窣聲。我從地上撿起一塊黑炭，然後，我試探性地將它放進嘴裡咀嚼。它嚐起來什麼也不像，只是粉粉的，而且有點鹹。我今年六歲，不但沒有生日蛋糕可以慶祝，反而在嚼一塊黑炭。我又撿了幾塊起來放進口袋留著以後吃，然後朝家的方向走回去。

經過村子的時候，腐爛的肉體和人類排泄物所散發的惡臭瀰漫在空氣中。許多村民都因為疾病和飢餓而病得越來越嚴重。他們躺在茅屋中，全家人都在一起，動彈不得，凹陷的臉龐看起來就和骷髏頭沒什麼兩樣。有些人的臉則腫脹、蠟黃、水腫，看起來像彌勒佛，只不過沒有面帶笑容。他們的手臂和腿都只剩下皮包骨，連接著骨瘦如柴的手指和腳趾。他們躺在那裡，彷彿已經不屬於這個世界，虛弱得連停在自己臉上的蒼蠅都無力揮開。偶爾，他們身體的某些部位會不由自主地抽搐，你才知道他們還活著。然而，我們卻什麼也做不了，只能任由他們躺在那裡等死。

我的家人和他們看起來也差不了多少。我想像自己在爸媽眼中看起來的模樣，他們看到我一定心都碎了，或許那就是為什麼爸每次看著我們時眼神都會變得迷濛。當我快到我們家的茅屋時，那股臭味和熱氣令人難以承受，我的太陽穴也開始抽痛起來，雙腳的疼痛往上傳到腹部。酷熱的太陽灼燒著我黑色的衣服，將我皮膚上的油曬得滾燙。我側著臉抬起頭看著天空，強迫自己直視太陽。強光刺痛著我的眼睛，一時間我彷彿像失明了一般。

當四月過了進入五月，五月過了進入六月，樹葉開始枯萎，樹木也變成棕色，河川也逐漸乾涸。在夏日的陽光下，死亡的惡臭在村子裡是如此濃郁，我用雙手掩著口鼻，只敢透過指間的縫隙呼吸。這裡死了好多人，鄰居們都虛弱得連埋葬屍體的力氣都沒有。那些屍體經常就被留在炙熱的太陽下，直到臭味瀰漫在周遭的空氣中，讓每個經過的人都不得不捏著鼻子。蒼蠅嗡嗡叫著圍繞在屍體旁，在屍身上產下數以百萬計的蟲卵。等到那些屍體終於被埋葬時，它們早已變成蛆棲身的大型巢穴。

當我的身體病得無法在菜園裡工作，卻又沒有別的事好做時，我經常會看著村民們扔棄屍體。我看著他們在死者家的茅屋下方挖掘一個洞，當他們把屍體塞進去時，我會忍不住畏縮一下。那些死去的家人全都被埋葬在同一個墳裡，這樣的景象曾經令我感到恐懼，但如今我已經看過這種事發生過太多次，根本一點感覺都沒有了。那些死在這裡的人沒有親人悼念他們，我相信我的舅舅們應該也不知道我們的下落吧。

我們在村裡有一個鄰居是有三個孩子的寡婦。自從士兵謀殺了她丈夫後，她就一直孤家寡人。她的名字叫章，她的女兒佩和思蕊分別是五歲和六歲，她還有一個年約兩歲的男嬰，那個男孩是村子裡最近一個死於飢餓的受害者。在他死前我還看過他，他的身體很腫，和我差不多，毫無血色的皮膚看起來就像白色橡膠。章不管去哪裡都將他抱在懷中。有時候她會用一條布巾繞過肩膀，將他斜揹在背上，他那雙死氣沉沉的雙腳懸盪在空中。有一次她在我們家時曾試圖餵他喝母奶，但她的身體卻一滴奶也擠不出來。她的乳房就像空布袋一樣鬆垮地垂在她肋骨前方，儘管如此，她依然慈愛地將它們塞進兒子的口中。他對母親的乳頭毫無反應，他從來都不動，也不哭，只是躺在她懷中，彷彿植物人一般。偶爾，他會抽動一下頭，或是移動手指，代表他還活著，但我們全都知道他活不了多久的。我們完全無法幫助這個寶寶，他需要食物，但我們根本沒有多的可以分享。在我們家的時候，章抱著寶寶和他說話，彷彿他並不是垂死，只是睡著了。他在他們拜訪我們的幾天後靜靜地死去了，但他母親依然繼續抱著他，拒絕相信他已經死了，直到村長強行將寶寶從她懷中奪走然後埋葬了他。

自從那男孩死去之後，那兩個女孩和章的情況也變得更糟。在他死後幾天，他的兩個姊姊決定自己到森林裡找吃的。她們已經餓昏了，所以吃了一些蘑菇，結果沒想到居然是有毒的。在她們死後，章歇斯底里地跑到我們家來。「她們全身都在發抖！她們一直向我求救，但我沒辦法！她們一直在哭，甚至不知道自己怎麼了！」章跪倒在地，媽及時將她摟在懷中。

「她們現在已經安息了。別擔心，她們已經睡了。」媽用雙臂抱著章。

「她們全身都發白了，身體上的汗毛也都豎直起來，我的寶貝毛孔都在流血！我的寶貝一直發抖，哭著向我求救，要我讓她們不再痛苦，我什麼都沒辦法為她們做。她們在地上打滾、痛苦地尖叫著，要我結束她們的痛苦。我試著抱緊她們，可是我不夠強壯。我只能看著她們死！我只能看著她們死！她們一邊哭著找我一邊死去，但我卻幫不了她們。」章不由自主地啜泣著，跌坐在地上，把頭靠在媽的大腿上。

「我們現在什麼都做不了了，她們已經安息了。」媽摸著章的手臂，試圖安撫她的痛，但沒有人能夠把她從痛苦中拯救出來。她發出哭嚎的聲音，將手伸進上衣中按摩著胸口，彷彿試圖把痛苦從心中驅逐出來。

我站在媽身旁，看著那兩個女孩被埋葬在她們的房子附近。我無法看見她們的屍體，但稍早曾有兩個村民搬出兩個用黑色舊衣物包裹起來的小包袱。那些包袱看起來很小，很難想像那曾經是我認識的那兩個女孩。我心想安卡是否在乎她們的死。我記得當我們剛抵達洛粒村時，村長安卡會照顧我們，會給我們所需的一切。我猜安卡不明白我們需要吃飯。

我轉過頭去看玉，她和珠坐在一棵樹下，遠離送葬的行列。她又小又虛弱，缺乏食物已經讓她掉了許多美麗的頭髮，現在她的頭上只剩下幾撮稀疏的毛髮。她彷彿感覺到我在看她，轉過頭來對我揮手。我可憐的小妹妹，我在內心無聲地哭泣著，什麼時候會輪到妳變成像她們一樣的包袱呢?玉再度對我揮了揮手，甚至試圖微笑，露出了她的牙齒。一股沉重的感覺爬上了我的心頭。所謂的微笑，她也只不過能勉強讓皮膚往後拉扯一點；而我可以看出當她死後她的皮膚在骨頭上變乾的模樣。

當村民將女孩們放進一個小洞中時，章大聲地啜泣著。當她看見村民用土把女孩蓋起來，她朝墳墓衝了過去，試圖爬進去。淚水、痰以及口水從她的眼睛、鼻子和嘴巴流到她的整件衣服上。「不，」她哭喊道：「我是孤伶伶的一個人了。我是孤伶伶的一個人了。」兩個男性村民把她從墳墓中拉出來抓住她，直到最後一把土被鏟起，覆蓋在佩和思蕊身上。完事之後，村民又走到另一間茅屋去挖下一座墳墓。「這個會容易一點。」一個男人一邊搖搖頭說道。「這一家沒有生還者。」

在她的孩子都死去之後，章現在已經完全瘋了。有時候我會看到她到處走動，依然在和她的孩子說話，彷彿他們就在她身邊。有時候她的眼神清晰，她也知道他們已經死了，她就會尖叫，用拳頭捶打著胸口。幾天後，章來到我們家，向媽報告了大好消息。「我找到最佳食物了！不知道為什麼以前我都沒想到！不但安全，而且味道也不差。」她興奮地對媽說道。然後她的眼神迷濛起來，雙手開始激動地揮舞著，小聲說道：「我大可把我的孩子救活的。」

「等一下，是什麼東西啊？是什麼啊？」媽焦急地問。「蚯蚓！牠們很肥美又鮮嫩多汁。妳只要把土撥掉，把牠們切開，洗一洗，然後就可以煮了。味道還不錯，就像煮麵條那樣煮。我試過了！這裡有一小碗。」她把她那碗蚯蚓遞給了媽。「謝啦。」媽勉強說道。「我得走了，我得去找我的孩子們。」章對媽微笑一下，然後就匆匆離開了。

一想到要吃這些，我就覺得快吐了。蚯蚓吃的都是地上死掉的東西。對我而言，吃蚯蚓就像吃死人一樣。我試圖幻想一碗乾淨的蚯蚓，但畫面卻轉變為蚯蚓從我們埋葬的死人腐爛的肉裡爬出來，成千上萬隻一起扭著身體鑽進屍體中。「別擔心，我還剩下一些珠寶，我們可以用來換食物，我們不必這樣。」媽對我說道。

我們是村裡少數幾戶幸運的人家，有東西可以和基地人士換取食物。我們的情況和其他人相比還不算太差，因為我們還有黃金、鑽石以及寶石。在亮舅舅的茅屋中，媽把它們縫在我們包袱的背帶裡，所以逃過了士兵的檢查，即使他們燒了我們的衣服，我們還能留下這些。這些珠寶雖然美麗，但現在已經因為戰爭而幾乎一文不值。如果我們幸運的話，一盎司的金子只能買到幾英磅的米。大多數的時候，我們能換到的更少。在紅色高棉社會中所存在的眾多罪惡裡，換取食物被認為是叛國的行為，如果被逮到的話，交易者會被鞭打，然後招供出所有參與者的名字。紅色高棉相信個人不應該擁有全國其他人沒有的東西，當一個人祕密取得比其他人更多的食物時，社區中的食物分配就不平等了。既然我們全都應該是平等的，如果一個人餓死，那麼我們全都該餓死。

幾個星期前，金告訴我，或許該怪罪的並不是安卡。他說在田裡和村裡，很多人都提到了那個叫波布的名字。很多人都說波布是安卡的頭目，但依然沒有人知道他是誰。他們竊竊私語地說他是個士兵，說他很聰明，說他是這個國家的國父，他們也說他很胖。

他們說他之所以保密身份是為了避免被暗殺。他們說他解放了我們不受外國的統治，給了我們獨立自主的權力。他們告訴我們，波布要我們努力工作是因為他想要淨化我們的心靈，幫助我們發揮成為農民的最大潛能。他們說他有著一張圓臉、厚唇以及仁慈的眼睛。我心想，他那雙仁慈的眼睛是否能看見我們正在餓死。

在村民埋葬了章的孩子之後，我們現在越來越少看見她了。她在村裡已經被冠上「瘋女人」的名號。後來她吃了有毒的食物，和她的女兒以同樣的方式死去了。她的屍體在次日被一個村民發現，扭曲且佈滿了血。他們把章埋葬在她的孩子身邊。

我們之所以能夠活過這段時期，是因為爸和村長很熟。基地人士不吃集體廚房煮的東西，而是自己煮。在他們當中，村長家的人是最胖的，而且只穿黑得發亮的新衣，不是我們身上這種褪色的灰色破布。爸能夠拿到額外的米都是他送村長禮物換來的。爸騙村長說他在金邊的時候只是個小店的老闆，撤離的時候在一間空屋裡找到了珠寶。爸給了村長媽的紅寶石手鍊、鑽戒還有更多東西，用以換取幾英磅的生米。爸把米放在一個袋子裡，然後裝在一個容器中，藏在一小堆衣服下方，以免被其他村民看見。有些夜晚，當我們真的需要的時候，爸會讓媽煮一小份的米，然後燃燒潮濕的爛樹葉掩飾味道。這些額外的米是我們家人抵抗完全餓死的武器。

有一天早上，珠大聲的哭喊把我們全都從睡夢中吵醒了。「爸，昨天晚上有人偷開了容器！」所有人的目光都注視著暴露在外的裝米容器，上面的蓋子歪了，而且微微打開著。

「或許是老鼠偷跑進去拿走了一些。別擔心，今天晚上我會把它蓋緊的。」他說道。「這些米是屬於我們大家的。」

當爸在說話的時候，我知道他認為是我們家中的人偷了米，老鼠只是藉口罷了，而且大家都心知肚明。我很確信他知道是我，於是我刻意避開他的眼神。羞愧讓我的手灼燒得像熱鐵，讓所有人看見——爸最疼愛的孩子居然偷了自家人的東西。玉像為了救我一樣醒了過來，飢餓的哭聲打斷了大家對這個事件的注意力。「是我，爸！」我在心中吶喊著。「是我偷了自家人的東西。我很抱歉！」但我什麼也沒說，沒有坦承自己犯下的罪行。罪惡感沉重地壓在我心頭，是我在半夜爬起來偷了米。我真希望當我那麼做的時候，是處於半睡半醒的狀態，但事實並非如此。

當我從家人那裡偷那把米的時候，我非常清楚自己在做什麼。我的飢餓感是如此強烈，我完全沒有想到我的行為所帶來的後果。我跨過其他人的身體來到裝米容器前，一顆心怦怦跳著，緩緩地掀起蓋子。我的手伸進裡面，拿出一大把生米，在任何人醒來逼我把它放回去之前，很快將它塞進了我飢餓的嘴裡。我擔心咀嚼生米的清脆聲響可能會吵醒其他人，於是先用口水把米粒軟化。當它夠軟的時候，我的牙齒磨著米粒，一股清甜的滋味順滑地流入我的喉嚨。我想要更多，我想要一直吃到飽足為止，之後再來擔心被懲罰的問題。

「太壞了！妳真壞！」我在內心斥責自己。「爸知道了。」

很久以前，爸告訴我人們應該當好人，不是因為他們擔心被逮到，而是做壞事的報應會跟著他們一輩子。除非壞人贖罪，否則下輩子就會變成蛇、鼻涕蟲或是蠕蟲。六歲的我知道自己很壞，就算下輩子以低等生物轉世也是活該。除了壞人，還有什麼人會為了自己自私的肚子而害全家人餓死？

從那天起，我就越來越封閉了。我不再跑去問爸問題或是坐在他身邊。我不再看著玉，我那個四歲的妹妹漸漸因為營養不良而消瘦。唯一經常陪伴我的，就是我肚子的叫聲。心胸狹窄又煩躁不安的我經常和珠起爭執，但她比我大，而且又比我膽小，所以只會用言語和我爭吵。然而，我卻經常推她，想要逼她和我打架。我想要因為從他們那裡偷米而得到懲罰，想要有人能傷害我。然而，媽卻被我們的吵鬧搞得頭痛不已。爸是唯一一個依然有自制力的，所以我們頻繁的爭執並沒有把他逼瘋。

在一次爭執中，我太用力推珠，她也推了回來，給了我理由朝她撲過去。她知道她根本不是我的對手，尖叫著向媽求救。媽生氣地拿起一個椰子殼朝我扔了過來，那個硬殼砰地一聲擊中了我的頭，一股劇痛頓時傳遍我的腦勺。我暈頭轉向地倚靠著牆保持平衡，緩慢地呼吸著。然後有東西從我額頭上滴下來，從我臉頰上滑落。我抬起手擦拭了臉頰一下，鮮血滴落在我的衣服上。我憤怒地瞪著媽，坐下來對她大吼：「我要被妳害死了！」

她的臉因擔憂而凝重起來，意識到自己做了什麼。她很快衝到我身邊，處理我的傷口。「妳看妳讓我做了什麼。」她說道，聲音開始崩潰。「妳們這些孩子就是不知道收手，還有妳，良，總是帶頭打架，妳總是在挑戰我的忍耐極限。」我的嘴唇顫抖著，對於自己的壞感到羞愧。媽在哭都是因為我，因為我很壞，什麼事都做不好。那天晚上，爸回家後告訴我說我不會死的，只是傷口有點深罷了。我信任爸，也相信他。然後他就從我身邊離開去跟媽說話。

當他走向她的時候，媽根本不敢看他。我的父母幾乎沒吵過架，爸一向是個非常冷靜的人，我從來沒有看過他發脾氣。但這一回，他很大聲對媽說了憤怒的字眼。她坐在屋內的角落，不停地整理又重新整理著我們的黑色衣褲和飯碗。爸站在她面前。「妳為什麼那麼做？妳很可能會打到她的眼睛，甚至可能更糟。然後我們該怎麼辦？一個瞎了眼的孩子要怎麼在這裡生存？現在妳必須考慮到這樣的事了！」媽不發一語，默默地用她的布巾擦拭著眼睛。爸又對媽說了很多，但我沒有繼續聽下去。

當爸出門去工作後，媽抱著玉，來到我面前。「我不是故意要讓妳受傷的，妳們這些孩子太會打鬧了，所以我一時失控了。妳為什麼總是要和每個人爭執？」在柬埔寨，大人向小孩道歉的方式頂多就是這樣了。我看著她，咬著牙，將頭轉開。當我不想再聽的時候，我就把自己關到內心深處一個沒有人能進去的地方。媽繼續說著，但我沒理她。她注意到之後，才嘆口氣走開了。等到她和玉離開茅屋後，一陣狂怒突然從我內心升起，令我呼吸加快。我將這股陰鬱而強烈的怒氣對準了媽，都是她害我這麼痛苦的。我兩眼無神地盯著我的空飯碗，我表現出一副完全不在乎她對我說了什麼的模樣。一時之間，我甚至希望她死。我希望她死，因為她讓我覺得我很壞。在我內心，我恨我自己的不乖，而且總是家裡愛惹麻煩的一個。片刻之後，金叫珠回到集體菜園去做我們被分配的工作。他看到我的時候，怒視了我一眼，然後就往前方走去，沒有對我說一個字。珠跑到我身邊牽起了我的手，我低下了頭，我知道我們的爭執是我的錯，然而珠卻沒有生我的氣。對她而言，爭執已經結束，她已經原諒我了。我心想，她是否知道我選擇和她爭執是因為我知道她會永遠愛我並且原諒我。我們十指交扣，一起走向菜園。

那天晚上，我側躺在珠和玉之間，盯著睡在爸身旁的媽。我的怒氣消了，感覺腹腔底部像個無底洞，將我深深拉入絕望的深淵。我記得在金邊的媽，每當我們搭三輪車的時候，我跳上她大腿時她發出的笑聲，當時的她是如此美麗。而今，在我們過去所認識的人裡，沒有人能夠認出她的。她的紅唇又紫又乾，臉頰凹陷，眼睛下方有深深的黑眼圈，那骨瓷般的雪白肌膚因為陽光變得又黑又皺。我好想念我母親在我們家時的笑聲，我好想念我母親。

媽和爸不同，從來沒有做過苦力或勞力。她出生在中國，是小時候搬到柬埔寨來的。他們結婚後，爸在每一方面都把媽照顧得無微不至，現在他卻督促媽要比社區內任何新來的女人都要辛勤工作。媽也必須格外小心，因為她說高棉語帶著華人口音，爸擔心這會讓她成為士兵的目標，因為他們想要把外來民族的毒害從柬埔寨掃蕩一空。媽對她的文化很引以為傲，卻必須隱瞞，以免為我們全家招來危險。爸說安卡一心想搞種族洗清，安卡痛恨任何不是純種高棉人的人。安卡想要讓民主柬埔寨中沒有其他種族，認為那都是邪惡、腐敗和毒害的來源，如此一來，真正的高棉文化才能再次發揚光大。我不知道種族洗清是什麼意思，我只知道為了保護自己，我經常必須在皮膚上塗抹泥土和黑炭，以便看起來和基地人士一樣黑。

琪 一九七六年八月

在琪離開我們村莊後的第六個月，也就是紅色高棉掌權後的十六個月，有一天早上，一個年輕女孩到我們的村裡來找媽和爸。「我是替琪捎訊息來的。」她說：「你們必須到醫院來，她病得很嚴重，她想見你們。」

「為什麼？她怎麼了？」媽勉強問道，一邊換手抱著玉。

「護士認為她應該是吃了什麼東西，她腹瀉得非常厲害。你們現在就得來，她一整個早上都在生病，一直說要找你們。」爸不能請假去看琪，而我們也不知道她病得有多嚴重。在得到村長的允許之後，媽和那個女孩一起離開去看琪了。

琪依然住在公查拉，那是一個青少年的勞改營，裡面大約有一百六十個勞工。那些青少年分住在兩間房子中，一間是男孩住的，一間則是女孩住的。在營裡，他們從日出到日落都在稻田裡幹活。女孩分到的食物比男孩少，可是卻必須跟他們工作得一樣辛苦。但無論男女，他們的糧食配給也只不過是很稀的米湯和鹹魚而已。

爸和金出門上工後，珠、玉和我等著媽回來。由於我們沒有可以得知時間的工具，加上不擅長利用太陽在天空的位置來猜測，所以等待的過程漫長不已。珠把蒼蠅從睡在她身旁的玉身上搧開，我在茅屋前來回踱步。我每踏出一步，腳下的地面都彷彿在移動，讓我重心不穩。我每呼吸一口，空氣就快速地灌進我的喉嚨，令我窒息。我在心中幻想著在勞改營裡的琪。

琪有一天醒來，發現她的肚子鼓脹得很大，而且轆轆叫著，發出彷彿裡面有東西在晃動的聲音。她沒多加理會，以為那只是飢餓所引起的疼痛。她深吸一口氣，眼眶中盈滿了淚水。飢餓的疼痛無時無刻不存在，有時候飢餓的疼痛是如此強烈，竟會傳到她全身的每一個部位。她已經好久都沒有吃飽了。她用手揉了揉肚子，告訴它安份一點。

她按照規矩把草蓆從地上捲起，將它倚靠在牆上。泥土地面很硬，而且佈滿了黑蟻和其他蟲子。到了晚上，她總是會確保自己的嘴巴閉得緊緊的，並且用毯子蓋過頭，希望不會有空隙讓蟲子能夠鑽進來。她在營房內環視一圈，目光集中在與她同住的八個女孩當中幾張她認得出來的面孔。她對她們微笑一下，得到的卻是面無表情的瞪視。她緊咬著牙，轉身背對她們，然後深吸了一口氣。她知道她不能露出情緒，否則領導會認為她很軟弱，不值得活命。和我們家在洛粒村的茅屋不同，她並沒有屬於自己的空間，因此也沒有隱私能夠讓她表露自己的情緒。在營區，如果她哭的話，就會受到一百六十雙眼睛的批判，認為她很軟弱。而且她真的很想我們，這一次淚水奪眶而出了，她很快用衣袖將它擦乾，以免被人看見。

在我的腦海中，我看見琪深呼吸著，試圖填補她內心的空虛。她一邊將肺擴大吸進更多空氣，同時將我們的影像驅逐。這份寂寞，她要如何在這份寂寞當中活下來？如何住在一個沒有人在乎她、每個人都想打垮她的地方？她在那裡得不到任何保護，完全孤苦無依。她太想念爸了，想念他的保護和他照顧她、擔心她的方式。她很想念媽將她摟在懷裡、摸著她頭髮的感覺。

她走向水箱，舀起一碗水洗臉。她用一塊黑色舊睡褲的布試圖刷牙，回想起爸曾經說過要她好好照顧自己。她用破布在牙齒上來回抹了幾次，但她的牙齦實在太痛，所以只能放棄。她看著水中自己的倒影，倒抽了一口氣。她很醜。還有人會相信她曾經是個美麗的女孩嗎？她今年十五歲，看起來卻不比一個十二歲的孩子大。她的手指輕輕觸摸著自己突出的顴骨。在金邊的時候，她經常會用洗面乳和面霜來保養自己的肌膚，現在她的皮膚卻早已被陽光傷害得佈滿疤痕和青春痘。她油膩的頭髮如此稀疏，連頭皮都露出來了。她的髮型剪得很短，和其他八十個女孩一樣剪得方方正正的，讓她看起來像個小男生。她看著自己的身體，忍不住退卻了一下。她的手臂和腿都像竹竿一樣，但肚子卻很胖而且凸出，彷彿像個孕婦。

淚水輕易地落下，但沒關係，她可以在臉上潑水掩飾過去，假裝在洗眼睛。她今年十五歲，卻不曾牽過男孩的手，不曾吻過男孩，不曾感受過愛人溫暖的擁抱。她的生命中有很多個不曾，不過現在都已經無所謂了。她只是很渴望那些，因為她希望將來有一天能夠體驗媽和爸對彼此的那份愛。

她將她的紅布巾綁在頭上，朝稻田走去。她每天都在稻田裡幹活，種植和收割稻米。每一天，她都在辛勞地工作。雖然才清晨五點，但今天她可以看得出來天空霧濛濛的，而且一朵雲也沒有。空氣已經十分炎熱和潮濕，在一個小時內，薄霧就會消散，露出全白的天空。她黑色的睡褲和上衣會吸收太陽的光線，汗水也會從全身的毛孔中流出來。陽光打在她的頭頂上，熱氣和濕度讓她連呼吸都有困難。

一個小時過去了，她的肚子持續叫著，發出響亮、憤怒的聲音。她不加理會，暗自希望它會自行平復。在工作時是不准說話和唱歌的。種植稻米現在成了一個無意識的肢體動作，絲毫不需專注力。因此，她有很多時間可以在腦子裡和自己獨處，應該說有太多時間了。她的思緒開始變得慵懶，胡思亂想太多事情——學校的課業、一個在金邊認識的帥哥、看過的電影——但最後總是會回到她的家人身上，她非常想念他們。

又一個小時過去了，她的肚子現在已經劇痛不已，令她彎下了身子。她用雙臂抱著肚子，跑向樹叢中，把褲子拉到腳踝處，讓毒素從體內排出。她拉起褲子走回稻田中，但很快又得跑回樹叢。在去了樹叢幾次之後，她終於走向領導。

「拜託，我病得很重，是我的肚子。我可以請假去醫院嗎？」她懇求著領導。領導用嫌惡和輕蔑的眼神看著她。

「不行。我不相信妳病了，我們大家的肚子都因為飢餓而疼痛。妳只是想偷懶，沒用的城市ㄚ頭。快回去幹活。」琪在被羞辱一番之後，一顆心都碎了。

又一個小時過去了，但她的肚子拒絕安份。在那一個小時當中，她只在稻田中待了十分鐘，剩下的時間都待在樹叢裡。那時她已經病得如此虛弱，必須勉強拖著身子才走到領導面前。

「拜託，我真的病得很重，我已經站不起來了。」雖然病得如此嚴重，當領導的目光瞥向她的腿時，琪的臉依然因困窘而脹紅。琪最後一次去樹叢的時候弄髒了褲子。

「妳身上臭死了。好吧，妳可以到醫院去。」終於，琪手上拿著准假單，步履蹣跚地走回營房，然後就昏倒了。

在離開稻田後的一個小時，琪終於抵達了那間臨時醫院，但裡面有許多病患都在等著見護士。醫院是一棟破舊的建築，地上並排擺著許多張行軍床。當琪走向一位護士告知她的病情時，護士拉著她的手臂，帶她走向一張行軍床去躺下。護士沒有替她量脈搏或是觸摸她，只是問了琪幾個關於她症狀的簡單問題，然後就匆忙走開了，說稍後再回來看她，同時會帶一些藥過來。琪知道這是個謊言，根本就沒有藥。這裡沒有真正的醫生或護士，有的只是普通人被命令假裝扮演醫療專業人員罷了。所有真正的醫生和護士都早在很久以前就被安卡殺了。不過，琪依然很慶幸不用再繼續曝曬在大太陽下。

在洛粒村，當太陽來到我頭頂正上方時，午餐的鈴聲在下午一點鐘響起。珠、玉和我衝出茅屋，在集體廚房和爸及金會合，準備接受我們的食物配給。我們坐在樹蔭下，不發一語地吃著稀薄的米湯和鹹魚。珠從自己的碗裡餵著玉，小心不讓玉灑出或弄掉任何食物。她圓滾滾的肚子、頭、瘦骨如柴的手臂和腿與她身體的其他部位看起來根本不成比例。在我們周遭，一群群五到十個人的團體坐在一起，靜靜地吃著勉強能夠再撐過一天的食物。我抬起頭，看到媽的身影回來了。她的臉紅通通的，因為哭泣而腫脹。我們知道事態應該很嚴重，但消息還是令所有人都意外得無法接受。「她活不下去了，她熬不過了。」媽一邊哭著一邊輕聲說道。「琪活不過今天晚上了。她病得很重，得了很嚴重的痢疾，他們認為她應該是吃了有毒的食物。她實在太瘦了，而且病得太厲害，實在不像才拉了一個上午的後果。」媽將掌心從眼睛往下抹到臉頰上，一邊向我們形容著琪的狀況。她告訴我們琪已經完全是皮包骨了，琪的眼睛完全深陷到眼窩裡，而且幾乎無法睜開眼睛看媽。當她剛看到媽時，她根本認不出媽。琪光是試圖和她說話就會氣喘吁吁，上氣不接下氣。媽整個人崩潰了，大聲地哭泣著。當琪終於能夠說話時，她一直問起爸。「媽，爸呢?媽，去找爸來。我知道我快死了，我想要見他最後一面。我想要他帶我回家，和我的家人在一起。」媽告訴我們。「那是她最後的心願，就是想見到她的家人，和他們在一起，即使她已經死了。她說她很累想要睡覺，但會在那裡等爸。她虛弱得連手都無法抬起來揮開臉上的蒼蠅。她身上很髒，他們居然沒有幫她清理穢物，一直到我到了之後我才幫她。他們只是讓她病懨懨地躺在那裡，躺在骯髒的床單上。沒有人在照顧我的女兒。」

在媽和爸得到村長允許可以去接琪之後，他們便一起匆忙離開了。我和金、珠和玉坐在茅屋的台階上，看著父母的身影消失，去把我們的大姊帶回家來。金和珠沉默地坐在那裡沉思。玉爬到我身邊來，問我媽去哪了。我們都沒回答她，於是她爬下台階坐在地上，拿起一根樹枝，在泥土中簡陋地畫出圓圈和方塊所構成的茅屋圖樣。我們等待著，分鐘變成了小時，小時變成了永無止盡，而太陽拒絕在天空中下降，讓時間過得更快。

我在腦海中跟著他們前往醫院去找我的姊姊，我想像著琪在那裡，等著我們的父母。

琪回想起媽的手溫柔地觸碰她額頭的感覺，世上最棒的事就是有人愛妳。雖然她感覺不太到自己的身體，但有媽的手在她身上，清潔、擦拭、摸著她的頭髮，那種感覺真的很好。她太想念他們了！她現在好想媽！回憶讓她的唇上泛起了一抹微笑。她再次微笑地想著媽，但笑容很快就變成淚水。她無聲地哭泣著，終於釋放了她的情緒。她真希望媽不用看到她這副模樣，擔心著媽上次來看她的時候自己是什麼樣子。媽看到琪這種狀況，又驚訝又難過，一直哭個不停，不斷告訴琪自己有多麼愛她。媽溫柔地牽著她的手，吻著她的額頭。她想要為媽坐起身來，但她的身體太虛弱了，以至於一點點小動作都疼痛不已。她有好多話想跟媽說，但連說話都很吃力。

被困在一個拒絕動彈的身體裡令她感到挫折不已。當媽離開的時候，琪只能轉頭看著她的身影消失。「快點回來，媽。」她小聲說道。她知道媽不想離開她，但琪想要見爸最後一面，她非常想念他還有其他家人。一股哀傷傳遍她全身，滲入她身體的每一吋肌膚，令她屏息。那股哀傷如此巨大，令人無法招架，她不知道該如何應對。一隻黑色蒼蠅嗡嗡飛過，停在她的手上，她虛弱得連將牠揮開的力氣都沒有。一陣奇怪的涼意傳過她的脊椎，她知道那就是全然的恐懼。她的心如此沉重，呼吸也變得越來越困難。「爸，我好害怕。」她對著空氣哭著說道。「請快點來見我。」

最後，當我終於從遠處看到他們歸來的身影時，我的兄弟姊妹和我朝他們飛奔過去。當我看到父母並沒有帶著姊姊一起回來的時候，我的心碎了。他們拉長著臉，我跑向他們想知道姊姊的狀況，雖然在我心裡，我知道她已經死了。媽失去了最大的女兒，於是跑向她最小的女兒——也就是四歲的玉，緊緊地摟著她。

「我們到的時候琪已經死了。」爸消沉地說道。「她是在我們到之前不久死去的。護士說她一直在問我們到了沒，說她多麼想回家，不想待在任何其他地方。我們太晚到了。我問護士我可不可以把她的遺體帶回家，但他們已經不知道她在哪裡了。他們必須把她的遺體扔出去，因為他們需要把她的床位讓給下一個病人。我們試著在那層樓中死去的人裡面找她，卻找不到。」護士又告訴爸說那天有十幾個女孩都死於食物中毒。她說有人通知我們已經算幸運的了。大多數的時候，他們根本不知道該去哪裡通知父母。那些他們無法聯絡上家屬的，他們會立刻埋葬。琪的遺體一定是和那些人的混在一起了。「他們表現得像是我們應該要心存感激有人告知我們一樣。現在她死了，我們卻找不到她。」爸試圖控制他的憤怒，但他的臉卻扭曲著。爸顫抖著肩膀，藏著淚水不讓我們看見，用雙手掩住了臉。「我問他們我可不可以拿走琪的家當。」媽聲音沙啞地細聲說道。「護士雖然有去找，但卻空手回來。當我看到琪的時候，她還戴著那支金錶，那是我們給她的禮物，她一直藏著，當她知道自己要死的時候，才把它拿出來第一次戴上。護士說她不記得在琪的手腕上看到過什麼手錶，也不知道它在哪裡。」八成是有人從她手腕上偷走了。我已經聽不下去了。我跑呀跑著，發現自己往樹林裡跑去。在那裡，在一棵大樹下，在一個濃密的樹叢旁，我逃避著全世界。我將膝蓋緊緊地抱在胸前，把頭放在前臂上。我用雙手掩住我的嘴，為姊姊殘酷的死痛苦地尖叫出聲。聲音灼燒著我的喉嚨，極力想要被釋放，但我將它壓抑下來，淚水從我眼中奪眶而出。

人們總是說琪和我在很多方面很相像，我們看起來幾乎像雙胞胎，而且個性也很像。我們兩個都很任性，而且總是咄咄逼人。琪臨終的願望沒有實現，她死前沒能見到爸最後一面。我用雙臂抱住肚子，痛得彎起身軀，倒在地上。在濃密的草叢中，我為姊姊流的淚滲入了大地中。

那天晚上，我躺著，雙手交叉放在胸前，我問珠人死後會如何。

「沒有人確切知道，但據說，起初他們會安詳地睡著，不知道自己已經死了。他們會睡上三天，然後在第三天醒來，試圖回家，那時他們才知道自己已經死了。他們很哀傷，但必須讓自己接受這個事實。然後他們會走到河邊，把身上的髒污洗掉，開始通往天堂的旅程，去等待下輩子的輪迴轉世。」「他們什麼時候會轉世呢？」「我不知道。」珠回答道。

「我希望她不會轉世到這裡來。」我小聲說道。珠牽起我的手輕輕握著，一邊用衣袖擦拭著她的眼睛。我思索著珠剛才告訴我的話，想像著琪在某個地方安詳地睡著。到了第三天，她就會醒來，那時她自己才會發現已經死了。想到她發現自己無法回家時的那份痛苦令我感到哀傷。我想像琪在天堂眷顧著我們，她終於又快樂起來。我在腦海中勾勒出她在戰前的模樣，身穿一件白色長袍在河裡淨身。我眼中的她是過去在金邊時的模樣，而不是媽形容的樣子。

琪死去的事實太哀傷了，於是我創造了一個幻想世界，住在裡面。在我腦海中，她臨終的願望實現了。爸及時趕到，去聽琪告訴他有多麼愛他，爸也對她表達了自己的愛。他將琪摟在懷中，讓她死去的時候感受到的是愛，而不是恐懼。然後爸把琪的遺體帶回家埋葬，永遠和我們在一起，而不是遺失了。

第二天早上，我醒來時帶著一股罪惡感，因為我沒有夢到琪。爸已經出門去上工了。媽的臉又紅又腫，和往常一樣抱著玉。媽和琪一向處得不太好，琪很野，而且性情喜怒無常。媽想要她改變，變得更淑女、更溫順一點。我心想媽對於她們的關係一定抱著很多遺憾，對於過去在金邊的時候她們為了琪聽什麼音樂或穿什麼衣服而爭吵感到後悔不已。

媽轉身看著我，她的眼神迷濛。一時之間我想要對她伸出手，給她一些安慰，但我辦不到，於是我轉過身避開了她注視的眼神。在琪死後，我們的人生再也無法回頭了。飢餓和死亡已經麻痺了我們的心靈，彷彿我們已經失去了對生命的所有活力。

「我們大家都必須忘記死亡，繼續活下去。」爸很努力地試圖鼓勵我們。「我們必須繼續過日子，彷彿什麼事也沒發生。我們不能讓村長覺得我們已經無法再對他們的社會有任何貢獻，我們必須保留精力繼續活下去。琪會想要我們繼續活下去的，這是我們唯一能夠生存下去的方式。」

爸 一九七六年十二月

時間過得很慢。現在正值盛夏，因為空氣又乾又熱。自從琪死後，似乎已經過了四個月。雖然我們家人不會提她，但每當我想起她已經不在時，我的心依然會哭泣。

政府持續遞減我們的糧食配給，我隨時都處於飢餓狀態，滿腦子想的都是如何吃到東西。每天晚上，當我試圖入睡時，我的肚子都會咕嚕咕嚕叫而且疼痛不已。我們家人依然仰賴一有機會就偷溜回來看我們的貴和孟帶給我們的食物。然而安卡讓他們很忙，以至於他們無法像過去那樣經常來訪。

我們時時刻刻都活在恐懼之中，擔心會被發現我們是前政府的支持者。每次看到士兵在村子裡走動，我的心就會猛烈一跳，擔心他們會來把爸帶走。他們不知道爸不是個窮農夫，但他們什麼時候才會發現我們其實活在一個謊言當中？無論我到哪裡，我總會覺得人們在盯著我看，用懷疑的眼神監視著我，等我犯錯、洩漏我們家的祕密。他們是否能從我說話、走路的樣子或是長相看出來呢？

「他們知道了。」有一天晚上我偶然聽到爸輕聲對媽這樣說。我躺在珠和金身旁，假裝在睡覺。「士兵把我們很多鄰居都帶走了，沒有人敢提這些人失蹤的事。我們必須做最壞的打算，必須把孩子們送走，送去別的地方住，並且讓他們改名換姓。我們必須讓他們離開，去住在孤兒營裡。他們必須說謊，告訴所有人他們是孤兒，不知道父母是誰。這樣的話，或許我們可以保護他們不被士兵抓走，也不會透漏彼此的身份。」

「不行，他們還太小。」媽懇求著他。我無法控制自己的眼睛不再抽搐，於是翻過身去。媽和爸沉默了一下，等我繼續入睡。我盯著金的背，強迫自己發出均匀的呼吸聲。

「我想要他們能夠安全地活下去，但我無法送他們走。他們還太小，無法保護自己。不是現在，但很快了。」他越說越小聲。

在珠旁邊的玉踢了一下，在睡夢中發出呻吟，彷彿意識到了即將到來的厄運。媽把她抱起，放在爸和她中間。我再次翻過身，這一回面對著珠的背。我偷看媽和爸側躺著面對彼此睡覺，玉睡在他們中間，他們的手在玉的頭頂上相觸著。

第二天傍晚，當我和金坐在茅屋外的台階時，我想著這個世界為什麼依然美麗，即使活在其中的我絲毫無法感覺到任何喜悅。天色依然是暗的，但夕陽的金色、紅色和紫色光芒在地平線上閃爍，讓天空看起來好夢幻。或許真的有神住在上面吧，祂們什麼時候才要下凡來，為我們的土地帶來和平？當我重新把視線轉回地面時，我看到兩個身穿黑衣的男子朝我們走來，背上從容地揹著步槍。

「你們的父親在嗎？」其中一個問我們。

「是的。」金回答道。爸聽見他們的聲音，從茅屋中走了出來。他的身體很僵硬，我們一家人圍繞在他身邊。

「我可以為你們效勞嗎？」爸問道。

「我們需要你的幫忙，我們的牛車在幾公里外陷在爛泥巴裡了，我們需要你幫忙把它拖出來。」

「你們可以等一下，讓我和我家人說幾句話嗎？」士兵們對爸點點頭。爸和媽走進茅屋中。片刻之後，爸一個人走了出來，我聽見媽在裡面小聲啜泣的聲音。爸站在士兵對面，挺直了肩膀，這是自從紅色高棉取得政權以來，爸第一次站得這麼抬頭挺胸。他昂起下巴，抬高了頭，告訴士兵他準備好可以走了。我抬起頭看著他，看到他的胸膛深深地吸氣和吐氣，他的下巴因為咬緊了牙而變得有稜有角。我抬起手輕輕地拉扯他的褲管，想讓他不要因為離開我們而太難過。爸把他的手放在我頭上，把我的頭髮撥亂。突然間，他出乎我意料地把我從地上抱起來。他的手臂緊緊摟著我，抱著我，親吻著我的頭髮，他已經好久都沒有這樣抱我了。我的雙腳懸盪在半空中，我緊閉著雙眼，用雙臂摟著他的脖子，不想放開他。

「我美麗的女兒。」他對我說道，他的唇顫抖著露出一個淺淺的微笑。「我得跟這兩個男人離開一陣子。」

「你什麼時候會回來，爸？」我問他。

「他明天早上就會回來了。」其中一個士兵替爸回答。「別擔心，他很快就會回來了。」

「我可以跟你一起去嗎，爸？那裡不是很遠，我可以幫你。」我求他讓我跟他一起去。

「不，妳不能跟我一起去。我得走了，你們幾個孩子要乖，好好照顧自己。」然後他把我放下來。他緩緩地走向珠，把玉從她懷中抱過來。他看著她的臉，將她抱在懷裡輕輕地來回搖著，然後彎下身子，把珠也一起拉到懷中。金抬高著頭，胸膛往前挺像個小大人一般朝爸走過去，靜靜地站在他身旁。爸放開了珠和玉，彎腰將雙手放在金的肩上。當金的臉垮下來時，爸的臉卻嚴肅而鎮定。「好好照顧你媽、你的妹妹們還有你自己。」他說。

爸夾在兩個士兵中間離開了。我站在那裡向他揮手。我看著爸的身影變得越來越小，但我依然向他揮著手，希望他會轉身也對我揮手。他並沒有。我一直看到他的身影消失在紅色和金色相間的地平線。當我再也看不見爸時，我轉身跑回屋內，媽坐在屋子的一角哭泣著。我在金邊的時候曾經看過爸離開屋子很多次，但我從來沒見過她這麼難過。在心裡，我明白事情的真相，但我的大腦卻無法接受事實所代表的意義。

「媽，別哭，士兵說爸明天早上就會回來了。」我用手覆蓋著她的手，她的身體在我的觸碰下顫抖著。我走到外面兄弟姊妹坐著的台階上，坐在把玉抱在懷中的珠身邊。我們一起在那裡等著爸，坐在台階上，盯著士兵把他帶走的那條小徑，祈禱明天它會把爸送回我們身邊。

當天空變黑之後，雲也匆忙跟著把所有星斗都藏了起來。在台階上，珠、金、玉和我坐著等爸，直到媽命令我們進去睡覺。在茅屋中，我躺在地上，雙臂交叉放在胸前。珠和金呼吸得很沉、很安靜，但我不知道他們是否睡著了。媽側躺著，面對著珠，一隻手臂摟著玉，另一隻手放在玉的頭頂上方。外面的風吹過樹枝，樹葉窸窣地對彼此歌唱。雲散了，月亮和星星散發出光芒，賦予了夜晚生命。到了早上，太陽會升起，日間的生物也會醒來。然而對我們而言，時間依然靜止在那天晚上。

第二天早上我醒來後，看到媽坐在台階上。她的臉很腫，看起來應該一整晚都沒睡。她低聲暗自哭泣著，而且心神不寧。「媽，爸回來了沒？」她沒有回答我，只是瞇著眼睛繼續看著爸被帶走的那條小徑。「士兵說爸早上就會回來了。我猜他遲了點，他只是遲了點而已。我知道他會回到我們身邊的。」我一邊說話，肺部收縮著，令我上氣不接下氣。我掙扎著想要呼吸，腦中思緒翻騰，心想這一切究竟代表什麼意思。現在已經是早上了，但爸卻沒有回來！他在哪裡？我和兄弟姊妹坐在一起，面向著馬路尋找爸。我想出很多爸晚歸的理由：牛車壞了陷在泥巴中，牛不肯動，士兵需要爸幫他們修理牛車。我試圖相信我的藉口，將它們合理化，但我的心裡充滿了恐懼。

我們告訴村長說我們病了，得到了村長的允許可以留在家中。一整個早上和下午，我們都在等爸回到我們身邊。當夜晚來臨，神祉再次用燦爛的晚霞嘲弄著我們。「這實在美得太不像話了。」我小聲對珠說道。「神祉在捉弄我們。祂們怎麼可以這麼殘酷，卻又依然讓天空這麼美？」我的話揪著我的心，神祉在我如此痛苦萬分的同時讓我們看到這樣的美麗實在是太不公平了。「我想要毀掉所有美麗的東西。」

「不要說這種話，否則會被神靈聽見的。」珠警告我。我不在乎她怎麼說。就是戰爭把我變成這樣的，現在我因為它只想毀掉一切，現在我的內心充滿了憎恨和憤怒。安卡教會我深深的仇恨，現在我知道我有毀滅和殺人的力量。

大地很快就被黑暗所籠罩，但爸依然沒有回來。我們一起沉默地坐在台階上等他。我們沒有交談，眼睛搜尋著田野等著他回家。我們全都知道爸不會回來了，但沒有人敢大聲說出來，因為那會粉碎我們抱持一絲希望的假象。隨著黑暗降臨，蒼蠅消失了，蚊子也出現在我們身上飽餐一頓。媽將玉抱在懷中，偶爾會用手臂搧著玉的身體趕走蚊子。玉彷彿知道媽的痛，輕輕地吻了媽的臉頰，摸著她的頭髮。

「媽，爸在哪裡？」玉問道，但媽只是沉默以對。

「進去裡面吧，你們這些孩子，進去裡面。」媽用疲憊的聲音告訴我們。

「妳也該和我們一起進去。我們全都可以在裡面等。」珠對她說。

「不，我寧可在外面等，迎接他回來。」珠把玉從媽那裡抱過來，走進了茅屋中。金和我跟在她身後，留下媽獨自坐在台階上，等著爸回來。

聽著玉和珠的輕聲呼吸，我的眼睛睜得斗大。在爸躲了士兵二十個月之後，他們終於找到他了。爸一直都知道他不可能躲一輩子，但我從來都不相信他不可能。我無法入睡。我擔心爸、擔心我們。我們會有什麼下場？我們一直把倖存這件事視為理所當然，沒有了爸我們要如何生存下去？我的思緒翻騰，滿腦子都是死亡和處決的畫面。我曾聽說過很多關於士兵屠殺囚犯，然後把他們的屍體扔進大型亂葬崗裡的故事。士兵如何凌虐俘虜，將他們斬首，或是用斧頭敲破他們的頭顱，以免浪費寶貴的彈藥。我無法停止想爸，還有他是否死得有尊嚴。我希望他們沒有凌虐他。有些囚犯被埋葬的時候還沒死，我無法想像爸被那樣傷害，但我的腦海中卻不斷浮現士兵們把土堆在他身上，而他抓著喉嚨掙扎著想要呼吸的畫面。我無法將那些畫面趕出腦海之外！我需要相信爸很快就被殺掉，我需要相信他們沒有讓他受罪。噢，爸，請不要害怕。那些畫面一直不斷重複浮現在我腦海中，我想著爸在世上的最後一刻，呼吸跟著急促起來。「不要再想了，快停止吧，否則妳會死的。」我噓聲責備著自己，但我就是無法停止不去想。爸曾經告訴過我，那些很老的僧人可以離開他們的肉體，讓靈魂出竅去環遊世界。在我心中，我的靈魂已經離開了我的身體，在整個國家飛翔，四處尋找爸的蹤影。

我看見一大群人跪在一個大坑旁邊。坑裡面已經有很多死人，他們的屍體呈大字型堆在彼此上方。他們的黑色睡衣褲都已經被血、尿、糞便以及小小的白色東西所浸溼。士兵們站在一群新囚犯身後，一隻手悠哉地拿著菸抽著，另一隻手則握著一把大榔頭，榔頭上還沾黏著幾撮頭髮。

一個士兵帶著一個男人走到坑旁——我的心痛苦地哀嚎著。「是爸！不！」士兵推了爸的肩膀一下，逼他像其他人一樣跪下。淚水滑落我的面頰。我輕聲呢喃感謝神祉，因為士兵用布蒙住了爸的眼睛，這樣他就能免於看見別人被處決。「別哭，爸。我知道你很害怕。」我想這樣對他說。我感覺到他的身體緊繃起來，聽見他的心跳加速，看見淚水從蒙眼布下流了出來。爸強忍住想要尖叫的衝動，聽著榔頭敲碎他旁邊那個人的頭骨，將它敲爛。屍體砰然一聲墜落在其他具屍體上方。爸身旁的其他幾位父親哭泣哀求著希望能夠倖免於難，但卻徒勞無功。一個接一個，每個男人都被榔頭消音了。爸暗自向神祉祈禱我們能得到照顧。他把心思專注在我們身上，我們的面孔一個接一個地在腦海中浮現。他想要在離世時最後看見的是我們的面孔。

「噢，爸，我愛你。我會永遠愛你。」我的靈魂哭泣著，往下朝他飛過去。我的靈魂用隱形的雙臂摟住他，讓他哭得更厲害了。「爸，我會永遠愛你。我永遠不會放開你。」士兵朝爸走去，但我不會放開他。士兵無法聽見或看見我。他無法看見我如火焰般熾熱的眼神注視著他的靈魂。「別碰我爸！」當士兵舉起榔頭在他頭頂上方時，我不敢眨眼。「爸，」我輕聲說道，「現在我必須放開你了，我不能同時在這裡活著。」淚水席捲上我的全身，然後我飛走了，留下爸獨自一人。

回到茅屋裡，我爬到珠身旁，她敞開雙臂將我摟在懷中。我們摟著彼此哭泣著。涼爽的空氣把我皮膚上的汗水吹涼了，令我的牙齒打顫。金在我們身邊，緊緊地摟著玉。

「爸，一想到你在那個坑裡，躺在別人屍體上面，呼吸困難地掙扎著，我就無法忍受。我必須相信士兵可憐你，所以在你身上用了子彈。我無法呼吸，爸。我很抱歉我必須放開你。」痛苦和憤怒在我的思緒裡打轉，疼痛感在腹部劇增，一陣陣的疼痛抽搐就像在啃噬著我的內臟。我翻身側躺，用雙手掐著肚子用力地捏著，試圖讓疼痛感停止。然後我被哀傷籠罩，陰鬱又深沉地朝我逼近，將我深深地往裡面拉去。突然間，那種抽離的感覺又出現了，幾乎就像此刻的我身在他處，而能夠感覺到情緒的那個我暫時失去了知覺；就像是我活著，但又不是真的活著。我依然可以隱約聽見外面傳來媽的微弱哭泣聲，但我已經不再感覺到痛，我什麼感覺也沒有。

第二天早上，媽在大家起床之前就已經起來了。她的臉依然臃腫，眼睛很紅，而且腫得張不開。珠給了媽一些我們已經所剩不多的食物，但她不肯吃。我和他們坐在台階上，做著白日夢，夢想著過去我們在金邊的快樂生活。我不允許自己哭泣，因為一旦哭出來，我就會永遠陷下去。我必須堅強。

到了第三天，我們全都知道，我們最害怕的事發生了。琪，然後現在是爸，一個接一個，我的家人都被紅色高棉殺害了。我的肚子好痛，我真想把它切開，取出裡面的毒。我的身體顫抖著，彷彿已經被惡靈入侵，令我想要尖叫、用雙手搥胸、拔光頭髮。我想要閉上眼睛再次忘卻一切，但我不知道如何隨心所欲地做到。我想要早上醒來時我的爸能夠在我身邊！那天晚上我對神祉祈禱著：「親愛的神，爸是個非常虔誠的佛教徒，請幫助我的爸回家。他的心不壞，而且不喜歡傷害別人。幫助他回家吧，祢想要我做什麼我都會照做的。我會將我的一生都奉獻給祢，我會永遠信祢。如果祢不能讓爸回到我們身邊，請祢確保不要讓他們傷害他，或者請祢確保讓爸能夠死得快一點。」

「珠，」我輕聲對我姊姊說，「我要殺了波布。我恨他，我希望他能夠死得又慢又痛苦。」

「別說這種話，你會被傷害的。」

「我要殺了他。」我不知道他長什麼樣，但如果波布是安卡的首腦，那麼我們生活中所有的悲慘都是他引起的。我恨他毀了我的家庭。我的仇恨如此強烈，那種感覺幾乎像有生命力，在我腹部深處游移，越變越大。我恨那些神祉沒有讓爸回到我們身邊。我只是個孩子，連七歲都不到，但我會想辦法殺了波布。我不認識他，然而我很確定他是地球上最肥胖、最噁心卑鄙的傢伙，我深信他的身體裡住著一個妖怪。他會死得痛苦無比，而我祈禱我能夠是促成他死亡的一員。我鄙視波布，因為他讓我的仇恨心變得如此之重。哀傷讓我想要自殺，以逃離人生中的這種無助感；憤怒讓我想要生存下去，好讓我能夠殺人。我腦海中波布的屍身被人拖在爛泥巴中的血腥畫面，讓我的怒火不斷加深。

「只要我們沒有確定你們的爸已經死了，我永遠都會抱著他還在某個地方活著的希望。」第二天早上，媽這樣對我們說。她的話讓我的心變得堅強，我知道我不能讓自己抱持奢侈的希望。抱持希望就等於讓自己一丁一點地死去，抱持希望就等於哀悼他的離別，承認我的靈魂因為沒有他而空虛。

現在我已經接受事實了，我擔心媽接下來會發生什麼事，她一直都如此依賴爸，身邊一向都有他替她打點大小事。爸是在鄉下長大的，所以已經習慣了苦日子。在金邊的時候，我們家有全職管家為我們做所有的事。爸是我們的力量，而我們全都需要他才能生存，尤其是媽。爸對生存這件事很在行，而且知道怎麼做對我們最好。

我希望爸今晚能再回到我身邊。我希望他能在我睡覺的時候來看我，和我在夢中相見。我昨晚見到他了，他身穿那身龍諾政府的卡其色軍服，臉又再次像月亮一樣圓，身體也很柔軟。站在我身邊的他是如此真實，高大又強壯，就像戰前一樣。

「爸！」我跑向他，他把我抱了起來。「爸，你好嗎？他們有傷害你嗎？」

「別擔心。」他試圖安慰我。

「爸，你為什麼離開我們？我好想你，想得我肚子都痛了。你為什麼沒有來找我？爸，你什麼時候會來找我們？如果之後我去孤兒營了，你能夠找到我嗎？」我把頭靠在他肩上。

「是的，我可以。」他是我爸，如果他說他找得到我，我知道他一定會找到的。

「爸，為什麼和你在一起會這麼痛？我不想要痛，我不想要有感覺。」

「我很抱歉妳這麼痛，我必須走了。」聽到這句話，我把他的手臂抓得更緊，拒絕放開。

「爸，我好想你。我想念以前在金邊的時候坐在你大腿上那樣。」

「我得走了，但我會永遠看照妳的。」爸柔聲說道，把我放在地上。我抓住他手指，哀求他不要離開我。

「不！不！留下來。爸，留下來陪我們，求求你不要離開。我想你，而且我好害怕。我們以後會怎麼樣？你要去哪裡？帶我跟你一起去！」

爸看著我，他棕色的眼睛裡充滿了溫暖。我朝他伸出手，但我伸得越長，他就離得越遠，直到他完全消失。

當陽光從門口照射進來，告訴我們已經到了早上時，我的身體掙扎著想睡覺。我想要永遠保持睡眠狀態，這樣我就能跟他在一起了。在真實的世界裡，我不知道我是否能夠再見到爸。我緩緩地睜開眼睛，但爸的面容依然流連在我的視線中。那張臉不是那個被士兵帶走的憔悴老人，而是一張我曾經認為是神祉的臉。

我第一次覺得爸是神，是在我們去吳哥窟旅行的時候。當年我才三、四歲。爸牽著我的手，我們一起走進那裡眾多的寺廟遺址之一的吳哥城。灰色的塔台宛如石碑般聳立在我們面前，在每一座高塔上，披戴著精雕頭巾的巨大佛像朝四面八方瞭望著我們的土地。我盯著那些佛像面孔，驚嘆道：「爸，祂們看起來很像你耶！那些神祉看起來很像你！」爸笑了起來，帶我走進寺廟。我的目光離不開那些有著杏眼、塌鼻以及厚唇的巨大圓臉——全都是爸的臉部特徵！

醒來後，我試圖將爸的影像保留在腦海中，即使我們必須繼續過著沒有他的生活。媽回到田裡，每天工作十二到十四個小時，把玉留給珠照顧。玉跟著珠和我以及其他孩子在菜園裡幹活，同時在村裡做一些下人的勞力工作。自從爸被帶走後已經過了一個月，媽似乎已經恢復了，試圖繼續過她的日子，但我知道我再也見不到她真正的笑容了。有時候夜深人靜時，我會被依然在台階上等爸的媽傳來的啜泣聲吵醒。她的身體像個老太婆般癱軟，倚靠在門邊，手臂摟著自己。她朝遠處那條爸曾經走過的小徑望去，哭泣著，渴望他的陪伴。

我們都非常想他，而玉因為年紀很小，所以是唯一能夠用言語表達出我們的寂寞的人，她一直持續問起爸的事。我很替玉感到害怕，她才四歲，但由於營養不良，已經停止發育。我很想殺了自己，因為我心知肚明，我就是那個在某天晚上從她嘴裡偷了食物的人。「妳爸回來的時候會帶很多吃的給我們。」每當玉問起爸的時候，媽都會這樣告訴她。

士兵現在越來越常到我們村裡來了。每次他們離開時，都會帶走其他家庭的父親。他們都是兩個兩個一起來的，雖然每次來的人都不一樣，但都帶著步槍和若無其事的藉口。當他們來的時候，有些村民會試圖藏匿自己的父親，要他們到樹林裡去，或是說他們不在家。但士兵會站在村長家等著，從容地抽著香菸，彷彿他們多的是時間。等到他們抽完一包後，他們會走到被害人的茅屋，然後裡面就會傳出大聲的哭喊和尖叫，接著是一片寂靜。我們都知道他們說那些父親第二天早上就會回來根本是個謊言，然而我們還是無法阻止他們。沒有人敢質疑這些人的失蹤，村長不敢，村民不敢，媽也不敢。現在我痛恨這些士兵的程度跟我痛恨安卡以及他們的首腦波布一樣。我將他們的嘴臉烙印在記憶中，計畫將來有一天能夠回來殺了他們。

村裡有傳言說爸並不是被紅色高棉集體屠殺的，傳言說士兵把爸送去很遠的一座山裡當囚犯，每天凌虐他，但他活了下來，而且逃到了山頂上。那些士兵一直在追捕他，但卻沒有成功。經過我們村莊的人說他們曾看過長得像爸的人。他們八卦說爸組成了自己的軍隊，試圖招募更多士兵要和紅色高棉抗戰。聽到這些謠言後，媽的臉龐頓時為之一亮，眼中再度露出希望的光芒。那幾天，她走路去上工時，腳步中多了些許活力，即使在工作十二小時之後，她的臉上依然帶著一絲微笑。到了晚上，她不斷地關切著我們的儀容，不是抹去我們臉上的髒污，就是把我們打結的頭髮梳開。她完完全全相信那些傳言。「如果他逃出來了，那麼過不了多久他就會來找我們的。在我們確切知道他的下落之前，我們絕不能放棄希望。」再一次地，她一心一意地坐在台階上等爸回來。

在我們聽到關於爸的傳言後幾個星期，他依然沒有回來。我知道媽很想念他，相信他還在某處活著。最後，她不再等他了，再次試圖過她的日子。沒有爸的生活，時間過得很慢。即使有配給糧食，我們的生存仍需仰賴哥哥們每週帶來的多餘食物。後來貴生病咳出血來的時候，我們被迫必須自生自滅。貴是個身強體壯的年輕人，但他在工作上把自己逼得太緊了。他的工作是不斷地將一百公斤的米扛上扛下卡車運送至中國。孟也不能來了，因為士兵們讓他忙到沒空過來。我們全都很擔心他們兩個。

沒有爸的生活很苦。村裡的人都看不起媽，因為她不擅長於田裡的工作。交朋友太危險了，所以她也不跟任何人說話。村民鄙視她的白皮膚，經常無禮地議論著「那懶惰的白人」。出乎我意料之外地，媽成了一個努力工作的人，而且在沒有爸的情況下生存了下來。在媽和其他十五個村婦被分派到附近池塘去捕蝦的那些日子，我會和她一起去，而珠會留下來照顧玉。我在團體裡的工作包括為捕蝦者扛水、幫忙解開打結的漁網，以及把蝦子和雜草分開。雖然很餓，但我們不准吃捕來的蝦子，因為那是屬於全村的，必須和所有人分享。如果任何人被逮到偷竊的話，村長就會公開羞辱他，將他的家當拿走，然後毒打他一頓。這些行為都會得到嚴厲的懲罰，但飢餓讓懲罰也阻止不了我們不時偷竊。

「良，」媽叫我。「我需要一點水，過來。」她站起身來，用衣袖擦拭著眉頭，在臉上留下一道泥巴的痕跡。我用椰子殼從桶中舀起一瓢水，跑過去把它遞給了她。「來。」她小聲說道：「趁沒有人看見趕快把妳的手給我。」媽轉過身又小心地看了其他人一下，確定我們沒有被監視。她一邊從我手中接過水杯，然後很快給了我一把幼蝦。「趕快，趁沒有人看見快吃下去。」我毫不遲疑地將蠕動中的生幼蝦塞進嘴裡，連殼帶肉一起。牠們吃起來像泥巴和爛草的味道。「快點嚼然後吞下去。」媽告訴我。「現在妳幫我把風，換我來吃。如果有人在看的話就叫我。」現在媽在我眼中很不一樣了，我對她的堅強感到驕傲。不知怎麼地，我們總是會想出辦法，以某種方式活下去。

媽的小猴子 一九七七年四月

自從紅色高棉開著卡車駛入金邊已經過了兩年；自從士兵把爸帶走、金變成一家之主，已經過了四個月；自從我們上次聽到孟和貴的消息已經過了將近一年。新年來了又走了，讓我們全都長了一歲。玉現在已經五歲，我七歲，珠十歲，金十二歲。現為一家之主的金很認真看待爸要他照顧我們的話。每天早上天亮時，他會比我們早起，然後跑去鎮上廣場聆聽當日的工作分配。在茅屋中，媽會把我們幾個女孩叫醒，花幾分鐘和我們每個人相處。在她還沒幫玉梳好頭髮、洗好臉之前，金就已經帶著當天的指示回來了。當我慢慢地從沉睡中醒來時，他已經在告訴媽該去哪裡。在媽出發前往稻田之後，我們一起走到社區菜園，金會把玉揹在背上。雖然金的臉看起來比以前更像猴子了，但自從他們把爸帶走之後，媽就再也沒有用這個綽號叫過他。在我們眼中，現在他只是金。

離我們村子幾英里的道路旁有一個玉米田。今年我們有一個雨量非常豐沛的雨季，玉米已經成熟可以採摘了。無論我們有多麼害怕偷竊的懲罰，我們走投無路的程度更是有過之而無不及。「為什麼不行，媽？」金爭辯道。「我們早上、中午、晚上都在種植這些作物，而現在它們成熟了，我們卻被告知不能吃，我們全都快餓死了。」

「真的太危險了，金。你知道如果被逮到的話士兵會怎麼對你。」

「媽，我們已經快餓死了，村裡很多人都死了，政府卻拿我們的農作物去買槍來殺更多人。」

「噓……別這麼大聲說話，說安卡壞話是犯法的，如果被士兵聽見的話，他們會把你帶走殺了你。」

「媽，我今天晚上就要去摘一些玉米回來。」金露出一臉決心，已經下了決定。

「小心點。」媽對他說，然後轉過身去。

珠和我也沒有試圖阻止他去，雖然我們知道那很危險。波布派了很多拿著槍和步槍的士兵每天晚上看守著玉米田，這些士兵有權以任何他們認為適當的方式懲罰偷竊者，如果他們想要，甚至可以殺人。他們的權力如此至高無上，沒有人膽敢質疑他們的行為。無論我有多麼害怕，我已經餓到甚至想要自己去，但我沒有足夠的體力或勇氣付諸行動。我聽說過那些士兵會強姦被抓到偷竊的女孩，無論她們年紀有多小。

當天色變暗之後，金拿了兩個袋子，挺直了他十二歲的身體，然後就離開了。我內心有一部份很高興金這麼做，一想到他將帶回來的食物就令我垂涎三尺，我幾乎已經可以嚐到那滋味了！我等不及要他回來，我的肚子為那甜美多汁的玉米發出了呻吟聲。然而我也擔心金的安全，我們已經失去了爸和琪，我不想再埋葬另一個家中成員。

天色越來越晚，金卻還沒有回來。他怎麼去了這麼久？我看著緊抱著玉以求慰藉的媽。珠一個人坐在屋中的一角，沉浸在自己的世界中發呆。

「神啊，不能再讓這種事發生在我身上了！如果祢讓我哥哥死，我永遠不會原諒祢的。祢可以下地獄去吧——因為我知道這個世界上現在已經沒有神祉了。」我對著腦海中的神靈吶喊著。彷彿像是回應了我的呼喚，金突然間走進了我們的茅屋。他的臉上帶著微笑，拿著兩袋新鮮的玉米。我衝向他身邊，幫他把玉米扛進屋中。媽看到金之後也微笑了起來，把玉放下以便上前迎接他。

「發生什麼事了？你去了好久，我們都快擔心死了。」媽說道，用手臂摟住他的肩膀催促他進來。

「媽，實在太容易了！我從來都不知道偷竊這麼容易！那裡有好多玉米，沒有人可以同時看守所有田野的！我吃了至少五根的生玉米呢！」當金開始告訴媽事情經過的同時，我把身子挪得越來越靠近那兩袋玉米。我的鼻子聞著那香味，眼睛緊盯著那黃色的玉米，等不及要大塊朵頤一番了。

「下次我可以跟他一起去嗎，媽？」一想到我們兩個能夠比金一個人帶回更多玉米，我開始越來越貪心了。

「不行，妳不能跟他一起去，我不會改變心意的！」說完後，媽就走到外面去，在我們稍早生火的地方煮玉米。她在火堆下方挖了一個洞，準備用來烤玉米，然後讓火分布在那個臨時爐灶裡。由於爸和村裡很多父親都不在了，士兵來我們這裡巡邏的頻率也越來越少，所以還算安全。接下來的幾個星期，每當我們吃完玉米時，金就會繼續去偷玉米給我們。每次他離開，我們都會帶著恐懼和罪惡感等著他回來。每天晚上，他似乎都會離開得更久一些。

金將兩個空袋子扛在肩上，走下了茅屋的台階。當他踏上地面時，膝蓋突然疲軟了一下，他很快趁沒人注意到前挺直身子。他知道媽和女孩們都仰賴著他，所以為了她們，他必須堅強，沒有必要加深她們的恐懼，讓她們知道他其實有多害怕。他試圖讓她們覺得他天不怕地不怕，但每次出任務時，他都很害怕會驚慌失措。他想要跑回茅屋去，再也不想幹這份危險的差事了，但他別無選擇，他必須照顧家人。他抬起頭看著天空，沒有看到任何星斗，雲朵移動得無比之快，擋住了任何照耀在地面的月光。

「好吧。」他暗自說道。「該勇敢一點了。」說完後，他就強迫自己朝黑暗中跑去。他知道媽和女孩們的視線依然在他身上，緊盯著他的背，但他不能轉身去看她們，免得失去了勇氣。

他用小碎步快步跑著，他知道，為了不被人看見，他必須在樹叢之間狂奔躲藏。「就像躲避人類獵捕的狐狸一樣。」這個念頭幾乎令他微笑起來。現在天色已經很暗，空氣中的濕氣也逐漸轉變為一片濃霧。算他走運，一定是爸在眷顧他。一想到爸就幾乎令他的腎上腺素驟降，所有的孩子都覺得他們是爸的心肝寶貝，但他知道他才是。畢竟，爸總是到處跟人說他出生時那條龍的故事。

想著爸令他不禁屏息。他心中的痛太深，而那份負擔實在重得令人無法承受，他無法逃避。他對爸的苦苦思念令他無法忍受，但他現在是一家之主了，不能公開表達他的痛苦。一個又濕又鹹的東西滴進他的口中，硬把他拉回的眼前的任務。他知道這是自己的淚水，於是掀起上衣，很快擦拭了一下眼睛。他是如此地想念爸，但他不能允許自己現在去想這件事，他必須照顧全家。

他今年十二歲，身高只到媽的肩膀，但他知道他很堅強。他必須要堅強，他別無選擇。玉的臉浮現在他腦海中，他為她感到擔憂。他看到她凹陷的雙眼和凸出的肚子，體力一天不如一天。他聽見她哭著哀求媽給她更多食物，他看見媽一次又一次地告訴玉說沒有食物。如果他不這麼做，他不知道她還能活多久。他能夠帶回家的這麼一丁點食物，能夠稍微延續她的生命，能夠讓她留在我們身邊久一點點。這些畫面燃起了他的憤怒，逼他靠近玉米田。

天空中的烏雲密布，幾秒鐘後，他感覺到雨點滴落在手臂上。突然間，彷彿整片天空都敞開了，每個柬埔寨人的淚水傾盆落下，浸溼了他的皮膚。就某方面而言，下雨是好事，因為能減輕空氣中的濕度。他回想起以前曾讀過，在某些國家，雨水是冰冷的，而且會讓你生病，人們都被迫只能待在室內。在柬埔寨則不是這麼回事，在這裡，雨水是溫暖的，而在金邊的時候，下雨表示出去玩的時間到了。雨水無論是過去還是現在，依然是我們的朋友，即使在紅色高棉的統治下。

然後他看見前方的田野，茂密的玉米桿有兩個小男孩的身高加起來那麼高，每根上面都有三、四根玉米。他的目光環視四周的地帶，他的心跳加快，但這一回是因為憤怒。這裡有這麼多吃的，為什麼那些殺人魔要讓我們挨餓？他突然感到一陣亢奮，勉強鼓足了勇氣，從躲藏處跑進了玉米田中。雨水打在他四周的玉米葉上，噴濺到他的眼中，但他完全不在意。他從玉米桿上摘下第一根玉米，很快去了皮，然後咬了一口。嗯，那香甜、營養的汁液從他嘴角流到了上衣。等到他飽足一頓後，他的手指就忙碌地開始裝滿袋子。

因為他太忙了，所以沒有聽到朝他的方向跑來的腳步聲。當兩隻手從後面抓住他，把他扔到地上時，他嚇得心跳都快停止了。雨水讓地面變得泥濘不堪，因此當他試圖站起來時不斷地滑倒。從他潮溼的眼睫毛下方，他看見兩個紅色高棉士兵，背上揹著步槍。一個士兵抓住他的手臂，把他從地上拉起來，但他的膝蓋卻癱軟了。他感到頭暈腦脹。他顫抖著，不只是因為寒冷，還有不斷增長的恐懼。一隻手用力地甩了他一巴掌，令他耳鳴。那股疼痛是劇烈而銳利的，但他咬牙切齒地忍住了那份痛楚。「求求你，爸，」他在腦海中尖叫道，「求求你幫我。別讓他們殺了我。」

「你這個混蛋！」他們對他咒罵道。「你竟敢偷安卡的東西！你這個沒用的廢物！」他們對他辱罵著髒話，但他嚇得根本聽不進去。更多隻手將他壓倒在地。「起來！」他們繼續叫罵著。現在的他趴在地上，正準備聽從他們的命令起身時，一隻穿著硬靴的腳朝他的腹部踢了過來，令他透不過氣。他又陷入爛泥巴中，上氣不接下氣。另一隻腳踩在他的背上，將他的臉壓入泥巴中。他張開嘴，試圖呼吸，但卻吸進一口爛泥巴而差點窒息。他恐懼萬分，而且不知道接下來該怎麼辦。一隻手抓著他的頭髮把他拉起來，然後一個士兵盯著他看。「你以後還敢回來再偷安卡的東西嗎？」他問金。

「不敢了，同志。」金嗚咽道，鮮血從他口中流出。但那樣對他們而言還不夠。更多隻手腳繼續對他施暴。他們不斷問他同樣的問題，得到的也是相同的答案。

然後一個士兵把肩上的步槍取下，瞄準著他。金哭喊出聲，流淚的速度比雨水沖刷的速度還快。「求求你，同志，饒我一命吧，別殺我。」他懇求他們，身體顫抖不已。一個士兵嘲笑著他。他不再是個試圖當一家之主、試圖勇敢、想要照顧家人的男孩，現在的他只是個面對著步槍槍管的十二歲男孩。「求求你，同志，別殺我。我知道我做了壞事。我不會再犯了。」那個士兵站在那裡，手中筆直地握著步槍，然後把步槍轉過來，用槍托敲了金的頭顱。一陣劇痛傳遍金的全身，他應聲倒下，卻不敢哭出聲來。「求求你，同志，別——」

「滾吧。」士兵打斷了他的話。「拿著你的袋子滾吧。別再回來，因為下次我會開槍把你的腦袋打到開花。」金蹣跚地站起身來，跛著腳走回家去。

在家中，珠、媽、玉和我靜靜地等待金歸來。「珠，金今天真的晚了很多。我很擔心他。」我對她說。

「外面視線很差，他可能是迷路了，雨下得挺大的。」我話才說完，夜晚立刻就變得烏黑陰暗，狂風呼嘯，一場暴風雨也雷電交加地在我們頭頂上方出現。媽小聲地試圖安撫害怕暴風雨的玉。我轉頭看到媽用手掩住她的嘴忍住尖叫的表情。我的視線轉向媽看過去的方向。在黑暗中，我看見金十二歲的身軀倚靠在門邊。在他手中是兩個被雨水浸濕的空袋子。他全身都被雨淋得濕透了，但我看得出他衣服上明顯的血跡，以及他泥濘臉上的傷痕。他的眼睛半閉著，全身顫抖不已，但沒有哭。媽衝向他身邊，輕撫著他受傷的臉，他腫脹嘴唇上的傷口令她哭出聲來，她摸著他腦勺上流出的鮮血時畏縮了一下。

「我可憐的小猴子，我可憐的小猴子。看看他們對你做了什麼，他們傷害了你，我可憐的小猴子。」

金沒有說話，也沒有抗拒讓媽替他脫下他濕透的上衣。我咬著嘴唇看著哥哥被毒打過的身體，他的肋骨和背部全是紅腫的傷痕和疼痛的瘀傷。我想要衝到他身邊帶走他的痛苦，但我卻只是僵著身子站在屋中的角落。我看見他臉上的痛苦，感覺到他那顆因為無法帶食物給我們而沉重不已的心。我站在角落，心意更加堅決地想要殺掉那些士兵，為我哥哥頭顱上所流出的鮮血報仇。總有一天，我會殺了他們全部。我對他們的仇恨永無止盡。

「雨下得太大了，我沒有聽見他們來的聲音。」

「我可憐的小猴子，他們傷害你了。」

「他們用步槍的槍托敲了我的頭。」金把事情經過告訴我們，但他依然沒有哭。當媽把一條濕破布蓋在他傷痕累累的頭上時，他退縮了一下。「我很抱歉我今天晚上沒有帶任何玉米回來。」他一邊躺下一邊對我們所有人說道，然後就閉上眼睛，很快睡著了。

我擔心他可能會死而我卻不知情，每隔幾分鐘就走到他身邊，把手放在他的鼻子下方感覺他的呼吸。「爸，」我默默呼喚著，「爸，別讓金死去。爸，我覺得好難受，這全都是因為要給我們玉米吃。爸，我覺得難受，但我也覺得哀傷，因為我們沒有玉米了。」我蹲在金身邊，用手捏了捏我的肚子，試圖趕走疼痛。「爸，我會把他們全都殺了。我要讓他們痛不欲生。」我的頭很痛，我用食指按著太陽穴，試圖阻止它爆炸。我的憤怒越強烈，我的哀傷和絕望就越令我無法招架。「我不能死，爸。我們無能為力，只能活下去。但是，總有一天，他們會像我們現在一樣痛苦萬分。」

那天晚上之後，金就再也沒有偷竊過。這些日子裡，他變得越來越沉默寡言，越來越自閉。爸不在了，我的兩個大哥又在他們的營裡，金便成了一家之主。然而事實上，他只不過是個小男孩，一個感到無助而且無法幫助自己家人的小男孩。

離家　一九七七年五月

自從金偷玉米被逮之後已經過了一個月。安卡增加了我們的糧食配給，因此沒有那麼多人死於飢餓。那些活過飢荒的人漸漸變得強壯起來。紅色高棉似乎每三個月就會增加或減少我們的糧食配給，而且從無預警或解釋。每兩、三個月，我們會有食物可以吃，吃不飽但也餓不死，然後接下來的幾個月又沒東西可吃，然後我們又會再得到一點食物。金猜測這和謠傳中越南佬在攻擊邊境這件事有關。每次安卡認為越南佬要入侵柬埔寨了，士兵就會儲存糧食和補給品，並運送更多米到中國換得槍枝。如果安卡後來發現越南佬沒有攻擊我們，就會停止購買軍火，而我們的配給也會增加。

即使金已經不再承受替我們找糧食的壓力，現在的他已經變了一個人，完全不像我記憶中那個在金邊時的哥哥了。他比以前更沉默寡言，每次開口也很少說超過幾個字。我們現在全都變了，珠和我不再爭執，而變得越來越自閉的玉也不再開口問起爸了。不過，媽依然經常在夜晚坐在門口等爸歸來。

雖然我很哀傷，經常希望自己死了算了，但我的心依然充滿生命力地跳動著。一想到爸我就會熱淚盈眶。「我好想你，爸。」我會這樣對他輕聲說道。「沒有你我活得好辛苦。我真的已經厭倦了這種思念你的生活。」但那是沒有用的，因為無論多少淚水都無法讓他起死回生。我知道爸不會想要我放棄，雖然在這裡日復一日地過日子很艱苦，但我除了繼續活下去之外，也沒別的事可做了。

村裡開始發生離奇的事件，像是一整個家的人會在一夜間消失。金說紅色高棉的恐怖又造成了新一波的傷害，士兵們開始對那些之前他們帶走的人的家庭進行抄家，連小孩子也不放過。安卡擔心將來有一天倖存的生還者以及那些被殺害的男人的子女會挺身反抗復仇，為了消除這種威脅，便把全家人都殺了。我們相信一戶鄰居沙林家就遭遇了這樣的命運。

沙林家住在和我們相隔幾間的茅屋裡。和我們家一樣，士兵也帶走了他們的父親，留下一個母親和三個年幼的孩子。那些孩子和我們年紀相仿，介於五歲和十歲之間。幾天晚上前，我們聽見從他們家的方向傳來大聲的叫喊。叫喊聲持續了很久，然後一切又恢復了安靜。到了早上，我走向他們的茅屋，看見他們已經不在了。他們所有的家當都依然在茅屋裡：屋中一角依然放著一小堆黑色衣物、紅色的布巾以及木製的飯碗。現在已經過了三天，茅屋依然空無一人，就像是家人憑空消失了，而沒有人敢問他們的去向，我們全都假裝沒有注意到他們失蹤了。

有一天晚上，當媽下工回來時，匆忙地把金、珠、玉和我叫過去，說她有重要的事要跟我們說。我們全都圍成一圈坐在那裡等媽，她緊張地在屋外繞了一圈，確保沒有人能聽見我們說話。當她再回到屋中時，她的眼眶中盈滿了淚水。

「如果我們待在一起，我們只有死路一條。」她小聲說道。「但如果他們找不到我們，就無法殺了我們。」她用顫抖著聲音說著。「你們三個都必須離開，到很遠的地方去。玉才四歲，因為太小所以走不了，她會留在我身邊。」她的話像一千把刀刃般割著我的心。「你們三個都各自朝不同方向走。金，你去南邊，珠往北邊走，良就去東邊。一直走到你們看到勞改營為止。告訴他們你們是孤兒，他們會收留你們的。你們得改名換姓，甚至不能告訴彼此自己的新名字。不要讓別人知道你們是誰。」媽一邊說下去，她的聲音因決心而顯得越來越堅定。「這樣一來，如果他們逮到你們當中任何一人，都無法找到其他人，因為你們無法告訴他們任何訊息。你們都得在明天早上大家起床之前離開。」從她口中又說出了很多話，但我卻一句也沒聽見。恐懼襲上我的身體，令我顫抖不已。我想要表現出堅強無畏，讓媽看到她無需擔心我。「我不想走！」我脫口而出。媽堅定地看著我，「妳別無選擇。」她說道。

第二天早上，媽來把我叫醒，但我已經起來了。珠和金已經穿好衣服準備出發。媽替我打包了一套衣服，把我的飯碗包在一條布巾中，將它斜綁在我的背上。我緩緩地走下台階，來到已經在那裡等我的珠和金身旁。

「記住，」媽小聲說道，「不要一起走，也不要回來。」我的心一沉，頓時明白媽是真的要把我們送走了。

「媽，我不要走！」我站穩雙腳，不肯移動。

「不，妳必須走！」媽嚴厲地說道。「妳爸現在已經不在了，我實在無法照顧你們幾個孩子了。我不想要你們在這裡！你們對我來說負擔太重了！我要你們走！」媽兩眼無神地盯著我們。

「媽。」我朝她伸出雙臂，懇求她將我摟入懷中，告訴我可以留下，但她卻很快將我的手臂揮開。

「現在就走！」她抓著我的肩膀將我轉過身，然後彎下身子用力拍了我的屁股一下，把我推開。

金已經走在我們前面，目光看著前方，挺直著背。珠緩緩地跟在他身後，衣袖不停地擦拭著眼睛。我心不甘情不願地拖著步伐離開媽身邊，追上了他們的腳步。走了幾步路後，我回過頭去，看到媽已經走回了茅屋中。玉坐在門口，看著我們離去。她舉起手默默地朝我揮了揮。我們全都學會了用沉默來處理自己的情感。

我離村子越遠，憤怒的情緒就越加取代了哀傷。我非但沒有思念媽，反而對她充滿了怨懟的怒火。媽不想要我待在她身邊了。之前有爸照顧我們，讓我們全家能團聚在一起，媽卻辦不到，因為她很軟弱，就像安卡說的一樣。安卡說女人都是弱者，而且可有可無。爸最寵我了，如果是爸，他會讓我留在家裡的。媽有玉，她一直都有玉，她很愛玉。玉的確太小不適合離開，但我也還不滿八歲。我什麼人都沒有，我完全孤苦無依。

太陽爬到了我們的後腦勺上方，都快把頭烤焦了。碎石子路灼熱地嵌入我的腳底板，把堅硬的繭都刺破了。我從碎石子上移動到草地上。六月是雨季的開始，所以草地依然鮮綠。到了十一月，草地就會乾枯，變得像針一樣尖銳。我的腳底已經長滿了厚厚的繭，所以就算是如針一般的草也無法穿刺過去。然而，當草長得像現在一樣高的時候，葉片卻像紙一般割著我的皮膚。我上次穿鞋子已經是好久以前的事了。我不記得是什麼時候開始沒有鞋子穿的，我想可能是我們剛抵達洛粒村，他們把我的紅色連身裙燒掉的時候。在金邊時，我都穿黑色綁帶皮扣鞋搭配制服，士兵把我的鞋子也燒掉了。

很快地，金就必須和我們分開去走他自己的路了。他把我們叫住，再次不帶情感地重複了媽的吩咐。雖然他才十二歲，但眼神看起來就像個老人。沒有道別，也沒有祝福，他轉身就離開了我們。我想要朝他跑過去，用手臂摟住他，就像在我在腦海中摟著爸和琪那樣。我不知道我是否能再有機會或是何時能再見到他，我不想要承受思念他的哀傷。我手握成拳，垂在身體兩側，站在那裡，視線跟隨著他的身影，直到我再也無法看見他。

雖然這違背了媽的警告，但珠和我實在無法分離，因此我們朝同一個方向走去。我們沒有食物或水，一整個上午都在太陽的曝曬下沉默地走著。我們環視四方試圖尋找人跡，卻什麼也沒看見。四周只有棕色的樹、綠色的樹葉在炎熱的白色天空下凋零，靜靜地垂在樹枝上。唯一的聲響只有來自我們腳底的聲音，以及石子從腳趾旁滾落的聲音。當太陽爬升到頭頂上，我們的肚子也齊聲發出咕嚕咕嚕的叫聲，渴望著我們知道自己沒有的食物。珠和我沉默地走在前方蜿蜒的紅土小徑上。我們的身體越來越疲憊虛弱，很想坐在樹蔭下休息，但我們強迫自己往前走。我們不知道這條小徑的終點通往哪裡，或是什麼時候會走完。當我們終於看見一個營區時，已經是下午了。

營區裡有六座稻草屋頂的茅屋，和我們之前住的很相似，只不過比較長也比較寬。對面是兩間開放式的茅屋，用來做為集體廚房，還有三間小茅屋是給領導住的。營地的四周都有大型的菜園。在其中一個菜園裡，大約有五十個年輕孩子蹲成一排，在那裡拔野草和種菜。另外有五十個孩子在水井前排隊，等著幫菜園澆水。一桶桶的水從一個人手上傳遞到另一個人手上，最後一個拿到水桶的人會將水倒入菜園中，然後跑著將水桶拿回井邊。

站在大門口接見我們的是營地的領導。她和媽一樣高，但身材更壯碩也更咄咄逼人。她有一頭齊下巴的方正黑色短髮，和我們其他人是同樣的髮型。從她那張大圓臉上，一雙黑色的眼睛窺視著我們。「妳們在這裡做什麼？」

「大姊同志，我姊姊和我在找一個安身之地。」我盡可能擠出所有的力氣，用高棉語「大姊同志[5]」來稱呼這位領導。

「這裡是孩子的勞改營。妳們為什麼沒有和父母住在一起？」

「大姊同志，我們的父母很久以前就死了。我們是孤兒，一直和不同的家庭住在一起，但他們已經不想要我們了。」對於我口中說出的這些謊言，我的內心因罪惡感而翻騰。在中國文化中，人們相信如果公然說出某人死了，死亡就會實現。告訴這位同志我父母死了，等於是為媽訂下了死期。

「他們是在思想改造營死的嗎？」大姊同志問。我聽到珠驚喘一聲，於是用眼神警告她什麼也別說。

「不是的，大姊同志。我們是住在鄉下的農民。當時我年紀太小所以記不得了，但我知道他們是因為打內戰而死的。」我很驚訝謊言如此輕而易舉地就從我口中說出來。大姊同志似乎相信了這些謊言，或者，也許她只是不在乎。她負責管理一百個孩子，多兩個她根本不在乎。

「妳和妳姊姊幾歲？」

「我七歲，她十歲。」

「好吧，進來吧。」

5　高棉語為「Met Bong」。

這是一個女孩的營地，專門收留那些被認為身體太弱無法在稻田裡工作的人。我們被認為是沒用的廢物，因為我們無法直接對打仗有貢獻。然而從早到晚，我們都在熾熱的太陽下幹活，為軍隊種植糧食。從日出到日落，我們在菜園裡種植作物和蔬菜，只有在午餐和晚餐時可以停下來。每天晚上我們都會疲累不堪地入睡，和五十個女孩們前胸貼後背地睡在木製竹板上，而另外五十個則睡在另一間茅屋中。

營地裡沒有任何東西可以浪費，尤其是水。井水只能用在菜園和做飯，洗澡和洗衣服必須走到一英里外的池塘去。在被太陽曝曬了一整天之後，沒有人想要走去洗澡，所以我們很少洗。所有的東西都是收集後再利用：舊衣服變成布巾，舊食物乾燥後保存，而人的排泄物則重新混合後變成表土。

在我們吃過第一個晚上的晚餐後，珠和我被叫去聚在營火旁邊，參加每晚的課程。當我們到那裡時，所有其他孩子都已經在場了。我們蹲在地上等著大姊同志過來閱讀時事或安卡的宣傳。大姊同志用充滿熱情和諂媚的聲音宏亮地喊道：「安卡是無所不能的！安卡是高棉人民的救星和解放者！」然後一百個孩子會開始很快拍手四下，握著拳頭的手臂高舉在空中，齊聲吶喊「安卡！安卡！安卡！」珠和我照著做，雖然我們不明白大姊同志到底在宣傳什麼。「今天安卡的士兵把我們的敵人可恨的越南佬趕出我們國家了！」

「安卡！安卡！安卡！」

「雖然越南佬比高棉士兵人數多出許多，但我們的士兵是更勇猛的戰士，一定會打敗越南佬！感謝安卡！」

「安卡！安卡！安卡！」

「妳們都是安卡的孩子！雖然妳們軟弱，安卡依然愛妳們。過去或許很多人傷害過妳們，但從今以後安卡會保護妳們的！」

每天晚上我們都會聚在一起聽這種消息和宣傳，並且被告知安卡有多愛我們、會保護我們。每天晚上我都坐在那裡模仿著她們的動作，但內心卻醞釀著仇恨，而且越來越深。她們的安卡或許會保護她們，但它從來沒有保護過我——它殺了琪和爸。當其他孩子霸凌珠和我的時候，她們的安卡也沒有保護我。

那些孩子們很討厭我，因為我的膚色較淡，所以把我看成下等人。當我走過她們身邊時，耳中會聽見她們殘酷的話語，她們的唾液像強酸般腐蝕我的皮膚。她們會對我扔爛泥巴，說那樣做會讓我醜陋的白膚色變深。其他時候，她們會伸出腳把我絆倒，害我跌跤擦傷膝蓋，大姊同志總是視而不見。起初，我沒有還手，只是默默承受他們的欺侮，不想讓自己成為注目焦點。每次跌倒，我都會夢想著打斷她們的骨頭。我好不容易存活到現在，才不會敗在她們手下。

有一天晚上在洗手準備吃晚飯的時候，其中一個霸凌者拉爾妮走過來捏了我的手臂。「愚蠢的中國越南佬！」她對我噓聲罵道。我的臉開始發熱，血液因恨意而沸騰。我的手臂彷彿自己著了魔一般，朝她的脖子伸過去，雙手緊緊地掐住她的喉嚨用力捏緊。她的臉因困惑而發白，她喘息著，在我手指的壓力下幾乎窒息。她抓住我的手臂，指甲抓過我的皮膚，我拒絕放手。她開始踢我，一陣劇痛在我的小腿上爆發。我的憤怒讓我覺得自己彷彿有一百八十公分高，而我用全身朝她撲去，將她撲倒在地。我坐在她胸口上，目光鋒利地瞪著她，手往她臉上呼巴掌。我喊著：「去死吧！去死吧！」拉爾妮瞪大眼睛，眼中露出恐懼，鮮血從她的鼻子中流出，染紅了我的手。但我依然沒有住手，我想要看她死。「去死吧！我恨妳！我要殺了妳！」我小小的手指再次掐住她的喉嚨，試圖把她掐死。我恨她。我恨她們全部。兩隻手抓住了我的手臂，疼痛地將它們往後扭。另一雙手抓住我的頭髮往後拉，把我從拉爾妮身上拉開。我依然掙扎地想要逃脫，雙腳將地上的土踢到她臉上。「我要殺了妳！」我對她尖叫著，一隻大手甩了我一巴掌，令我摔倒在地。「夠了！」大姊同志吼道。「今天晚上誰都不許殺誰！」

「是她先攻擊我的！」拉爾妮坐起身來，指著我。

「我不在乎是誰先起頭的。」她指著拉爾妮：「去把自己洗乾淨。」然後她轉身面向我：她的眼睛死瞪著我，傾身靠向我，然後吼道：「妳很強壯可以打架是吧？今天晚上妳必須澆整個菜園的水，直到澆完才能睡覺。而且今晚不准妳吃晚飯！」離開前，大姊同志指示另一個女孩監督我，確保我有照她的話做。

我掙扎地爬起來，周圍的人群緩緩地四散。珠走過來伸出她的手，但我拒絕了。我抓起水桶開始在菜園裡澆水。我一邊幹活，其他女孩一邊吃著晚飯，在晚課時朗誦著宣傳語，然後準備上床睡覺。我沒有哭泣、尖叫或是求饒。我讓腦中充斥復仇和屠殺的念頭，我在腦海裡列出一張所有讓我受到委屈的清單，他們對我的凌虐，我會加倍奉還。夜深後過了很久，大姊同志走過來叫我去睡覺。我沒有看她，扔下了水桶，走回我的茅屋，然後就疲累不堪地入睡了。

在我和拉爾妮打架之後，那些女孩就沒有再霸凌過我。但她們依然繼續欺負珠，因為她看起來很軟弱，而且露出害怕的模樣。珠和我來到營地已經三週了。我們跟在一群女孩身後，手上拿著另一套黑色睡衣褲，走向河邊準備第一次洗澡。

「珠，不要讓她們打妳。不要讓她們覺得她們可以為所欲為。」我告訴她。

「但她們就是可以打我然後為所欲為，我根本贏不了她們。」

「那又怎樣？我可以對付她們其中一個，但如果她們聯手對付我的話，她們是可以打過我的，但我不會讓她們知道這點。我不在乎我一定要贏，但我會讓她們見血，我會想辦法出拳。珠，我夢想著將來有一天，我們能夠再度擁有力量。我會回來找她們的，我會報仇，打她們打到累了為止。我不會忘記，永遠都不會。」

「妳為什麼會想要記得？我夢想著將來有一天生活又能再度美好，讓我可以把這一切遺忘。」

珠不明白。我需要這些令我憤怒的新記憶，取代那些令我哀傷的舊記憶。我的盛怒讓我想要活下去，只為了能夠回來復仇。在池畔邊，女孩們依然身上穿著衣服跑進水裡，潑著水，嘲笑對方試圖游泳。當珠一邊刷去她衣服上的髒污時，我仰漂在水面上。一想到琪，我就讓自己沉入水中，讓水拍打在我的臉頰、眼睛和鼻子上。再次從水面上浮出，我感覺到幾週以來的污垢溶解了，從我的皮膚、指甲及頸部和腳趾的縫隙間流逝。水沖走了污泥，卻永遠無法澆熄我對紅色高棉的仇恨之火。

童兵　一九七七年八月

幾個月過去了，政府持續增加了我們的糧食配給，讓我們變得稍微強壯了些。自從我們離開洛粒村已經三個月了，那也是我們最後一次看到金、媽和玉。我每天都會想到他們，不知道他們過得怎麼樣了。到了晚上，當其他孩子很快入睡時，珠和我會彼此講悄悄話聊媽和玉的事。我希望孟、貴和金能夠去看媽，確保她平安無事。媽有玉陪在她身邊，讓她不會太寂寞，想到這點就令我稍微寬心了些。

其他孩子都不再欺負我了，因為我是個鬥士。雖然我在幹活方面的名聲也有了進步，但珠因為軟弱，所以已經不再在菜園裡工作，被降級到廚房去了。她其實還比較喜歡那裡，因為她不再需要和其他孩子打交道。

但也正因為我很強勢，在營地裡待了三個月之後，大姊同志告訴我她有了「好消息」。

「妳是這裡最年幼的女孩，但妳工作得比其他人都要努力，安卡需要像妳這樣的人。」她微笑說道。「真可惜妳不是個男孩。」她補充道。當她看到我並沒有因為這消息而手足舞蹈時，她沉下了臉。「妳的首要本份就是為安卡效忠，而不是任何其他人，妳應該對自己感到很榮幸。這個營是給弱者待的，妳要去的那個營是給更強壯的大孩子待的。在那裡，妳會受訓成為士兵，以便能很快幫忙上戰場。妳會比這裡的孩子學到更多東西。」她說完後露出一臉容光煥發的驕傲。

「是的，大姊同志，我很高興能去。」我撒謊道。我不明白大姊同志在高興什麼，我不想為這個殺了我爸的國家犧牲奉獻。

天一亮，我就打包了我的衣服和飯碗。珠站在我身邊，低垂著頭。我不想把珠留下來，但我無法拒絕被分發。我們挽著彼此的手臂，一起走到大門口去見大姊同志。

「珠，妳年紀比我大，所以不要再這麼軟弱了。」我在我們相擁時小聲說道，我們的手臂緊緊地摟著彼此。「我們會永遠是姊妹，雖然妳是垃圾堆裡撿來的。」珠哭得更傷心了，她的淚水浸濕了我的頭髮。大姊同志把我們分開，告訴我該走了。珠拒絕放開我，我使盡全身的力氣，用力把手從她的手中抽開，然後跑走。雖然我的心很痛，但我沒有回頭。

大姊同志帶我走到距離一個小時路程外的另一個營地。我不知道這個新營地會是個什麼樣的地方，但當大姊同志說這是個童兵培訓營的時候，我以為那會是個很大的地方，裡面有很多武器，有士兵住在那裡，但新營地和舊的幾乎沒什麼兩樣。這裡的領導是另一個大姊同志，也有著相似的長相和特徵，也和我前一個領導一樣，對安卡有著狂熱的信仰。當她們說話時，我被冷落在一旁，凝視著我的新家。

這座新的勞動營座落在一片稻田旁，四周都是森林。在茅屋的周圍，高聳的棕櫚樹隨風搖曳。在其中一個茅屋裡，一個年輕男孩正在用一把銀色的菜刀砍下一把棕櫚果。他看起來像是十二或十四歲，有著一張圓臉、黑色捲髮以及短小精幹的身材。我對於他的腳趾和手指能夠像猴子般抓住樹木感到驚嘆不已。他一隻手抓著幾根牢固的樹葉，另一隻手持著菜刀，將果實從樹上砍下。那個男孩彷彿感覺到我的注視，停下手邊的工作轉頭看著我。我們的四目交接，維持了好幾秒。他微笑一下對我揮揮手，但手中依然握著菜刀。這個我已經不再習慣卻又熟悉的人類友誼手勢，因為他在空中揮舞刀子的舉動而顯得更加陌生。我也對他微笑回去，然後才又將注意力轉回營地。

營地住著約八十個女孩，年齡從十歲到十五歲不等，但我連八歲都不到。和另一個營地不同的是，並非所有的女孩都是孤兒，許多都有家人居住在附近的村莊。所有的孩子都是被村長或工作單位的領導挑選出來住在這裡的。在稻田另一頭的男孩營地狀況也差不多，大約住著八十個男孩，由他們的大哥同志[6]所領導。我聽說這兩個營偶爾會一起上關於安卡的課程，然後，他們

6　高棉語為「Met Preuf」。

會以舞蹈和歌曲歡慶安卡的勝利。

我在營地的第一個晚上，這兩個團體就聚集在熊熊的營火旁，聆聽最新的宣傳。兩位大姊同志站在我們面前，輪流說教。「安卡是我們的救星！安卡是我們的解放者！我們的一切都是安卡賜予的！我們之所以強大也是因為安卡！」聽了這麼多次，我已經知道何時必須拍手和歡呼。「我們的高棉士兵今天殺了五百個試圖侵略我們國家的越南佬！越南佬的士兵比我們多，但他們很笨，而且是懦夫！一個高棉士兵可以殺十個越南佬！」

「安卡！安卡！安卡！」我們吶喊著回答。

「越南佬有更多武器，但我們高棉士兵更強壯、更聰明、更無畏！越南佬就像惡魔，有些就是不肯死！」大姊同志們的聲音越來越高昂，他們告訴我們高棉士兵如何殺了越南佬。我們的高棉士兵用刀子刺殺越南佬，令他們穿腸破肚；他們砍掉了越南佬的頭，以警告其他入侵柬浦寨的越南佬。大姊同志們在圍成一圈的孩子身旁踱步，彷彿被法力高強的鬼神所附身，他們的手臂奮力地朝天空揮舞，他們的嘴唇動得越來越快，吐出關於安卡的輝煌以及我們所向無敵的高棉士兵的話語——譴責越南佬和描繪他們令人毛骨悚然命運的話語。孩子們的狂熱也與大姊同志們相呼應。

「你們是安卡之子！我們的未來在你們身上。安卡知道你們的心是純潔的，不受邪惡勢力所腐敗，依然能夠學習安卡之道！這也就是為什麼安卡愛你們更勝於任何人，這也就是為什麼安卡給你們這麼大的權力。你們是我們的救星，權力就是你們的！」

「安卡！安卡！安卡！」我們發出感激的吶喊。

「越南佬恨你們。他們想要來帶走高棉的寶藏，包括你們。越南佬知道你們是我們的寶藏。」大姊同志們蹲下身子，直視著我們的眼睛，告訴我們說越南佬已經滲透到我們的鄉鎮和村莊，試圖把我們抓走。但安卡會保護我們，如果我們能完全對它效忠的話。這表示我們必須向安卡報告任何可疑的滲透份子和背叛者，如果我們聽見任何人——我們的朋友、鄰居、表親，甚至是我們的父母——說安卡的壞話，我們就必須向大姊同志們報告。我的心一驚。雖然大姊同志們的嘴唇持續動著，也持續道出話語，但我已經聽不見他們在說什麼。爸是反對安卡的！那一定就是爸被殺的原因。媽是反對安卡的，而這絕對不能讓他們知道。我舉起拳頭，聽話地吶喊著：「安卡！」

演講完畢後，圍成一圈的人群解散了，孩子聚集在營火的一側。四個男孩從人群中站起身來，手上拿著曼陀林和自製的鼓。他們站在人群旁，開始演奏樂器。他們敲著鼓，彈著曼陀林，腳拍打著地面。他們看著彼此，揚起眉毛，瞇起眼睛，張大了嘴露出牙齒。但他們看起來並不憤怒，事實上，他們看起來很快樂！當他們演奏完畢後，他們彼此開玩笑說誰剛才走音了。突然間，他們哄堂大笑起來！那個聲音充滿了鼻音、十分刺耳，但很真心。自從紅色高棉取得政權後，我就再也沒有聽過任何人真心的笑聲了。在洛粒村時，我們活在如此深的恐懼當中，根本沒有歡笑的餘地。我們都不敢笑，唯恐讓我們家成為注目的焦點。當男孩子們安靜下來後，五個女孩走到前方，站著面對群眾。她們全都身穿美麗的黑上衣及長褲，不是我身上這種褪色的灰黑色，而是閃閃發亮的新衣服，腰間繫著亮紅色的布巾。她們的額頭上綁著紅色的緞帶，戴著染色稻草製成的紅色假花。她們站成一排，為我們唱歌跳舞。所有的歌曲都是在膜拜安卡的強大領導人波布、安卡社會的輝煌以及高棉士兵的所向無敵。

她們舞出農民勞動收割稻米、護士幫助受傷士兵以及士兵贏得戰役的場景。甚至還有一首歌是關於一個女兵把刀藏在裙子裡，然後將它插入越南佬心臟的故事。雖然我不喜歡這些歌曲，不過至少是音樂，讓我能夠在平時的生活中稍微得到喘息。在我居住在洛粒村將近兩年的時間當中，從未有過任何音樂或舞蹈，村長告訴我們那些都被安卡禁止了。這應該是我們這些童兵所享有的特權吧。

看著那些女孩們唱歌跳舞，一股奇怪的感覺襲上我的心頭。雖然她們的歌詞中描繪著鮮血和戰爭的景象，但那些女孩卻面帶微笑。她們的手整齊地擺出優雅的姿勢，身體隨著音樂的韻律翩翩起舞。她們跳完後，手牽著手咯咯笑著，彷彿玩得很開心。這個念頭令我感到溫暖，讓我的唇上泛起一抹笑容。笑聲已經成了遙遠的回憶，而我很珍惜這個來自另一段時光的回音。在金邊的時候，珠和我經常把琪的衣服從抽屜裡拿出來，穿在自己身上玩裝扮遊戲。十四歲的琪又美麗又時髦，她只買最流行的服飾。她的衣服都很成熟漂亮，就和媽一樣。她的衣櫥裡全都是飄逸的連身長裙、閃亮的短裙以及荷葉領的上衣。珠和我偷穿她的衣服，一邊大笑或咯咯笑著，用法語稱呼彼此為夫人和小姐，然後我們會從琪的珠寶盒中拿出她的項鍊和耳環。琪總會在這時回到家把我們逮個正著。她一邊尖叫大吼著打我們的屁股，而我們一邊跑出房間。

在表演結束之後，我們全都被拉上去跳舞。那些女孩站起身來和彼此跳舞，男孩們則緊密地聚在一起。我一向很喜歡歌舞。有幾分鐘的時間，我的雙腳隨著鼓聲移動著，手臂隨著歌曲旋律揮舞，我的心也變得輕盈快樂起來。舞蹈結束後，大姊同志走過來說道：「對一個年幼的女孩來說，妳的舞跳得很好。」

「謝謝妳。」我小聲說道。「我喜歡跳舞。」「妳說妳叫什麼名字？」

「莎瑞妮。」我輕而易舉地說出我的新柬埔寨名。

「莎瑞妮，我要妳加入舞蹈部隊。我們正在準備一場為士兵舉行的演出。這表示妳要參加彩排，可以不用工作。現在我們只是為娛樂而舞，但如果有士兵到村裡來，我們就會表演給士兵看。」

「謝謝妳，大姊同志，我很樂意。」她離開後，我用手掩住嘴，強忍住尖叫。我！舞者！我可以不用工作，參加彩排和旅行。新衣服！插在頭髮上的假花！自從安卡取得政權後，這是我第一次感到青春洋溢又輕鬆。我的臉上出現一抹笑容。

然而，事實卻比我想像中要來得痛苦和操勞。每天早上我們開始彩排之前，大姊同志都會用象草把我們的手指綑綁在一起。然後她會硬拉我們的手，將手指向後彎，當我們的手被放開時，就能創造出一個美麗的弧形。這個過程非常疼痛，而且要花上好幾年的時間才能達到永久的弧度。她會在一個小時後把草編繃帶剪開，這令我的手指既僵硬又抽痛。接著是我們的隊形，她每天會教我們幾個簡單的舞步。沒有忙著舞蹈彩排的時候，我會在稻田裡從早上工作到午後，其他時間我都在學習唱歌，並且聆聽大姊同志關於安卡哲學的訓話。

我第一天在田裡工作時，才在渾水中走了幾步，腳踝和腳趾就開始發癢。我將一隻腳從水中抬起，然後大聲尖叫起來。我的腳踝、腳板和腳趾之間全都爬滿了又黑又肥的水蛭。我以前曾經見過水蛭，但從未見過這麼大這麼肥的，這些比我的手指還粗，又黑又黏滑。牠們用吸盤緊貼在我的身上，吸著我的血！牠們的身體扭曲震動著，令我的皮膚感到又癢又刺痛。我驚慌地試圖將牠們撥開，用手指抓住牠們冰涼濕軟的身體。水蛭在我的拉扯下伸展開來，變得更長，牠們拒絕鬆口。最後，我把一個頭扯下了，但另一端依然緊緊附著，繼續吸更多的血。

一位勞動同伴朝我走來笑了起來，一時之間，那個笑聲嚇了我一跳。「妳真蠢！想要把牠們弄掉只有這個方法！」她拿出一根草，雙手抓住草的兩端，然後用草在我的腳踝四周往下刷動。水蛭墜落在地面，留下我血淋淋的腳踝。

「這樣才能同時把兩頭都扯下來。下一次，把妳的褲管放下來，緊緊綁住腳踝，這樣就沒有東西能夠鑽進去了。」我之所以把褲管捲起來是因為不想弄濕。難怪每個人的褲管都是放下來的。

「那我的腳和腳趾呢？」我焦急地問道。那個女孩聳了聳肩。

「那就沒辦法了。不過反正不會痛，也吸不了多少血。我都是在一天結束後把牠們扯下來的。習慣就好。」

想到那個畫面就令我打了個寒顫，一邊猜想自己是否做得到。大姊同志從遠處大聲罵我叫我不要偷懶、趕快回到水裡去，我的心跳頓時加快起來，懶惰是安卡制度下最重的罪行。我用長草緊緊地將褲管綁在腳踝周圍，跳回了稻田中。在水中，溫暖的泥漿流到我的腳趾之間，走了幾步之後，我的腳板和腳趾又開始刺痛發癢了。「習慣就好！」我喃喃自語說道，下定決心咬緊牙根，彎下身子去種植稻米。這份工作不但累人而且無聊，豔陽酷曬著我的黑色睡衣褲。時間一分一秒地過去，我開始想到了琪。直到她死前，這就是她每天在做的事。汗水滑落我的面頰和下巴，我的肚子也開始抽搐。我沒有時間軟弱。到了一天結束時，我確實也忘了水蛭在我腳趾上爬的事，但我並沒有忘記我的姊姊。

九月到了，自從我上次看到珠已經過了兩個月。大姊同志正在對較年幼的孩子進行如何保護自己的訓練。她告訴我們波布感應到我們將會面臨困難，因此我們必須做好萬全準備。波布正在派士兵到村莊和鄉鎮來，所有八歲以上的孩子都必須離開，包括基地的孩子。根據體型和年齡，孩子們會被分配從事不同的工作和訓練。他們會被分發到各個營地去種植糧食、製造工具，從事搬運工，以及像我們這種基地一樣接受軍事訓練。

「你們應該感到自豪。」她說。「你們在我的訓練下遠比這些其他孩子超前多了。」

「大姊同志，」我問道：「我什麼都沒做過，只是在田裡工作，然後看著年紀比我大的女孩接受訓練而已。」

「要訓練一個人使用武器很簡單。」她回答道。「但要訓練心思則困難多了。這幾個月以來，我一直在訓練妳的心思。我竭盡所能地把波布的話放進妳的腦中，告訴妳關於越南佬的真相。孩子們必須被教導如何聽從命令，不能有猶豫、質疑，必要時甚至必須射殺他們的叛徒父母。這就是訓練的第一步。」她的話令我內心激動不已。憤怒默默地在我體內翻騰，但我忍下來了。我絕對不會為了他們殺掉媽。絕對不會！

新年過去了，沒有任何慶祝或歡樂。四月的熱氣取代了一月的微風，而我又大了一歲。營地的生活和以往一樣，我的時間一半花在田裡，一半用在訓練課程上。我和琪一樣，在這裡是孤單一人，雖然我和八十個女孩一起吃飯，睡在同一個茅屋裡。除了被迫討論波布和他的軍隊有多麼強大之外，我們一般都在沉默中過日子。我們不與人交流，因為我們每個人都藏著祕密。我的祕密是我們過去在金邊的日子，對另一個女孩來說，可能是她有一個殘障的兄弟、曾經偷竊過食物、擁有一件紅色的褲子、有近視而且以前戴過眼鏡，或是曾經嚐過巧克力。如果她被發現的話，就很可能受到大姊同志的懲罰。

雖然我知道和其他女孩交朋友的風險，我還是憧憬地幻想過。沒有了珠，我很孤單。在這之前，我一直都有珠可以陪我玩、和我打架、跟我說話。在金邊的時候，貴和孟都已經成年了，琪是個青少女，金正要邁入青春期，而玉則還是個嬰兒，珠和我的感情最好。每當我悲傷或難過的時候，我總是會找她傾訴。現在我們分開了，我從來沒有想過自己竟然會這麼思念她。

在新營地，唯一能夠和友誼這件事沾上邊的就是那個棕櫚樹男孩了。我不知道他的名字，也從未和他說過話。他經常到我們營裡來，有時候是自己一個人，有時候則是和他父親一起。我從大姊同志那裡得知，他和家人住在附近的一個村莊，他和他父親的工作是為村長採集棕櫚汁和果實。男孩和父親經常會給大姊同志一些果實吃，如果他們來的時候我剛好也在，那男孩通常也會朝我的方向扔一些果實過來，微笑著用他那隻依然抓著菜刀的手向我揮手。

每一天，我們晚上的課程都變得越來越漫長。波布似乎取代了安卡，成為權力的來源。我不知道這是為什麼或是如何發生的，我對於他除了大姊同志每天晚上在晚課時告訴我們的事以外一無所知。大姊同志說就是他讓紅色高棉取得了權力，他也將會讓柬埔寨重建過去的光輝。大姊同志喊他名字的時候聲音都會高昂起來，彷彿光是說出「波布」這幾個字就能讓她貼近他的權勢。自從紅色高棉佔領金邊之後，我就聽過波布，但我從來不知道他在安卡的地位究竟為何。

現在看來是安卡在為他效勞，我們所有人也都在為他效勞。每一天，我們都越來越常高喊他的名字，而不是安卡。在宣傳報告中，我們現在感謝的是波布，他是我們的救星和解放者，而不是安卡。似乎所有的成就功勞都是波布的，如果我們今年的大米豐收，那是波布的功勞；如果一個士兵很英勇善戰，那都是波布教的；如果一個士兵被殺了，那都是因為他沒有聆聽波布的忠告。每天晚上我們都歌頌讚揚波布和他的紅色高棉士兵擊退敵人的事蹟。

我們聽說了士兵勇猛的威力及超能力殺死越南佬的種種暴力殘酷的細節。越南佬很迷信，他們相信如果人的器官在死後沒有被埋葬在一起的話，靈魂就會永遠漫無目的地徘徊在人間，無法安息或轉世重生。我們的士兵知道這一點，都會砍掉越南佬的頭，將它們藏在樹叢中，或是扔進叢林裡讓它們無法被尋獲。他們告訴我們這些殘酷血腥的細節，直到我們也對暴力變得麻木。

在接下來的一個月裡，較年長的男孩和女孩一個個離開了營地，除了身上的衣服外什麼也沒帶走。他們都被派到戰場上去幫忙了，有些到其他營地去住，在那裡學習如何製作毒木樁，其他則跟隨著士兵當搬運工。身為搬運工，他們必須為士兵搬運補給品、糧食、醫療用品以及武器，而且經常被推上前線當砲灰。許多孩子因為被遷移到太多不同地點，他們的父母都不知道他們的去向。一旦離開了，很多人就再也沒有消息。

然後男孩們的營地全都關閉了。大姊同志說波布需要男孩們去住在深山裡，好讓他們能離其他士兵近一點，那裡有士兵可以保護他們。她告訴我們說波布最知道該怎麼做，不過她似乎依然對他們的離開感到憤怒。男孩們在這裡的最後一個晚上，當所有的孩子都睡了之後，我因為需要上廁所而起身。從樹叢中，我偷看到大姊同志和大哥同志一起坐在營火旁。他們坐在地上，肩碰著肩，輕聲說著話，但談話內容被營火的劈啪聲所掩蓋了。然後大姊同志將靠在男領導肩上的頭抬起，而他用手臂摟著她。她畢竟也只是個年輕女子，在世界上任何地方，這都是再尋常不過的景象。我心想，她為什麼可以有同伴，我們卻不被允許。當男孩們離開時，他們帶走了樂器。現在大姊同志依然要求女孩們繼續練習，希望男孩們很快又會回來，而我們全都可以再次跳舞。

不久之後，我們營地的人口就減少到只剩下四十個女孩，年齡從十歲到十三歲。現在輪到我們了，大姊同志這樣告訴我們，我們必須加緊訓練，履行對波布的職責。她把女孩們聚集在一起，指示我們圍成一圈坐下。「妳們是安卡的孩子。妳們之所以在這裡是因為妳們是最聰明、動作最快的。妳們勇敢無畏，而且不怕打仗。安卡需要妳們，因為妳們就是我們的未來。」她刻意放慢說話速度，讓我們充滿自豪。「很快地，妳們就會加入那些較年長的女孩們，和越南佬作戰，不過現在還有很多事是妳們必須學習的。」

大姊同志站起身來然後離開了，片刻之後，她抱著一大堆工具回來。當她把工具扔在我們面前時，它們發出了鏗鏘的響聲。她坐在我們面前說道：「妳們已經認識所有這些工具了。我們用它們來收割稻米、種植蔬菜以及建造房屋。但在戰士的手中，它們也是作戰的武器。圓鐮刀、鋤頭、耙子、榔頭、大彎刀、木棍以及步槍。」她伸出手拿起鐮刀將它舉起。「這尖銳的刀鋒可以砍掉敵人的頭。」她說道。「鐮刀的尖端可以刺穿一個人的頭顱。」我瞪大眼睛，這些畫面深深地烙印在我的腦海中，我的頭頂開始發麻。我看著其他孩子面無表情地認真聆聽著。「榔頭可以擊碎敵人的頭顱，大彎刀可以砍傷他們。當妳必須保護自己的時候，妳手上的任何東西都可以是武器。」大姊同志告訴我們。我茫然地看著她，聽著她的話，沒有露出任何情感，但內心對她的恨意越來越深。這些就是波布的手下用來對付受害者的武器，像爸那樣的受害者。我很快眨了幾次眼，試圖將那些畫面趕出腦海之外。

大姊同志從工具堆中拿起一把步槍，就是我過去曾經看過很多次，揹在高棉士兵背上的那種步槍。「我真希望我們能有多一點這類的武器，但它們很貴，它們的彈藥也很貴，所以我們沒有太多步槍可以浪費。步槍很容易發射，任何人都可以學會——連小孩子都能學會開槍。」她把我從圍成一圈的四十個女孩當中叫出來。「這是一種揹法。」她說道，一邊將步槍放在我肩上，槍托深深抵著我的胸口。它沉重地壓在我肩上，重量大約是我體重的五分之一。大姊同志接著又指示我將一隻手臂跨越它上方，用手臂平衡它的重量。我雖然能輕鬆做到，但那違背我的意願。然後她又拿起步槍，把揹帶跨在我肩上。步槍垂在我背上，距離地面約三十公分，槍托微微在我小腿邊晃動。「顯然地，對莎瑞娜來說這樣揹太長了。」大姊同志說道。

我目不轉睛地盯著它，明白這就是讓金流血、重擊他頭顱的那種武器。我的手微微顫抖著，但我穩住手，緊抓著槍把，直到指節都發白了。「妳的左手必須伸長，把步槍握穩保持平衡。妳用右手瞄準然後扣上扳機。妳看，很簡單吧！」大姊同志的聲音聽起來既熱切又歡欣，但我絲毫無法感受相同的喜悅或熱情，只有對她和波布的恨意。「當子彈從步槍裡發射出來時，它們是直線射出的。很多士兵說如果用Z字形跑開就可以避免被子彈擊中。」她一個個把孩子們叫到前面，教我們如何握槍。在上完第一課之後，大姊同志向我們保證以後還會有更多堂這樣的課。

白天的時候，沒有人能夠傷害我。但到了晚上，當我墜入夢鄉時，我擠在四十個女孩當中，沒有珠在身邊，我的思緒就會漫遊，夢著我的家人，令我無法入睡。到了早上，我的頭會抽痛，整個人精神不濟。我不能讓這個弱點掌控我，或是讓它滲入我的心靈。如果那發生了，我知道我一定會死，因為弱者是無法在柬埔寨存活下去的。

當我沒有夢到家人的那些夜晚，我會做惡夢，夢見有東西或有人要殺我。夢的開頭每次都一樣——天空是黑色的，傳來季風風暴的雷響。我蹲在一個樹叢中，汗水滑落額頭，刺痛著眼睛，我顫抖著將膝蓋更貼近胸口。當我聽到周遭傳來的沙沙聲時和腳步聲時，我屏住呼吸。我本能地知道有東西在追趕我，它在附近的樹叢裡找我，想要殺我。

兩隻巨手把樹葉分開找到了我。當我看到是什麼東西站在我面前時，我嚇得全身動彈不得。那是一隻半人半獸的生物。牠停在我頭頂上方，黑炭般的眼睛從眼窩中凸出來，巨大、扁平的鼻孔從那張毛茸茸的肥臉上噴氣。恐懼席捲著我，我注意到牠手中拿著一把大彎刀，在月光下邪惡地閃閃發光。當怪獸彎下身來抓我時，我拔腿跑開，從牠的雙腿之間逃脫。牠轉過身用大彎刀朝我砍來，差點就劃過我的腿。我一邊跑一邊聽見刀鋒離我越來越近，揮砍著我周遭的樹叢。我跑得越快，牠也追得越緊，一直把我追到一個角落。

然後叢林朝我逼近，形成了厚厚的牆。我根本無處可逃。怪獸把大彎刀舉到牠頭頂上方，直接對準了我。現在的我感到厭惡無比，我厭倦了被追趕，也厭倦了逃跑。我的血液因憤怒而沸騰，用身體朝牠衝撞過去，將牠撞得失去平衡。牠扔下了大彎刀，我再次用身體撞牠，牠墜倒在地。我站起身來一把抓起大彎刀，時間靜止了，我砍下牠的手。牠的殘肢把鮮血噴得我滿身都是，但我不在乎。一次又一次，我舉起大彎刀將牠的身體砍成碎片，直到牠一動也不動地躺在那裡死去。到了早上，我醒來時全身都是汗水，同時充滿恐懼，卻又因惡夢而感到堅強，因為最後勝利者是我。

那些夢永遠都是一樣的，只是角色會改變。「敵人」可能是一個紅色高棉士兵或是一隻野獸、一個怪獸或是一個像鬼一樣的人獸，拿著刀、槍、斧頭或大彎刀在追殺我。永遠都有一番打鬥，直到我取得武器的控制權，在敵人能殺我之前把對方殺了。在最後，我，那個原本被追殺的人，轉而成為獵殺者。

每天晚上，在我們能夠上床睡覺前，大姊同志會把我們聚集在茅屋中，聽一個小時的宣傳報告。她點燃一根蠟燭拿在手中，橘色的燭光照亮了她的臉，我們其他人則在黑暗中。在一次會議上，我倚靠著稻草牆緩緩地睡著了，突然間，一個宏亮的尖叫聲把我嚇醒。我的心砰砰跳著，心想尖叫的人該不會是我吧？但後來我看到女孩們都緊緊圍繞在大姊同志身邊。

「怎麼了？」大姊同志問那個尖叫的女孩。

「我感覺到⋯⋯一隻大手。我靠在牆上，一隻手從稻草中伸出來抓住了我的手臂，然後是我的喉嚨。而且又濕又冷。我知道那是越南佬來抓我們了。」那個女孩的嘴唇顫抖著，她的臉色在光線下顯得蠟黃，看起來就像幽靈。大姊同志轉頭要那些較年長的女孩過去看看。

「把槍帶著——確保槍裡面有子彈。看到任何會動的東西就開槍。」那些較年長的女孩離開後，大家又聚集在房間正中央，面對著牆壁。越南佬攻擊、殺害我們的畫面浮現在我腦海中，令我感到恐懼不已。在金邊的時候，爸曾經告訴過我說越南佬就和我們一樣，只是皮膚比較白，鼻子比較小。然而，大姊同志所描述的越南佬卻是野蠻人，一心想要佔領我們的國家和統治我們的人民。我不知道該相信誰。我對這個營地之外的世界一無所知，只知道大姊同志所描述的。我坐在黑暗中，發現自己開始相信她所說的關於敵人的事。

幾分鐘後，女孩們回來了，報告說無論之前外面有什麼，現在都已經不在了。在月光下，她們看到營地附近有大型的腳印。「越南佬在攻擊我們。」大姊同志告訴我們。她的手將步槍緊緊抓在胸前。「等到他們佔領城鎮後，就會潛入並把監獄裡的人都放出來。越南佬會四處強姦女孩、掠奪城鎮，而那些反波布的犯人和越南佬是一夥的。我們必須保護自己。」大姊同志訂下了一個新政策，從現在開始，我們必須輪流在夜晚看守我們的營地。

當一隻手用力搖著我的肩膀時，我正在熟睡。「醒醒，輪到妳守夜了。」一個聲音從黑暗中對我說道。我不悅地坐起身來，揉著惺忪的睡眼。她把步槍放在我手中，步槍很重。我把它抱在胸前，因為我的手指不夠長，無法握住槍把。我走到門口坐下。

天空黑暗而無雲，讓月光能夠照耀大地，萬物看起來都帶著一抹詭異的銀光。冷風輕輕地吹著。除了蟋蟀之外，一切都很寂靜。我雖然和四十個人同住，但我在這個世界上卻是孤獨的。孩子們之間沒有同志情誼，沒有深厚的友誼，沒有患難見真情。我們活在一個彼此對立的世界，為波布監視著彼此，希望能贏得大姊同志的歡心。大姊同志說波布愛我，但我知道他不愛。或許他愛其他孩子，那些有著未受污染的父母、未經腐敗的基地孩子。我是假造身份並且說謊才來到這個營地的。他們以為我是他們的一份子，一個純潔的基地孩子。

我從來沒有見過波布本人，也沒有看過他的照片。我對他了解不多，也不知道他為什麼殺了爸。我不知道他為什麼這麼恨我。到了夜晚，當我放下防禦心時，我的思緒就會從一個家人飛到另一個家人身上。我想著媽、琪、珠以及我的哥哥們。當玉的臉浮現在我腦海中時，我的喉嚨都會一陣緊繃。「不，」我告訴自己，「我必須堅強。沒有時間軟弱。」但我好想爸，想到連呼吸都會痛。自從我最後一次握著他的手、看見他的臉、感受到他的愛，已經過了一年。

夜晚的天空在我眼前越來越黑暗。「噢，爸。」我輕聲對著空氣說道。彷佛在回答我，高大的草叢中發出吵雜的沙沙聲。我屏住呼吸環視營地四周，我知道我沒聽錯！我的心跳加速。外面的一切都在朝我逼近，樹幹彷彿在呼吸一般地收縮，樹枝抖動著，然後變成了手，草也像浪潮般搖擺，朝我襲來。它們全都衝著我們而來！我的手指扣著扳機，子彈也到處亂射！步槍往後彈，用力撞擊著我的肋骨。「我要殺了他們！我要殺了他們！」我尖叫道。

然後一隻手把步槍從我手中奪走，另一隻手則拍打著我的臉。我睜大眼睛，舉起雙臂抵擋下一波的襲擊。

「醒醒！」大姊同志對我大吼道。「外面根本什麼也沒有！我們不能浪費子彈！」她再次舉起手來，我畏縮一下，然後她又決定不打我了。

「可是大姊同志，妳說過——」我小聲懇求道。

「我說當妳看到真實的東西再開槍，不是看到鬼。」大姊同志打斷了我的話，那些女孩們爆笑出來。

「還有沒有身體的女巫。」當她們走回去睡覺時，一個聲音對我喊道。

很多人說沒有身體的女巫只是傳說，她白天時是普通人，到了晚上就變成女巫。想要判斷一個人是不是沒有身體的女巫，只能從她脖子上的深層皺紋來分辨。到了晚上，當這些女巫睡覺時，她們的頭會和身體分離。她們拖著腸子，飛到充滿血腥死亡之地。那些頭飛得很快，從來沒有人看清楚她們的臉龐，只有閃亮的紅眼睛，有時會看見頭和腸子的陰影。一旦找到了死屍，沒有身體的女巫就會整晚依偎在屍體旁。她們的舌頭會舔拭著血、吃著肉，她們的內臟會在身旁扭曲蠕動。

那天晚上，我把槍緊緊抱在胸前，我的手指放在扳機上，一下子瞄準看到的越南佬，一下子又對準天空中的女巫。

以金換雞　一九七七年十一月

自從我離開洛粒村已經過了七個月。我一邊扣著新黑色上衣的鈕扣，手指一邊顫抖著。我想要用新衣服給媽一個好印象。我真希望我有一面鏡子，但這裡沒有那種東西。這裡也沒有梳子，所以我用手指梳過油膩的頭髮，將它撫平。我緊張地走出營地的大院。再過幾個小時，我就能看到媽了。

對越南佬的恐慌現在已經過去了，營區裡一切又恢復了平靜。每隔幾個月，大姊同志就會允許所有的孩子們放一天假休息，很多人都會趁機回去看看家人。我走得離洛粒村越近，呼吸就變得越急促。由於大姊同志以為我是孤兒，所以我說我要去看珠，但其實我是要去看媽。媽不知道我要來，她很可能不在家。她告訴過我不要回去，如果她不想見我或不肯見我怎麼辦？

走在當初我和珠離開洛粒村的同一條小徑上，我踏著輕快的步伐朝村子走去。這裡的環境和我上次見到的時候似乎沒有太大的改變。紅土小路蜿蜒地消失在小山丘後方，被高大的柚木樹所庇蔭。我離開的時候還是個膽小的孩子，哭著懇求媽讓我留下。雖然我試圖堅強，但其實我很軟弱，不知道能如何在沒有媽的保護下捍衛自己，但我已經不再是那個膽小的孩子了。我現在唯一的恐懼是媽見到我會不開心，她用手打我屁股、要我離開洛粒村的記憶依然令我心痛。在今天的路上，那些樹看起來似乎更小了，也比較不令人感到害怕，而且這條路是有盡頭、有終點的。

最後，我終於看見村莊了。它看起來很熟悉，但也變了。我穿越過荒廢無人、安靜無聲的鎮上廣場，面對著一排排的茅屋。我的肺開始急促地收縮起來，回想起我們剛到村莊時爸將我從卡車上抱下來的景象。我把他的臉長存在腦海中，他溫暖的雙眸呼喚著我，他的手臂摟著我、保護著我，雖然當時有一個基地人士正在對他吐口水。我深吸一口氣，逼自己走向我們的茅屋。就像走在一座鬼城中一樣，我的眼前浮現琪告訴爸她會活下來、金紅腫的臉頰、我的手伸進裝米的容器中、蚯蚓在碗中蠕動的景象。當我緩緩爬上我們家茅屋的階梯時，回憶像影子般縈繞在我心頭，緊跟著我不放。媽不在那裡。我拖著步伐朝村裡的菜園走去，雙膝疼痛不已。

然後我看見她們了。她們背對著我，媽蹲在菜園中拔著雜草，她黑色的睡衣褲已經褪色成灰色。日正當中的太陽酷曬在她身上，但她依然繼續幹著活。我挺直了背，目光瞥向坐在一棵樹下看著媽的玉。她看起來依然這麼嬌小，這麼瘦弱。她的頭髮長出來了，可是還是很細。她已經快五歲了，但看起來比我在那個年紀時要小得多。媽對她說了句話，然後她發出一個微弱的笑聲。我的心激動地跳了一下。她們有彼此可以作伴，她們永遠都會有彼此可以作伴。

「媽。」我大聲喊道。她的背一僵。她緩緩地轉過頭，在陽光下瞇起了眼睛。她花了幾秒鐘的時間才認出我，然後她很快站起身朝我跑來。她一邊用手摸著我的全身，我的頭、我的肩膀、我的臉，彷彿想確認我是真實的，淚水也滑落了她的面頰。

「妳在這裡做什麼？如果被逮到怎麼辦？」

「媽，沒事的。我有假單。」

她拿起假單很快讀了一遍。那只是一張紙，上面寫著我可以離開營地，並沒有提及目的地。

「好吧，妳在這裡陪玉，我拿這個去給村長看，請他給我一點休息時間。」在我來得及開口之前，她就已經離開了，留下我獨自站在那裡，而我已經開始思念她了。我感覺到一隻手輕輕地拉著我的小指頭，然後我看到玉抬起頭看著我，睜著一雙濕潤的大眼。她的身高連我的胸口都不到。雖然她已經五歲，但我總是把她當小嬰兒看。或許是因為她很虛弱，而且也不會爭執吧？我微笑著對她伸出手。我們一起走向樹蔭下等媽回來。

坐在樹下，我依然握著玉的手。她的手在我掌心中感覺好小，被陽光曬得黝黑，指甲下方和指節周圍的皺摺處都有黑色泥土，她的指甲看起來很脆弱。我繼續盯著她的手，不敢看她的臉，擔心在她眼中看到我的罪惡感。我不知道該對她說什麼。她一向就不是個多話的孩子，她是個善良溫順的孩子，我才是脾氣暴躁那一個。我傾身用手臂摟著她小小的肩膀，將臉頰輕輕地貼在她頭上。她沒有動，也沒有掙脫，只是讓我這樣抱著她。

媽拿著一碗飯回來了，也得到允許，可以休息幾個小時。「已經過了午飯時間，但我從村長那裡幫妳拿到這個。」

我把碗接過來，我們開始往茅屋走去。

「村長讓妳休息了？」

「只有幾個小時。他不是個壞人。」

「媽，玉看起來還是體弱多病。」我們進屋後我這樣說道。

「我知道，我非常擔心她。我怕她已經不會再長大了。我們現在雖然有很多米，但過去那段日子幾乎是完全沒有飯吃的。」

罪惡感啃食著我的內心。

「她需要吃肉。」媽繼續說道。「上個星期，我試著用我的一對紅寶石耳環去換一隻小雞……」她露出哀傷的眼神一邊告訴我事情經過。

已經是黃昏了，天空一片豔紅，夜晚即將降臨。那一天，當她和玉吃完了她們的白飯和魚之後，媽走到在一小堆衣服下方的藏匿處，拿出一件爸的舊襯衫。她從口袋中拿出一對紅寶石耳環。她想起了金邊，那個曾經讓她能夠收藏昂貴骨董珠寶的地方，不禁又悲從中來。她搖搖頭，彷彿要趕走回憶。現在沒有時間去想那些，她必須趁天黑之前趕快出發。她告訴玉她很快就會回來，然後就匆忙離開了。

她走了二十分鐘的路前往附近一個村子，但她的身體感到越來越虛弱，每一個步伐都讓她的關節疼痛不已。她很不想留下玉一個人，她知道每次她離開，玉都會哭著找她，即使只是短短幾分鐘。她可憐的寶貝女兒。「勝嚴，」她輕聲喊著爸：「我好累。我已經三十九歲，而且越來越老了，不但老得很快，而且很孤單。還記得嗎？我們應該要一起變老的。勝嚴，我已經太老了，沒辦法再繼續過這樣的日子了。」一想到爸令她熱淚盈眶。她知道這是沒有用的，但她依然會跟他說話。

媽朝村子走去。她心跳加快，血液竄流得太快，令她感到暈眩。「表現得平常一點。」她心想。「別讓他們起疑心。」如果他們知道她來這裡的目的，如果她被逮到，那可就有大麻煩了。一想到他們可能會如何處置她，就令她打個寒顫。爸曾經在村裡和基地人士交易換得白米和其他穀物，但媽想要換肉來餵玉，其他女人都再三向她保證這種交易是完全謹慎安全的。她緩緩地走向村裡。沒有人攔下她問她問題。如果有人問的話，她會說她是來拜訪朋友的。當她看到那間房子時，頓時鬆了一口氣。裡面住著一個女人，她在養雞場工作。村裡的其他女人告訴媽說，這個女人曾經為她們偷過雞來交換珠寶。她們鉅細靡遺地描述了這個女人的長相和她的茅屋，所以媽很容易就認出來了。她走過去喊道：「晚安，姊妹同志。妳的朋友來看妳了。」那個女人往屋外一看，雖然她並不認識媽，但還是招呼她進去了。

一旦安全進了屋內，媽就小聲對她說：「姊妹同志，我是來請求妳幫忙的。有人告訴我說妳在養雞場工作。我有一個小女兒生病了，她需要吃肉。求求妳，姊妹同志，請幫幫我。」媽打開她的布巾，給那個女人看耳環。「如果妳能幫我的話，我就把這個給妳。」

「是的，是的，我可以給妳一隻小雞，但現在不行。妳必須明天回來。明天同一個時間回來吧。」說完後，她就匆匆把媽打發走了。

第二天晚上，媽又帶著耳環回到那村裡。今晚，她的腳步很輕快，臉上帶著一抹微笑，因為她想到終於可以給玉吃雞肉了。媽甚至不記得上一回她和玉有肉吃是什麼時候。媽走到那間屋子，那個女人招呼她進去。媽一坐在那個女人對面，就發覺那個女人很緊張不安。然後媽聽到身後傳來的腳步聲，那是從屋內一個陰暗角落走出來的。她的心猛然一抽，恐懼席捲著全身，一邊站起身來。「發生什麼事了？」她勉強對那個女人輕聲說道。

一個男人從陰暗處走出來，擋住了她的去路。「求求你，同志，我有一個女兒——」

他的手用力往下擊中了媽的臉。

媽用手遮住臉，眨著眼強忍住淚水。

「把耳環給我。」那個男人命令道。媽用顫抖的手伸進口袋中找到耳環，然後放在他敞開的掌心中。

「把妳所有的東西都給我。」他命令她。

「同志，請原諒我，但我真的沒有別的東西了。這是我全部的——」她的聲音顫抖著。他手握成拳，朝她的腹部猛擊。媽彎下身跪在地上，他的腳踢著她的大腿，然後又猛踢著她的身體。現在她躺在地上，痛苦地喘息著。

「求求你，同志，」她懇求道，一邊想著玉，「饒了我吧，我還有一個生病的小女兒。」

他的腳用力踩著她的腹部。她眼冒金星，感覺自己的五臟六腑彷彿都被翻了出來。她上氣不接下氣地喘息著，他用手把她拉起，將她拖到門口，把她從台階上推下去。

「永遠不要再回來了！」他對她吼道。她的膝蓋在台階上突然疲軟。她摔了下去，身體撞到台階上，摔落在泥土地上，她趕緊爬起身來跑走了。

我們回到洛粒村後，媽掀起她的上衣，給我看那個男人毆打她的傷痕。那些傷勢看起來很痛。她突出的肋骨上是一整片的瘀青。她掀起裙子，讓我看她白皙大腿上的一塊塊紅色和瘀青的傷痕。看著她的臉，我頓時感到一股怒火中燒。想到一個陌生人這樣毆打我媽，就令我心生無比的憎恨。而這居然是為了一隻雞！

「媽，我想殺了他！」我告訴她。

「噓……別說傻話。」她噓聲對我說道。「不要說得這麼大聲，否則我們會惹上麻煩的。我能活著已經是大幸了。我很難過玉沒能吃到肉。」

玉聽到自己的名字，走到媽身邊，坐在她的大腿上。媽摸著她的頭髮，吻著她的頭頂。

「從今以後我得小心點。」媽繼續說道。「如果我出了什麼事，我擔心有誰能照顧玉。」

媽盯著玉然後嘆口氣。她最大的擔憂是自己的孩子生病卻無法得到應得的照料。我看著玉，她安靜地窩在媽的懷中。那時我才恍然大悟，她根本沒有足夠的語言能力可以抱怨她的飢餓。一個五歲的孩子要如何告訴我們她的肚子痛、她的心為爸而痛，以及她對琪的記憶逐漸在消失。我知道她也會心痛，也會感覺到疼痛。她在睡夢中沒有扭動哭泣的情況很少見。她的目光茫然。「我真的很抱歉。」我用眼神對她說道。「我很抱歉我不像家中其他人那麼好。」

「珠在幾個星期前來看過我們。」媽說。「現在她每兩個月就能拿到一次假單。她說之前那個大姊同志被士兵帶走了，新來的這個人很好。她告訴新來的大姊同志說她有一個小妹妹在這個營地，和另一戶人家住在一起。因為她是廚子，所以總有辦法從廚房偷弄到一些米飯，然後在太陽下曬乾。上次她來的時候帶了很多吃的給我們。」媽的聲音慢慢變弱，我則因羞愧而畏縮了一下。我已經聽不下去了。我什麼都沒有帶給媽和玉，聽到我的家人願意為彼此犧牲的程度令我感到痛苦不堪。如果珠被逮到偷拿食物的話，她會受到嚴厲的懲罰，但她還是冒險了。金為我們偷了玉米而受到毒打，媽為了試圖弄一點雞肉給玉吃而被攻擊，我卻什麼也沒做。

我看著玉，強忍住我的哀傷。我們住在金邊的時候，她是如此美麗，是大家的寵兒。她棕色的大眼睛總是炯炯有神，有著世界上最粉嫩、胖嘟嘟的臉頰，沒有人能夠忍住不去摸她。現在她已經毫無血色，臉頰凹陷而空洞，眼中總是露出哀傷和飢餓的神情。我曾偷過她的食物，而現在我也正任由她餓死。

「自從你們離開後發生了很多事。」媽的聲音把我拉回現實中，我的目光依然停留在玉身上。她已經不再說話了。她很瘦，瘦到就像在被自己的身體吞噬。她的皮膚是蠟黃色的，牙齒已經腐爛或掉落。但她依然很美，因為她是善良純潔的。看著她讓我內心覺得很想死。

當夕陽西下沉落茅屋後方時，也就是我該離開的時候了。營地離這裡有幾個小時的路程，我得在天黑之前趕回去。媽和玉走到馬路上為我送行。玉抱著媽的大腿，媽將我摟在懷中，她身上聞起來有酸腐的體臭味和土味。我的手尷尬地垂落在身側，從她的胸前抬起頭，將我自己推開。

「我不是小孩子了。」我喃喃說道，試圖露出微笑。

媽點點頭，紅著眼，淚珠在眼眶中打轉。我彎下身，將手放在玉的頭上。她的頭髮摸起來很細很軟。我輕輕地撫平她翹起來的髮絲。然後我很快地轉身離開。她們兩人都在哭。我離開的時候，完全不知道自己何時才能再見到她們。雖然我渴望和她們在一起，但和她們在一起也勾起了太多關於家人、琪和爸的回憶。

最後的相聚 一九七八年五月

糧食充足的日子沒有維持太久。我們的糧食配給又再一次地被縮減了，很多人也生病了。我的肚子和雙腳都是腫的，全身其他部位則是皮包骨。每天早上走去稻田的路上，我都氣喘吁吁。我的體重掉了好多，感覺關節都在摩擦，令我全身疼痛不已。在稻田裡，我的頭抽痛著，很難專注於手邊的工作。到了午飯時間，我似乎連把水蛭從腳趾上拔開的力氣都沒有了。因為疲憊不堪，我只能讓水蛭吸著我的血，直到一天結束時才把牠們移除。

每天早上我的臉都會變得更腫一些，臉頰更加圓滾，眼皮也更腫。我每天醒來後都會覺得越來越無力，我的手臂、手指、腹部、雙腳和腳趾都覺得更沉重，直到我已經無法再接受訓練或幹活。

「大姊同志。」我勉強擠出這些話：「我可以拿張假單去醫院嗎?我的肚子很痛。」

她不耐煩地嘆口氣。「妳真的很弱，妳必須學著強壯一點。」她斥責我，然後離開，留下我低著頭站在大太陽下。我暗自咒罵自己的年幼體弱。當我轉身準備走回茅屋時，她叫住了我。

「妳要去哪裡，妳這個蠢女孩？」大姊同志把一張紙塞在我手中。「到醫院去，好了就回來。我要讓妳退出舞蹈部隊了！」我鬆了一口氣地謝謝她。

醫院距離營地需要走好幾個小時的路。我手上拿著假單，朝醫院的方向走去。太陽越爬越高，來到樹林上方，將我周遭的一切都曬得炎熱不堪。我走向路邊一個淺池塘蹲下身子，溫暖柔軟的泥漿流入我的腳趾之間，舒緩了我疼痛的關節。我往更深處水較清澈的地方走去，但每次我一動，我的腳都會把水弄得又黃又濁。我站在那裡，直到沉澱物沉到水底，然後用手舀起水。雖然水嚥下喉嚨的感覺溫暖又舒緩，但嚐起來卻有爛草的味道。

我繼續往前走，直到水深及我的胸口。我緩緩地將臉埋入水中，雙臂漂浮在水面上。我的上半身輕而易舉地漂在水中，然後我抬起踩在水底的雙腳。在水中，我砰砰的心跳聲顯得更為響亮，律動的聲音聽起來雖然沒有異樣，但我的心卻感覺無比空洞。聽著自己的心跳，我的腦海中浮現了媽和玉的身影。四月和新年都已經過去，所以現在我們又大了一歲。玉已經六歲了，比三年前紅色高棉取得我們國家政權時的我又更大一歲。自從我回洛粒村，媽給我看她的傷勢那次之後，六個月又過去了。自從我把手從珠的手中強硬抽開，已經過了九個月。自從我對金說再見，已經過了十二個月。自從士兵把爸帶走，已經過了十七個月。而就在二十一個月之前，琪——我阻止自己繼續數著更多日子。記得我上次看見他們是什麼時候已經沒有意義了，這麼做也不會讓他們回到我身邊。然而在我的世界中，有太多事是我無法理解的，數日子是我唯一能夠頭腦清楚地做到的事。

當我覺得涼快一點之後，我抬起頭，看到遠處有一小塊棉花田，我走出水中朝那裡走去。棉花和我的胸部一樣高，又白又蓬鬆柔軟，就像雲朵一樣，但可以觸碰得到。我摘下一朵棉花球將它打開。在那朵蓬鬆的雲中央，有一團像黑胡椒一樣的種子。我曾聽說過那是可以吃的，但我還是猶豫了一下才把它放進口中。我用舌頭舔著種子——它們很硬，而且沒什麼味道。我試探性地用牙齒將殼咬開，品嚐著裡面那柔軟、多油的肉。種子帶著些許的甜味，撫慰了我咕嚕咕嚕叫的肚子。我很快把剩餘的種子也倒在手上，環視四周察看是否有守衛之後，我用最快的速度將種子塞入口中。然後我又蒐集了好幾把，放進我的口袋中。

上午都過一半了，我才抵達醫院，那是一座廢棄的水泥倉庫，有著快倒榻的發黴牆壁和開放空間的病房。這裡沒有電，所以除了有陽光從玻璃窗照射進來的地方之外都很暗。空氣中瀰漫著一股藥用酒精和發臭肉體的味道。約兩百個病患並排躺在地上的草蓆或行軍床上，他們的哭叫聲在冰冷的石牆間迴盪。他們一動也不動地躺著，有些腹脹得很厲害，有些則是皮包骨，全都在死亡邊緣徘徊。有些人已經病得連起身上廁所都沒有辦法，而這裡也沒有足夠的護士能幫助他們，於是他們只能躺在自己的排泄物中。

琪的臉閃過我的腦海中，令我喘息，卻因為撲鼻而來的死亡惡臭而咳嗽起來。琪就是躺在這樣的行軍床上，全身沾滿了尿液和穢物。有些人到這家醫院來是希望能被治癒，但許多人卻是被扔在這裡，因為他們太過虛弱無法幹活，在波布眼中已經是廢物。那些無法再工作的人是來這裡等死的。一陣冷空氣吹拂過來，微微地刺痛著我的皮膚，而我想像著琪拖著步伐獨自走到這裡，死在一千個陌生人當中。在臨時醫院裡，在這種汙穢發黃的行軍床上，許多病患根本看不到明天升起的太陽。

我強迫自己轉移注意力，試圖甩掉對這些病患的憐憫之情。我在昏黃的光線下專注地看著自己的手，它看起來既粗短又蒼白，就像五條連在手掌上的白色肥蟲。當我移動手指時，它們會扭動著，我開始幻想它們會和我的手掌分離並爬走，我也同樣地扭動腳趾。但病患的呻吟聲又將我拉回現實中。琪一定就是這樣死的，既孤單又害怕。我也會這樣死在我不認識的人群中嗎？

當我幻想時，突然聽到媽喊我的聲音：「良！妳要去哪裡？快到我們這裡來！」我驚醒過來，一邊喘息著。這是我的幻覺嗎？我瘋了嗎？「媽？」我小聲說道。我的心因希望而雀躍，但我壓抑了下來。「媽？」我激動地哭喊著。「在這裡！」我聽見珠、玉還有金的聲音！我抗拒著腫大的眼皮，用力將自己的眼睛睜大，在人海中搜尋他們的聲音是從哪裡來的。

在室內的一角，我看到興奮地在空中揮動的手。我看到媽、玉和孟的臉，珠和金笑顏逐開地朝著我跑來。除了貴，我們全家人都在這裡！我簡直無法相信我的眼睛。我看著他們笑容滿面的臉龐，珠幾乎無法掩住笑意，玉一臉困惑地看著我，而媽在哭泣。

「傻女孩。」媽對我大聲說道。「妳差點就從我們旁邊走過去了。」

「我好高興你們在這裡！我很害怕自己一個人在這裡！」

「這是這一帶唯一一家醫院！」媽回答道。她拍拍身旁的地面，示意我過去坐下。我的雙膝一軟，跌入了媽的懷中。我睜大了眼睛，緊抓著她的衣袖，我的兄弟姐妹則尷尬地在一旁看著。「現在我們團聚了，我們團聚了。」她的聲音因為埋在我髮中而不太清楚。看著我兄弟姊妹的臉，我不再害怕我會孤獨地死在這裡。

媽放開我之後，玉爬過來坐在我們之間。媽告訴我，她和玉是在五天前因為肚子痛而到這裡來的。我的兄姊們和我一樣是各自過來的，而我們很幸運能夠在這裡找到彼此。媽說珠是第二個到的，然後是金和孟，他們是昨天才到的。除了貴，每個人都在這裡！

我們在醫院裡慵懶地和彼此聊著許多事情，但我們絕口不提琪或爸。雖然家中沒有人明確地說不能在談話中提到他們，但我們全都有這份默契。我們每個人都將對他們的回憶安全地鎖在各自心中。因此，我們都向媽報告自己的近況。珠告訴我們，她很高興自己是營地中僅有的兩個廚子之一。她說其他女孩都很好。由於她負責供應食物，因此她能夠每樣東西都各偷一點帶去給媽。當那些女孩讓她生氣的時候，她就會在她們的食物裡吐口水報復。在男孩營地的金，日日夜夜都在田裡種植和收割稻米。金的營地和珠還有我的很像，所有的孩子都一起睡在一間大茅屋中。每天晚上，他也必須去珠和我得參加的那種宣傳會議。孟告訴我們，在他生病之前，他和貴都一直在將一袋袋的大米搬上卡車，傳言說那些都是要運往中國的。他說他依然和貴還有貴的妻子蓮住在一起。儘管我和珠很好奇，但我們從來沒有問過孟關於她的事。被紅色高棉政權統治三年後，我們都已經學到，有些事還是不要過問比較好。

雖然我們不需要幹活，但我們還是分發到一份米飯和鹽，有時還有魚。我所得到的份量和我工作的時候得到的差不多。不過從我們油亮的臉和擁腫的身體看來，我們發覺其實我們的症狀都很相似：腹痛、極度疲勞、腹瀉以及關節疼痛。在諸多討論之後，我們的結論是與其說我們病了，倒不如說我們是因為飢餓過度而體弱。早上一起床還有晚餐之後，護士就會走過來把水倒進光滑的椰子殼碗中，然後他們會把一小塊白色的方形結晶物放在我的掌心中，叫我吃下去。我把那個小方塊放在舌頭上，感覺到它融化。當我發覺那是糖的時候，我的臉上露出了笑容！把糖當藥吃——我打算盡可能待在醫院越久越好。

雖然每天都會分配到「藥」，但我還是很餓。雖然我連走路都有困難，但我必須去找吃的。我在樹叢中找青蛙、蟋蟀、蚱蜢或是任何可以拿來吃的東西。但我是個笨手笨腳的獵人，因為病懨懨的，所以動作太慢了。有一天下午，當我走回醫院的路上，我看到一個老婦人身邊有一個飯糰，但她沒有注意看。我很快伸出手把它拿走放進口袋中。我的心跳加速，趁沒有人注意趕緊加快腳步離開。

當我獨自走到營地外後，我就因為自己的行為而感到羞愧不已。那個拳頭大小的飯糰沉重地放在我的口袋中，而那個老婦人的臉龐浮現在我腦海中。她的灰髮油膩膩地貼著頭顱，黑色衣服下方的胸腔也因呼吸急促而收縮。她的眼皮半閉著，露出了眼白。照顧她的人回來之後會發現她的飯糰已經不見了，他們也不會有其他東西能夠給她。反正他們知道她會死，很可能會放棄她。我拿走了她的食物，等於是殺了她的幫兇，但我不能把飯糰還給她。我把飯糰拿到唇邊，鹹鹹的淚水流入了我的喉嚨。我一邊吞下又乾又硬的飯，同時等於斷了老婦人的生路。

拖著沉重的步伐，我走回去找我的家人。他們都靜靜地坐在那裡，因為能夠團聚而開心。我陰鬱地坐在媽身邊，用雙手抓了抓頭。我油膩的頭髮都已經打結，頭非常癢。我們的衣衫襤褸，而且已經好幾個星期都沒洗過澡了。井水是保留給護士們使用的，而我們洗澡的溪流則離這裡很遠。

「過來。」媽把手伸向我的頭，把我的頭髮分開。「我來幫妳弄。」她把手伸進她的袋子裡，拿出一把專門梳頭蝨的梳子。她坐在我對面，打開她紅白相間的頭巾攤在地上。她輕輕地把我的頭往下按，讓我看著頭巾，然後用那把梳齒細密的棕色梳子替我梳頭。我的頭皮因為被拉扯而疼痛，不過當我看到那些六隻腳的蟲子從我的頭髮掉到布巾上時，就感覺一切都是值得的。牠們在布巾上快步爬行試圖逃脫，但卻都被我們的拇指指甲捏死了。鮮血從牠們的身體裡噴出來，同時發出一個小小的劈啪聲。珠和玉笑了起來，加入了殺戮的行列。一個接一個，媽梳了我們的頭，幫我們把頭蝨都處理掉了。我們就這樣過著日子，坐在一起，聊天、歡笑，再次享受彼此的愛。

有一天晚上，我夢到了琪。她很美，很年輕，而且興高采烈。我的夢一開始很祥和。我和她單獨在某個地方，一邊走路一邊說話。我對她伸出手，但突然停了下來，因為她的容貌改變了。在我眼前的她依然繼續說著話，然而她開始變得越來越瘦。她的皮膚變得蠟黃、衰老，鬆垮地包著她的骨頭。然後她臉上的皮膚開始融化，變得透明，暴露出了她那雙大眼睛的眼窩以及下方的骷顱骨。我想要跑走，但我也想要留下來。她的嘴唇依然在動，然後她說：「我沒事，我不是妳看到的這樣。」我愛她，真的好想和她在一起，想知道她現在在哪裡，好能夠去見她。我不明白她在說什麼。然後我尖叫著醒來。我堅決想要活下去。於是第二天早上，我強迫自己在醫院周圍尋找可以偷的食物，來填飽我的肚子。

我盡可能讓自己在醫院住久一點，有了方糖和食物，加上不用幹活可以休息，我的身體漸漸變得強壯起來。一個星期之後，由於醫院變得過於擁擠，於是護士叫我們離開。起初他們先把孟踢了出去，然後是金，接著是我。哭鬧、發牢騷、說謊我都試過了，但最後還是被迫離開了。我一邊離開，卻打破了自己的臨別習慣，回過頭去看站在門口哭泣的媽、珠和玉。回頭是個錯誤，因為我的身體非常渴望能夠跑回她們身邊，不要和她們分離。我深吸一口氣，挺直了肩膀，步伐堅定地離開，心想不知道我是否還能再見到她們。

坍塌之牆 一九七八年十一月

自從我們家人在醫院團聚之後又過了六個月。回到營地後，我的生活又恢復了以往。糧食配給又開始增加，因此我變得更強壯一些了。我們不再需要在田裡工作，所有時間都花在練習打仗上，因為有傳言說越南佬已經入侵了我們的邊境。白天，我們會用那些營區裡本來就有的鐮刀、鋤頭、刀子、耙子和槍進行訓練。大多數的訓練都是重複同樣的動作，但大姊同志堅持，唯有我們的動作能夠達到在無意識之下也能做到的程度，我們才有辦法好好打仗。到了晚上，吃完晚飯後，我們會收集灌木叢和樹枝，為我們的營地蓋圍牆。

某天一大早，我帶著擔憂和恐慌的情緒醒來。我的腹部糾結著，而且全身被汗水浸溼。我告訴自己沒事，只是緊張罷了，我說服自己我是個很容易緊張的人。洗完臉之後，我加入其他孩子一起接受訓練。大姊同志在她的舊衣服裡塞滿樹葉和稻草做成假人。在頭部的地方，她用稻草塞在她的紅格子布巾中。她稱這些假人為她的越南假人，把它們吊在田裡的樹上。在聽完她長篇大論地說越南佬有多邪惡後，她讓我們排成一排，站在這些假人對面。

我手上拿著一把六英寸的刀，立正站在隊伍前方，像動物一樣喘著氣，雙腿顫抖，手上抓著刀。我在大姊同志發號施令下展開攻擊，朝假人衝刺，同時大喊：「去死吧！去死吧！」雖然我對準的是頭部，但我的身高讓我只能將刀子刺進它的腹部。

第二天早上，我醒來時感到極大的痛苦。我的頭抽痛著，肚子也很痛，胸口更是像有人坐在上面一樣緊繃。我用雙臂抱住肚子，想要對著全世界尖叫。我體內有東西讓我疼痛不已，憤怒在我身體內爆發，令我猛然跳起，衝出茅屋外。我不了解在我身體中的那股電流，這種恐慌，這份哀傷、仇恨，這些以實際的疼痛表現出來的情緒。

我必須去見媽。雖然沒有得到允許就出門很危險，但我不在乎，我必須去找她。我知道我不能從前門出去，如果那些女孩們看見我，她們會告我的狀。我繞過茅屋，尋找籬笆上能夠讓我逃出去的開口處。我看見有一處蓋得很寬鬆，木樁隔得很遠，樹叢也很稀疏。確定沒有人看見我之後，我便跪在地上，很快地把那多刺的樹叢撥開，然後四肢著地爬了出去。

我在炙熱的太陽下走著，沒有食物，也沒有水。雖然我的喉嚨乾渴不已，雙腳也恨不得能夠停下來，但我繼續往前走去。腦中一浮現媽和玉的身影，就令我心跳加快。她們拉長著臉，嘴往下撇，眼中閃爍著淚光。她們坐在洛粒村的茅屋中呼喚著我，彷彿試圖告訴我什麼。我知道她們為什麼在呼喚我，但我無法接受。我知道。

我的念頭轉向爸，回想起他曾經說過我的第六感很強。雖然我年紀那麼小，但我一直都覺得自己生活中有百分之八十的時候都有似曾相識的感覺。在金邊時，每當爸接起電話之前，有很多次我都已經知道是誰打來的。和爸走在街上或和媽在店裡吃麵的時候，我都會感應到我們會巧遇某個人，而我們也真的會遇見。在洛粒村時，我曾夢過某一棟房子會失火，而那棟房子後來也真的失火了。爸說這是一種法力，雖然當時我並不害怕，但此刻的我卻十分害怕。

時間一分一秒地過去，幾個小時後，我終於抵達了洛粒村。現在是上午中旬，村子很安靜。我走進村裡，跑向媽的茅屋。「媽！」我發狂似地喊道。「媽！玉！」沒有人回答。「媽！」我以最快的速度跑進菜園，媽和玉也不在那裡。淚水模糊了我的視線，我跑回她的茅屋中。所有的家當都在那裡，她們的木製飯碗和湯匙、那一小堆衣服。「媽！」我尖聲喊道，聲音嘶啞。

「她們不在這裡。」一個聲音回答道。一個年輕女人站在隔壁茅屋的門口。她是新來的，我不認得她。「她們昨天離開了。我的寶寶生病了，所以我沒有上工，我看見她們離開的。」

「她們去哪了？」

「我不知道。她們是和士兵一起離開的。」那個女人輕聲說道，然後別過頭去。她凝視著遠方，拒絕再轉頭看我。

我們兩人都知道士兵來到村中把人帶走是什麼意思。我內心有一部份無法相信那個女人所說的話，但另一部份又知道那就是事實。昨天，我無法解釋醒來時所感受到的那份心理焦慮和生理疼痛。現在我知道，那是媽和玉在告訴我關於士兵的事。

「媽，妳在哪？媽，妳不能這樣對我！」我對著空無一人的茅屋吶喊道。她們好不容易活過了三年的飢餓和失去琪與爸的痛苦，結果現在居然被帶走了！上回我看到她的時候，沒有了爸的媽還算活得不差，我相信她可以熬過去的。她是這麼努力地活著！她不能就這樣走了。可憐的小玉，她從來沒有在人生中享受過什麼。

那個女人聽見她寶寶的哭泣聲，走進了她的茅屋，哄著寶寶入睡。媽過去在金邊唱歌哄我入睡的景象浮現在我腦海中。我已經無法再堅強下去了。我的牆坍塌了，倒塌在我身上，淚水失控地滑落我的面頰。我的胸口像被揪住一般，五臟六腑啃食著我，吞噬著我的理智。我必須跑走，我必須離開。我突然間拔腿就跑，將自己帶離這個村莊。「媽！玉！」我對她們輕聲呼喚道，她們的臉龐佔滿了我的意識。我的思緒萬頭鑽動，回想起自己曾經從容器中偷米、偷走她們糧食的事。玉從來不知道不飢餓是什麼感覺。我的思緒不肯放過我。當我心想不知道士兵先殺了誰的時候，我的身體頓時癱軟下來。她們兩人的影像同時湧入了我的腦海中。

我看見她們在一個隊伍中，和來自省中其他村莊的二十人一起排隊。五到六個紅色高棉士兵走在村民兩旁，用步槍指著囚犯們。三天前下的那場雨讓田野變得濕滑泥濘，使村民難以站穩身子。除了村民們的嘀咕、呻吟和輕語聲外，一切都很安靜。士兵和村民都身穿黑色睡衣褲和紅白相間的布巾，臀部和膝蓋都沾滿了泥濘。男人們十指交叉放在後腦勺上，汗水從額頭上流下，刺痛著他們的眼睛，但他們不敢放下手去擦拭。女人、孩子和較老的村民們在凹凸不平的路面上行走時，被允許可以用手幫助自己保持平衡。無論他們有何背景，無論他們過去如何，他們現在之所以在步行，就是因為安卡認定他們是背叛政府的叛徒。

媽走在隊伍的最後方，將玉揹在背上。媽小聲地哭泣著，身體因恐懼而緊繃，她的手緊緊地牽著玉。她感覺到玉微微在背上晃動了一下，試圖保持平衡避免自己摔倒在泥地上。她咬著唇，想起了爸，心想當他們把他帶走時，他是否也這麼害怕。她搖搖頭，不容許自己承認他已經死了。她心中有一部份永遠會相信他依然在某處活著。已經過了兩年了，只要她醒著，無時無刻都不想著他。在她的夢中，他是如此真實，每當她醒來後，那份痛苦都會比前一天更加深切。有時候，當她在菜園裡拔草時，她的思緒會飄到他們第一次在河邊相遇的情景，當她第一次和他四目交接的時候。她覺得他很英俊，但也知道她的父母絕對不會認可他的。她愛他，所以儘管父母反對，她依然和他私奔了。她只想和他在一起。或許她很快就能和他重逢了。

士兵們帶他們走過稻田，走過搖擺的棕櫚樹，走到村子邊緣的一塊空地。在那裡，遠離所有人的目光，他們逼媽和其他村民跪在地上。媽和玉陷入冰涼的泥漿中，緊緊抱著彼此。媽將玉緊摟在胸前，彷彿想要把寶貝塞回肚子中，令她免於受苦。媽用一隻手遮著玉的後腦勺，確保她的臉是別開的，才不會看見即將發生的屠殺。玉在她懷裡，身體顫抖著，牙齒在媽的耳邊打顫。媽感覺到玉的小手抓著她的脖子，但玉很安靜。

士兵們站在他們面前，他們的步槍瞄準著這群人，手指扣在扳機上方。烏雲飄到他們頭頂上，黑色的陰影籠罩著士兵。溫暖的風在身邊吹拂，但媽卻在顫抖。她知道她不可能和命運對抗了。她知道再怎麼苦苦哀求也不可能讓她逃脫。她用手臂將玉摟得更緊，緊閉著眼睛祈禱著，一邊聽著其他人求饒。她的腦海中浮現著爸的身影，一邊等待著。那一秒感覺就像永恆一樣長久。她壓抑著想要尖叫、想挑釁士兵以便一了百了的衝動，她不知道自己還能這樣勇敢多久。等待讓她的心開始相信有希望，士兵是否會改變心意放他們所有人走呢？她發現這個念頭令她呼吸急促起來。「不，為了玉我必須堅強。她不能在恐懼中離開這個世界。」

然後媽聽見泥漿潑濺的聲音，一個士兵來到了她面前。她的心猛烈跳著，彷彿要從她的胸口蹦出來。一個士兵將步槍扛在背上，朝這群人走過來。媽感覺到她身體下方的泥漿變得又濕又暖，她朝旁邊望去，看見她隔壁的那個人尿濕了褲子。一個士兵朝這群人走過來，直接走到她面前。媽因希望瞪大眼睛，她的心因恐懼而悸動。那個士兵伸出手抓住了玉的肩膀。她們兩人發出的尖聲叫喊響徹了四周，但士兵們沒有住手，把玉強硬地從她懷中拉走，即使她們緊摟著對方不放，對彼此呼喊不要放手。士兵們將她們分開，直到她們只剩指尖相觸，然後，連那樣的聯繫也沒有了。所有的村民都在哭著、懇求著，開始從地上站起身來。突然間步槍的嘎嘎聲響起，子彈穿過他們的身體，他們的尖叫聲也被靜默所取代。

玉跑到媽癱倒在地、臉埋在泥地中的身體旁。玉才六歲，年幼的她根本不明白發生了什麼事。她喊著媽，搖著她的肩膀。她摸著媽的臉頰和耳朵，抓著她的頭髮，試圖將她的臉從泥巴中抬起，卻沒有足夠的力氣。玉揉眼睛的時候，把媽的血沾滿在自己的整張臉上。她用拳頭捶著媽的背，試圖把她喚醒，但媽已經死了。玉捧著媽的頭，不停地尖叫著，完全沒有停下來喘氣。一個士兵的臉一沉，舉起了步槍。幾秒之後，玉也安靜無聲了。

我遠離洛粒村，耳朵被耳鳴聲震聾了。過去我所聽過所有關於紅色高棉屠殺受害者的故事全都湧入腦海中。那些關於他們把受害者裝在馬鈴薯麻袋中扔進河裡，以及村民們經常流傳的關於酷刑室的故事。據說士兵們常當著父母的面殺掉孩子，以誘出供狀和叛逆者的名字。我耳中的耳鳴聲越來越響，令我失去了方向感。媽的臉出現在我面前，我哽咽著，想到媽看著士兵們傷害玉所感受到的那份痛苦。我的思緒被自己幻想出的她們臨終的畫面所纏繞，拒絕離我而去，然後我的頭開始感到又脹又沉重。

我拖著步伐遠離村莊，淚水洶湧地奪眶而出。有人曾經告訴過我，如果你用足夠的力道撞擊頭部的話，就會失去所有的記憶。我很想用力去撞頭，我想要失去所有的記憶。我心中的疼痛是如此深切，已經轉變成身體上的痛，攻擊著我的肩膀、背部、手臂以及脖子，就像熾熱的針一般刺痛著我。只有死亡能夠讓我解脫。這時我被某個東西所控制了，彷彿我飄到了另一個地方，到我心靈的最深處，以便躲避這份痛苦。突然間，整個世界變得迷濛而模糊。我的四周成了一片黑，令人鎮靜卻又空洞。當那片黑暗吞噬了我的周遭，連我一起吞噬下去時，我的痛苦和哀傷便不再感覺真實或與我相關，不再屬於我了。

當我重新恢復某種程度的意識和思考能力之後，我已經回到我的營區，站在大姊同志面前。我的手按摩著刺痛的臉頰，口中嚐到了鮮血。是大姊同志的巴掌把我打醒的。「妳跑到哪裡去了？」她問道，而我的意識也重新回到這世界。女孩們站在我們周圍，全都在注視著我。

「我不知道。」我勉強說道。「我去看——」

「妳在那裡待了三天？妳難道不知道到處都有越南佬嗎？」

我不敢置信地睜大了眼睛。「不，我不知道我去了哪裡。」我老實告訴她。她的手再次用力地揮在我的臉頰上。那份疼痛令我感到暈眩，差點就失去了平衡。

「妳不肯告訴我？那妳今晚就沒得吃，而且我會減少妳的糧食配給，直到妳說出來為止！」她對著我大吼大叫，然後就走開了。她離開之後，我走到井邊，拉了一桶水上來。我喝了一些，然後將剩下的倒在腳上。我用一隻腳搓著另一隻腳，把一層層的紅土洗掉，露出我那皺皺的小腳趾。「媽死了。」我重複對自己說道，不帶什麼感情。「媽死了。」我對於離開媽住的村莊之後三天所發生的事情毫無記憶。

第二天，在我們進行訓練時，我在大姊同志發號施令之前，就對越南假人發動攻擊。我的皮膚因仇恨和憤怒而顫動。我恨那些神祉如此傷害我，我恨波布謀殺了爸、媽、琪和玉。我用我的木樁高高地刺入假人的胸口，感覺到它刺穿了身體，刺中了樹幹。我使勁快速戳刺，每次想像的並不是越南佬的身體，而是波布的。現在一切都成真了。現在我不必再假裝自己是個孤兒了。

越南佬入侵　一九七九年一月

大姊同志胸前抱著步槍，在我們每晚的集會上緊張地來回踱步。「越南佬已經入侵我們的國家了！他們佔領了我們的鄉鎮！這些禽獸在強姦高棉婦女、屠殺高棉男人。如果他們逮到妳，他們也會殺了妳。妳必須想盡辦法保護自己。波布是無所不能的，所以我們一定可以打敗越南佬！」

「安卡！安卡！安卡！」我們齊聲吶喊道，雖然她說的完全不合情理。我一邊假裝聆聽，一邊心想如果我們可以擊敗越南佬的話，那麼紅色高棉為什麼這麼怕他們？如果我們可以擊敗他們，那麼他們又為什麼可以佔領我們的國家？

「現在，晚上為營區守夜的工作必須由兩個女孩來負責，而不只有一個女孩了。當妳看到越南佬，就必須開槍射擊他們。」

那天晚上，聽著遠處傳來迫擊砲和飛彈的爆炸聲，我們沒有人能睡得著。雖然我們很害怕，但大姊同志告訴我們，高棉士兵不會讓越南佬靠近我們。經過幾個小時的砲擊後，一切又恢復了平靜。但突然間，一枚迫擊砲毫無預警地在我們基地附近爆炸，把夜空燃燒得像閃電一樣白。恐懼爬上我的背脊，朝我的心直襲而來。隨著另一枚迫擊砲呼嘯著擊中我們的茅屋，我尖叫著用手摀住耳朵。稻草製成的牆和屋頂起火燃燒，女孩們尖叫哭嚎著，試圖在火焰吞噬茅屋前逃離，往門口或跑或爬。她們的臉因煙霧而變黑，雙眼因恐懼而發白。許多人的手臂和腿都因為被砲彈碎片割傷而流血了。

火勢擴散到各個角落，我跳起來朝門口衝去。「別扔下我！我被擊中了！幫幫我！」一個聲音尖銳地喊道。她躺在一灘血泊中，用手肘撐起身子，懇求我們幫助她，不停地顫抖著。其他女孩都沒有停下腳步，她看到我正在看著她，朝我伸出一隻血淋淋的手。「幫幫我！」她用手肘試圖爬向門口，但爬了幾碼之後就挫折地氣喘吁吁，她的淚水流入口中。火勢很快在營區裡蔓延，破瓦殘礫飛得到處都是。「煙！火……幫幫我！」她的手抓著胸口，一邊咳出了鮮血。我想要幫她，我希望能夠幫她，但我個頭比她小太多了。另一枚迫擊炮在附近爆炸，我尖叫著摀住耳朵。驚慌失措的我沒有理會她，跳出了茅屋之外。當屋頂坍塌時，那個女孩持續發出令人揪心的尖叫聲，火焰吞噬了茅屋。

所有的女孩都往四面八方逃去，迫切地想要逃離營區。在黑暗中，稻草牆和屋頂燃燒成黃色和橘色的火焰，照亮了那些正在逃跑的女孩通紅的臉。在路上，我發現自己身邊擠滿了成千個走過廢棄城鎮和村莊的人們。我必須找到珠，沒有她，我就孤苦無依了。我的身體自動自發地掌管了雙腳，帶領我朝她的營區方向走去。現在不是害怕的時候。

當我抵達她的營區時，那裡很暗而且空無一人。「珠！珠！珠！」我大聲喊著她的名字。我繞了營地一圈，但沒有見到她的身影。我又跑回人群中，不知道接下來該怎麼辦。我不知道要去哪裡找我的哥哥們。在周遭，人們像逃竄的牛群一樣，大聲哭喊著家人的名字。「拜託，請讓他們活著。」我輕聲說道，人們撞上我，把我推擠到一旁。由於不知道該怎麼辦，我走出人群，爬到路邊的一塊大石頭上。我用雙臂將膝蓋抱在胸前，一邊哭一邊看著前方的人潮把我遺落在後。這就像當年人們離開金邊的大遷徙一樣，只不過現在的我是孤單一人。沒有琪的手臂摟著我、保護著我，也沒有爸、媽和玉在我身旁，也沒有貴和孟在前方帶路。

我抱著身子坐在那裡，突然間感覺到一隻手抓住了我的肩膀。是金。他還活著！珠也和他在一起，緊緊牽著他的手。「珠！」我開心地大喊道。我從來沒有這麼開心過！

「來吧，我們必須趕快離開！」金大聲說道，抓住我的手，然後我們就一起回到路上的人群中。

雖然我們不知道該去哪裡，但我們的目標是設法找到哥哥們。金又再次成了一家之主。我們一邊走著，金告訴我們當他一聽到爆炸聲從我們的方向傳來，他就從營區逃了出來，跑到這裡來找珠，他們剛才正在路上找我。珠和我聽從著金的指示，照著他的話去做。他一副一切都在掌握中的模樣，我都忘了他其實連十四歲都不到。

其他人的背上扛著或用牛車裝著鍋碗瓢盆、衣服、食物和其他家當，金則拿著一個背包，裡面裝著幾件衣服，而珠和我牽著他的手，只有身上穿著的這套衣服。我們在人山人海中走了一整夜，跟隨著人群前進，金說和人群一起走比較安全。雖然我的腳和身體都很想休息，但我半睜開眼睛，倚靠在金身上，用蹣跚的步伐繼續往前走。太陽很快就出來了，在一片深紅、金光、黃色和火紅的橘色當中，我們周遭的世界都被照亮了。在田野中，高高的象草因晨露而閃閃發光，灰色的煙霧從遠處的村莊飄上天空。身穿黑色上衣和長褲的人們將佈滿紅色碎石的小路擠得水洩不通，但人們並沒有停下來，依然持續往前行。每個人都拖著步伐，走得越來越慢。那些再也走不動的人坐在路邊，有的蜷縮著身子睡覺，其他人則離開人群，走到距離小路幾尺遠的地方，摘採水果和莓果來吃，但依然保持靠近行走的人群。像蛇一般的人群繼續往前走，由身強體壯的男人在前方帶路，那些年邁、年幼、衰弱以及飢餓的人則遠遠落在隊伍的最後方。當第一條蛇從我們面前一消失，另一個隊伍又會蜿蜒地出現，讓那些落後的人們加入。

當太陽爬到高空中時，我的肚子開始叫了。金在一些樹叢後方看到一條長滿綠草的隱密小徑，帶我們朝那裡走去，離開了路上的人群。珠和我沉默不語，跟隨在金的身後。五分鐘後，珠和我緊張地互看一眼，擔心我們離人群太遠了，但又不敢開口問金。十分鐘又過去了，我們離開馬路後又走了一公里，才來到一座荒廢的村莊。村裡沒有其他人，除了隱約的豬叫聲和雞叫聲，一切都很安靜。村民們都匆忙撤離了，地上到處都散落著他們遺留下來的衣服、涼鞋以及布巾。

在集體廚房中，餘燼裡依然飄著煙。珠走進一間茅屋，拿了幾個金屬鍋子、鋁碗以及剩餘的幾小袋米和鹽走出來。我抓起三條布巾、幾套黑色睡衣褲以及三條輕毛毯。我將它們包在另一條毯子中央，把四個角落綁起來，做成一個大包袱頂在頭上。

在一間屋子裡，有一隻豬和兩隻雞在亂跑。我們追了那隻豬幾分鐘後實在太累了，只好放牠走。就算我們能捉到牠，我們也不知道能怎麼殺牠，因為我們沒有刀子。金抓住了那兩隻雞，把牠們的翅膀固定在牠們背後。我們四處尋找尖銳的東西，用來割牠們的喉嚨，但都找不到，於是金抓了一隻雞朝井邊走去。他抓著雞的雙腿，像拿球棒一樣揮著，將牠的頭朝石牆上猛擊過去。站在三公尺外的我，聽著雞的頭骨碎裂的聲音，牠的鮮血濺滿了整面牆，噴濺到金的腳上。雞掙扎扭動著，就是不肯死，直到金再次重擊了一下，這回把牠的頭撞擊得粉碎，然後他用同樣方式處理了另一隻雞。

珠從井裡打了水倒在金的雙腳上，把血跡沖走。她把剩下的水倒在我們的新鍋子裡，金忙著添加乾樹葉和樹枝試圖重新生火。珠把雞放進鍋中，用水蓋過牠們的身體，將牠們煮沸。一個小時之後，她把雞拿出來，然後我們把雞毛拔掉。她又將牠們繼續煮了一個多小時左右。煮熟之後，她把鹽倒在上面以防腐壞。當她一邊準備雞肉的時候，我的肚子咕嚕咕嚕叫著，口水直流。我已經好久都沒吃過肉了。

最後珠說可以吃了。金拔了一隻雞腿下來，盛了一碗飯，然後遞給我。他把另一隻腿給了珠，自己拿了雞胸，然後把剩下的包起來供我們在路上吃。我們的面前擺著餐盤，靜靜地吃著。我緩緩地剝下皮，因為皮嚐起來很硬而且像橡膠。然後我開心地享用著剩下的雞肉，同時也感到哀傷，因為我想起了媽曾經因為想要為玉弄點雞肉而挨打。

吃完飯之後，我們拾起行囊，往回走去加入人群。我們不知道自己在往哪裡走，只是盲目地跟著人群。我們走了一整天，到了晚上，就和其他人一樣停下來休息。當其他人在生火、煮飯、聊天的同時，我們靜靜地吃著食物。在我們兩側，都可以聽見人們激烈地討論著越南佬入侵以及擊敗波布軍隊的事。他們唾棄地說出邪惡的波布的名字，同時對彼此發誓會追捕他和他的官員，為自己的苦難報仇。他們講述著自己在村莊附近的田野中所看到的屍體人數，聲音也變得越來越激動高昂。

他們的話令我想起了大姊同志。我在營區的一年裡，大姊同志每天都告訴我越南佬在攻擊柬埔寨，而偉大的紅色高棉軍隊會打敗他們。她是如此擔心越南佬會佔領我們的國家，總是像個偏執狂般認為越南佬會在柬埔寨殖民，過不了幾年，這個國家就會變成越南的殖民地。她現在一定很害怕——如果她還活著的話——因為我們的敵人越南佬已經入侵了柬埔寨，而正因如此，也阻止了紅色高棉屠殺更多柬埔寨人。每天晚上，她都告訴我們一個紅色高棉士兵可以殺掉二十個越南士兵，因為我們的士兵是更好、更勇敢的戰士。或許紅色高棉的軍力只不過是波布的另一個謊言罷了。

我的腿和身體都因為步行而疼痛不已，但身體的疼痛已經無關緊要了。我的心思飄向爸、媽和玉，然後我就再也聽不見周遭的對話了。爸很關心政治，我因為太年幼，所以不懂波布想要建立一個無階級純農業社會的策略。我不知道為什麼波布要那麼做，他逼我們離開金邊，給我們很少的糧食，以及把爸從我身邊帶走。我只知道如果越南佬入侵柬埔寨能夠救爸、媽、琪和玉的話，那麼我真希望當初他們早點來。

我們又吃了一點雞肉之後，珠把我們的毯子攤在草地上，我捲起布巾當枕頭用，我們躺在一片位於森林邊緣的大空地上。

「空地，」一個男人說道，「比較安全，不會被越南佬的輾獸攻擊。」

「叔叔同志，」我好奇地問，「這個輾獸是什麼東西啊？」

「妳不知道嗎？」他不敢置信地問道，我搖搖頭回應。「沒有人親眼看過，但他們都說它就像一隻野獸，沒有任何事物可以摧毀它。它是一半機器一半人類，不過非常邪惡。它比一間茅屋還大，還會發射火焰和炸彈。它的腳上有很多輪子，在地面上滾動的時候像雷聲一樣響亮，走過之處一切都會被摧毀。它能壓倒樹木、岩石、金屬，所有東西。沒有任何東西能夠摧毀它！」

我瞪大眼睛，聽著關於這個邪惡機器的事，心想它是否就坐在樹林裡等著我們。

「所以我們在空地是安全的，因為我們可以看見它過來，然後逃跑嗎？」我問道，雙膝發軟，我的想像力創造出輾獸在身後追趕我們的畫面。

「珠，我們移到人群正中央去吧。」我懇求她，一邊抓起了她的手。當我們收拾包袱準備離開時，金對我們皺起眉頭。

「那不是什麼怪獸，那個男人根本是在胡說八道。他是個農民，在這之前連自己的村子都沒離開過，或許也從來沒看過車子，所以他不知道坦克車長什麼樣子。那是一台很大的機器，像汽車一樣是由人所駕駛的。」他試圖安撫我們，但沒有成功。

「它會壓倒樹木、房子和金屬嗎？它走過之處一切都會被摧毀嗎？」我問他。

「是的，但——」

「它會發射火焰和炸彈嗎？」

「是的，但……好吧，我們換位子吧。」金嘆口氣，拿起他的袋子。穿越了數千人的人海，我們移到人群中央的一個位置，準備過夜。

「現在我們不會是第一個被怪獸輾過的人了。」我說道，珠也點點頭表示認同。金微笑一下搖著頭，把他的袋子扔到地上。珠再次把毯子鋪好，然後躺下來。她躺在中間，金和我則緊貼在她左右兩側。金用手臂勾著他的背包，我也照樣用手臂勾著我的包袱，然後我們將另一張毯子蓋在身上。

地面很冷，但珠的體溫溫暖了我。在我們四周，人們在睡覺、吃東西或是準備紮營。我朝旁邊望去，看見一家人坐在一起吃飯。那是一個五口之家，有父母和三個從五歲到十歲不等的男孩。那位父親盛好飯之後，先遞給最小的孩子，然後也為其他孩子盛了飯。那位母親伸出手，用手指擦拭孩子的鼻子，然後很快把手在裙子上抹乾淨。他們一邊吃飯時，那位父親看守著他的家人和他們的家當。

我別過頭看著天空，淚水從我的眼角流出。「噢，爸，我好想你。」我在心中對他說道。天空很暗，同時閃爍著銀光。我盯著雲朵，幻想著爸的臉從上往下看著我。「天使在哪裡，爸？」我問他。突然間，雲朵聚集在一起，形成了許多緊密的球狀物。很快地，這些球狀物開始變成了像頭顱的形狀。這些雲朵形成的頭顱在我頭頂上方，用隱形的眼睛怒視著我。我的呼吸變得急促起來，胸口也感到一陣緊繃，於是我強迫自己別開視線。我專心盯著我的手臂，當我看見我的身上開始長出草來時，我的心跳頓時加快起來。那些草就像我手臂上的毛一樣，像針刺穿紙一般輕而易舉地從我皮膚下方穿刺出來，越長越高。然後我的身體融化了，我的皮膚陷入了地面，以慢動作的速度開始腐爛分解，直到什麼也不剩，和土混合在一起，成了紅色高棉的表土。我屏住呼吸，緊閉著眼睛，捏著我那腐爛分解的手臂。我感覺到被捏的疼痛，睜開眼睛，一切又恢復正常了。我將雙臂緊抱在胸前，閉上眼睛試圖入睡。

第二天早上我們醒來時，又再次繼續我們的旅途。由於金和珠並沒有提到要去找媽和玉，我猜他們也知道了她們的命運。我不知道他和珠是如何知道關於媽和玉的事，我也不敢提這個話題。金告訴我們，我們要試圖到菩薩市去，在那裡等哥哥們。金沒有告訴我們要在那裡等孟和貴多久，或是到了菩薩市之後要在那裡待多久。我不知道金為什麼會認為貴和孟依然還活著。自從我們離開媽到各自的營區去之後，我們根本沒有任何方式能夠收到來自哥哥們的消息。自從我們上次看到他們已經過了一年多了。我們都心照不宣，絕口不提我們的家人。我擔心如果開口問的話，會讓珠和金比現在更加難過。這是年僅八歲的我唯一知道如何保護他們的方式。

我們每天都和人群一起走，有時候在荒廢的村莊稍作停留翻找食物。又過了好多天，我們才第一次看到可能的最終目的地出現。我的心跳聲如此響亮，當我停下腳步時，我感覺其他人一定也都聽見了。在我們面前有三個身穿綠色衣服、頭戴可笑圓錐狀帽子的男人在行走。他們輕鬆地邁著大步，背上揹著步槍。「越南佬。」人群竊竊私語道。我的呼吸變得短促起來，腦海中閃過越南佬虐待、殺戮受害者的畫面。我從來沒有看過越南佬，然而這些人看起來很有人性。他們的身材和我們的高棉男人差不多，體型也很相似，不像我在金邊看見過的白人一樣有較白的皮膚和較窄的鼻子。越南佬看起來比較像媽，而不像大多數的高棉人。他們看起來不像大姊同志形容的那種惡魔。

越南佬朝我們走來，舉起手打了招呼。我在地上尋找武器的蹤跡——棍棒、尖銳的岩石，任何讓我可以拿來和他們對抗的東西。當他們一邊靠近時，所有人的目光都集中在他們身上。下一刻，當其中一個越南佬露出微笑，用彆腳的高棉語說：「Chum reap suor.」，意思是「你好」，人們都驚訝地倒抽了一口氣。「在前面的菩薩市有一個難民營。」他告訴我們，然後就離開了，群眾都感激地露出了微笑。我簡直不敢相信。越南佬並沒有開槍射殺我們，他們沒有搶走孩子、割開他們的肚皮，甚至還告訴我們菩薩市在哪裡。在走了三天之後，我們終於有目的地了！

出現在前方的營區就像一座小村莊，在薄霧中閃爍搖擺，宛如海市蜃樓。從遠處看過去，許多綠色、黑色和藍色的帳篷朝天空伸出，就像上千個蟻塚。四面八方都佈滿了黑色頭髮的人們，大多數的人都睡在戶外，有些人則搭建起臨時帳棚或是建造茅屋。在茅屋和帳棚旁邊，女人們在烹煮食物，一邊吹著火一邊添加木柴，當煙飄到臉上時，她們會咳起嗽來。在這些女人身邊，男人和孩子把一串串濕衣服綁在樹和帳棚之間，形成一面巨大的蜘蛛網。在每一群帳篷旁邊都有堆成一座小山的垃圾，在炙熱的太陽下腐爛。小孩子在旁邊玩耍，偶爾還會拾起吃了一半的芒果、柳橙或是魚頭，放入口中。

到處都能看見越南佬在宛如迷宮般的家家戶戶間穿梭，肩上揹著步槍，腰帶上繫著手榴彈，一邊巡邏。他們人數眾多，都面帶微笑地和孩子們說話，有時候還會摸摸他們的頭。我的視線跟隨著某一個身穿綠色迷彩裝的越南佬，看著他大搖大擺地走向一個身穿黑色睡衣褲的高棉女人。他在和她搭訕，我認為他實在太野蠻了。他將手伸進口袋中，拿出一個盒子，把盒子放在掌心中，然後把手朝她伸了過去。她害羞地微笑一下，準備要拿盒子，這時他突然抓住了她的手，她感到很意外，猛然將手抽回。在偷摸過她的手之後，他又繼續和她交談。越南佬這樣在大庭廣眾之下追求女孩子令我驚呆不已，因為在高棉文化中，這種事是關起門來才能做的。

在人群中，我偶然聽見高棉男人在討論越南佬是在保護我們。他們說越南佬在三個星期前，也就是一月二十五日的時候進入了柬埔寨，並透過他們的砲彈和軍隊擊敗了紅色高棉，使得波布和他的手下逃入了森林中。在波布統治期間，他一直在挑釁越南佬進攻，派遣手下到邊境對越南的村莊進行大屠殺。波布把越南佬視為高棉人民的大敵，並擔心如果我們不先對他們發動攻擊，越南佬會併吞我們的國土。但波布那個裝備不良的小軍隊根本無法和訓練有素、裝備精良的越南軍隊相抗衡。那些男人說是越南佬解放了柬埔寨，把我們所有人從兇殘的波布手中救了出來。

金拉扯了我的手臂一下，示意我走快一點，因為我已經開始落後了。我們走過人群，尋找著可以落腳為家的地方。我用渴望的眼神看著人群裡的大人。我也想要有屬於我們的大人可以處理事情、蓋房子、搭帳棚以及覓食。我回想起當我們離開金邊的時候，那時爸、貴和孟是如何尋找食物、照顧我們的。雖然那時的我也很餓，但比較沒有那麼害怕，因為我知道他們會照顧我。我凝視著營區裡的大人，暗自在內心祈禱，希望有人會讓我們加入他們的家庭。然而他們眼中根本沒有我們，那些大人根本看不見我們。他們有自己的家庭，無法再帶上我們，增加他們的負擔。

由於無法在人群中找到可以安家的地方，又沒有帳篷可以遮風避雨，於是我們和其他幾個孤兒一起坐在營區外圍的一棵樹下。我們的那一小袋米已經變得越來越少，所以金學爸當年一樣分配我們的糧食。每天早上他會到附近的河流捕魚，珠和我則會看管我們的家當。有時候我們會看到興高采烈的金臉上掛著微笑走回來，那我們就知道那天晚上可以吃得很好。有時候，金會垂頭喪氣地回來，臉上帶著愁容。由於有越來越多難民擠進了營區，以至於河流被污染了，魚也沒了，金越來越難在淺水處捕到魚了。今晚，珠和我煮了我們在附近田野中找到的香菇和野菜，還煮了米湯當晚餐。但有許多個夜晚，我們什麼也沒得吃，只能餓著肚子上床睡覺。我們吃完之後，珠把一張小毯子鋪在草地上，用另外兩張毯子蓋在我們身上。

我緊靠在珠身邊，為我的家人、我的寂寞以及我持續的飢餓感流下了無聲的眼淚。但我絕大部份是為金而哭。我哭是因為我知道當他每天晚上回來，必須告訴我們沒有東西可吃的時候，他內心作何感受。住在樹下一個星期後，夜晚變得越來越冷，我們的肚子也過於飢腸轆轆，因此金問了在附近紮營的一個家庭能不能讓我們和他們同住。我們手上拿著包袱，洗過了臉，沾水撫平了頭髮，彬彬有禮，恭敬地站在他們面前。

「抱歉，我們沒辦法。」那位父親對我們說道。「我們連自己的家人都顧不了了。」我的臉因困窘和絕望而漲紅。我不明白他們為什麼不願意幫助我們，他們是大人，大人應該要能夠照顧小孩子的。但他們不想要我，沒有人想要我。我們垂下目光，垂頭喪氣地走回樹下的安身之處，我在內心發誓要更努力讓別人喜歡我。

雖然那個男人無法收留我們，但他覺得我們很可憐，所以找了一家人收留我們。他帶了幾個感興趣的家庭過來，但沒有人想要一次收留我們三個，而我們寧可受凍也不願分開。

第一個寄養家庭　一九七九年一月

「我幫你們找到一個家庭了！」一個星期之後，那個男人興奮地告訴我們。「他們有幾個年幼的孩子和一位年老的祖母，需要有人幫忙照顧那些孩子和做家事，而且他們願意收留你們三個！」那天下午，我緊張又期待地等著見我的新家人。我心想他們會是什麼樣的人，以及再次屬於一個家庭是什麼感覺。一個新家庭！一個安全的家，有食物可以吃，有人可以保護我。

當我終於在遠處看見他們的身影時，我簡直無法相信我的眼睛！我瞇著眼睛想確定那真的是他們。當我再次睜開眼睛時，我抓著珠的手，輕聲對她說道：「是他們。是那個棕櫚樹男孩和他的父親，就是那兩個到我的童兵訓練營採集棕櫚汁的人。」珠點點頭，警告我要安靜一點。

雖然我的外表裝作很鎮定，但內心卻轉得越來越快。「這怎麼可能？」我在心中想道。「在這茫茫人海當中，居然是我認識的人？」當那個棕櫚樹男孩和他父親見到我時，臉上露出了開懷的笑容，他們似乎對此感到很開心。「這一定是命運的安排，是個好預兆！或許一切都會好轉！」我簡直無法掩飾我的快樂之情。

「這絕不是巧合。」那個男人興奮地說道。「我認識這個小女孩。」他笑著一邊把我的頭髮撥亂。當他的手觸碰到我的那個剎那，我的臉也因喜悅而堆滿笑容。

「我是金，她是珠，而這是良。」金介紹著我們。

「你們想來和我們一起住嗎？」棕櫚樹男孩的父親問道。

我們點點頭。

「好，我們回家吧。」我抬起頭看著他，他微笑了起來。

「來，把妳的包袱給我。」他說，然後把它從我的手中拿走。我用喜悅的眼神看著他，整顆心都飛上雲端了。「父親！」我開心地暗自在心中喊道。珠和金謝過我們的鄰居，然後我們就跟著新家人走了。

「我已經有一個大家庭了。」那位父親說道。「我有三個年幼的女兒，分別是一歲、三歲和四歲，最大的兒子波夫今年十四歲。我妻子需要人幫忙照顧孩子，我母親年紀已經很大，所以也需要幫忙。妳們兩個女孩可以幫忙照顧她們、煮飯、撿柴火並且管理菜園，金可以和我一起出去捕魚和打獵。」現在他的聲音聽起來不帶感情，一點也不像幾分鐘前那樣快樂又充滿歡迎之情。聽到我們的工作安排，讓我的背脊傳過一陣涼意。他不是爸。我必須停止夢想擁有我們的家庭，勉強接受這種為了方便而寄人籬下的事實。

當我們靠近房子時，其他的家庭成員都出來歡迎我們，但並不是帶著微笑，而是冰冷的注視。「雖然小了點，不過我想應該夠強壯，足以幫我們做家事。」那位母親對父親說道。我的臉因憤怒而漲紅，但我還是忍住了。她招手示意我們跟著她走進茅屋內。他們的茅屋比我們見過的其他茅屋都大，雖然樣子都差不多。「我的家人住在這一頭，所以你們三個去睡在那邊的角落。」她指著茅屋最遠的一個角落。「把你們的東西放在那裡。」

有一天下午，在森林裡撿了一天的柴火之後，珠和我回到家，發現金在茅屋的角落裡，看著那位母親翻著我們的東西。我爬上階梯坐在他旁邊，忍住了我的怒火。「我真不敢相信！」那位母親尖聲說道，她的手指拿起了媽的襯衫。那是媽最喜歡的一件絲襯衫，在金邊時她常常穿。當士兵們燒了我們的衣服時，媽把這件襯衫穿在一件黑色上衣底下，所以沒有被他們發現。她可是冒了好大的險才留住它的。媽彷彿知道自己即將遭遇的命運，在金最後一次去看她的時候，給了金這個背包，裡面有她縫在背帶裡的珠寶，還有她最喜歡的這件襯衫。

「好軟啊！」那位母親開心地歡呼道，一邊將襯衫往頭上套下。襯衫滑順地垂落在她身上，藍色的絲綢在陽光下閃耀奪目。金因為咬牙切齒，下巴往外突出，珠則別開了目光，我們全都怒火中燒，但都沒有開口說話。她終於感覺到我們的怒目而視，才把襯衫脫下扔回袋中。「反正我也不喜歡，我看過之後覺得很醜，怎麼有人有辦法穿這種顏色？」她說道，然後就走開了。金把襯衫拿出來，輕輕將它整齊地摺好，然後才又放回袋中。

這個家庭中唯一值得開心的地方就是波夫，那個十四歲的哥哥。他對我很好，經常帶我一起釣魚和游泳，跟人介紹的時候也都說我是他的新妹妹。我喜歡他，有人對你好是種很好的感覺。我知道他喜歡我，因為他也這樣說了。然而，有時候他有一點十分困擾著我，就是我會瞥見他看著我的眼神——他的視線停留在我的臉和身體上太久，讓我感到很不自在。

有一天，我在森林裡撿拾柴火的時候，有人從我後面走來，抓住了我的手腕。我轉身準備攻擊，但又住手了，因為我發現那是波夫。天上的雲很黑，跟隨著我們。他朝我走來，他的手從我平坦的胸部游移到我的背上，緊緊地將我拉向他。他的呼吸沉重，潮溼的唇貼在我的臉頰上。我燃起一陣怒火，賞了他一個巴掌將他推開。

「別碰我！離我遠一點！」我對著他的臉吼道。

「有問題嗎？我對你不好嗎？妳喜歡我，我知道妳喜歡我。」他露出奸笑，再次朝我走來。我真想把他的嘴從他臉上撕下來。「滾開，否則我會告你的狀！」

「好啊。」他說道，怒視著我。「有誰會相信妳？反正是妳自己的錯，總是跟著我，和我一起到處去。」我朝他的腳吐了一口口水，轉身跑開了。波夫說得沒錯：我無法和他對抗。我不能告訴任何人——連金和珠都不能說。我什麼也不能做，只能離他遠一點。我不想在我們的新家庭中惹麻煩，我不想再流落街頭了。

在那之後，我就躲著波夫。無論他在哪裡，我都不會在。無論他往哪個方向走，我就往反方向去。我對他的恨意一天天地加深，可是我全都藏在心裡。我隱藏得很好，而波夫只是笑著和金一起去釣魚。

在這個家庭的工作安排對我而言很適合，因為我習慣了長時間勞動。但無論我們工作得多麼努力，他們都會讓我們知道我們永遠不夠有效率。更糟的是，那位母親經常當著我們的面大聲說她真不知道我們是否值得收留。我們對這家人了解甚少，也不敢問他們問題。雖然我們現在全都住在新解放區，但過了四年必須保守祕密的生活之後，一時要改變很困難。我們不知道他們是紅色高棉的支持者，或者他們是否是基地人士。雖然這家人並不愛我們，但他們還是餵我們吃足夠的米飯、男孩們從河裡捕來的魚以及菜園裡種的蔬菜。這家人在茅屋中他們住的那一角藏了許多五十磅重的米袋，我不知道他們是從哪裡弄來的。

每天早上，珠、我們的朋友碧西和我都是三個人一起出發。碧西和珠同年，而且和珠一樣個性溫順、不愛說話。她的父親也是被士兵帶走的，所以現在她和她媽媽及哥哥住在一起。我們第一次遇見碧西是在溪邊取水的時候。我們看著她摺起她的布巾，放在頭頂上。她的身材和我們差不多，有著美麗的棕色眼睛和皮膚。她身上依然穿著紅色高棉的黑色睡衣和長褲，但她的頭髮已經留得比紅色高棉規定的刻板短髮更長了一些。她勉強把泥土製的水甕扛到肩膀上，珠走過去幫了她。從那時起，她就成了我們的朋友。雖然她住在鎮上的另一頭，但她經常和我們碰面一起撿拾柴火。

我不介意這差事，但我很討厭打赤腳在森林裡走動。我很怕蛇，地面總是覆蓋著樹葉和樹枝，所以我無法看見下方有什麼東西在滑行。有一次，我踩到一個東西，剛看到的時候還覺得像一根棕色的小樹枝，但後來那根樹枝蠕動了起來，扭了一扭，然後就溜走了。我的腳底覺得癢癢的，一股涼意傳遍了我的全身。

太陽升起後，珠和我就在路上的會面點和碧西碰面。今天的薄霧是粉紅色的。我揉揉眼睛，打個哈欠，然後調整了一下我們帶來準備綑綁木柴的繩子，將它們揹在肩上。珠抱著一把斧頭，一邊怒視著我，因為我忘了帶水壺。我們並肩走在林中，遠離那些流離失所的人們的營地。我一邊撿拾拳頭般大小的乾樹枝，珠則彎著身子用斧頭把樹葉削掉。太陽在無雲的天空中爬得越來越高，我們也暫時在樹下休息。但現在是二月，所以即使在樹下，天氣也是又熱又黏，只有到了晚上才會涼快一點。

「我需要水，我的喉嚨好痛。」我大聲向兩個女孩抱怨著。

「我也是。」碧西附和道。「但我們現在還不能離開。如果沒有帶足夠的柴火回家，我們都會遭殃的。」

「噓……」我打斷碧西的話，聽到附近傳來樹葉的沙沙聲。「有人來了。」

我們抬起頭，驚訝地看到一個越南士兵朝我們走來。他又瘦又高，或許比我們高出六十公分。他身穿標準的綠色軍服，但身上並沒有步槍和手榴彈。那個越南佬把他的水壺拿到嘴邊喝著水。

「或許他會願意給我們一點水。」我對她們說道。「我們去問他吧。」她們兩個點了點頭。當他靠近時，我們朝他走了過去。他停下腳步，面帶微笑和疑惑的神情看著我們。「水，渴，喝。」我大聲而緩慢地說出這些字眼。他瞇起眼睛然後搖了搖頭。我指著他的水壺，然後用我的手模仿著喝水的動作。終於，他點點頭微笑起來表示懂了。然後他打開水壺的蓋子，將它翻倒過來，裡面什麼也沒有。他指了指水壺，又指了指我，然後示意我們跟他走。

「他要我們跟他去取水。」我自豪地對兩個女孩說道。我們一起往前走去。越南佬突然轉過身，舉起手掌作勢要我們停下來。他指著我，招手要我跟他過去。「別擔心，我會帶足夠的水回來給我們大家喝。」我說道，然後就跟著他走進樹林，把珠和碧西留在後面。

那個士兵帶我朝遠離基地的方向走去，我以為我們是要去有水的地方。他帶著我往樹林深處越走越遠，我的心跳也隨之加快起來。我一邊回頭看，試圖尋找珠和碧西的身影，但樹叢實在太茂密，所以無法看見她們。越南佬指著一個樹叢又高又密的地方，招手要我和他一起過去。我站在距離他幾尺遠的地方問道：「水在哪裡？」此刻我的掌心已經因恐懼而冒汗。他指著樹叢，示意我跟過去。「不！」我堅決說道，拒絕了他。呼吸急促的我轉身跑了開來，但他抓住我的手臂阻擋了我。他用力把我摔在地上，我倒了下去，膝蓋和雙手都被岩石和樹枝刮傷了。我感到暈眩，全身發抖，試圖爬起身來，但他的手又出現了，再次將我的肩膀往下壓。我猛然跌坐，臀部著地，疼痛傳遍全身，我驚恐地瞪大了眼睛。

「Nam soong! Nam soong!」他用越南語命令我躺下。我聽不懂他在說什麼，只能抬起頭盯著他看。在我們的文化中，新娘都是在新婚夜才會學到男女之間的事。我雖然不知道他想做什麼，但我知道那絕不是好事。我掙扎著試圖爬起來，他再次把我往下推。「Nam soong! Nam soong!」他對我吼道，現在他那張白色的臉變得又陰沉又兇惡，就像紅色高棉的臉一樣。我坐在那裡，動彈不得、目瞪口呆。我無法從喉嚨發出任何尖叫聲，一顆心砰砰跳著，用目光懇求他放我走。

他解開長褲的鈕扣，褲子垂落在他的腳踝邊，時間慢了下來。我的呼吸變得急促淺短，驚恐地急忙往後退開。他的大紅色內褲和他的白色皮膚形成強烈的對比。他的內褲緊包著他的身體，垂在挺出的大肚腩下方。他用大拇指勾著腰間的鬆緊帶，將內褲往下拉。尖叫聲從我喉嚨中爬出，但發出的卻是輕微的嗚咽聲。他很快在我面前蹲下，一隻手抓住我的頸背，另一隻手遮住我的嘴，幾乎蓋住了我整張臉，他的指甲掐入我的臉頰中。我的目光從他的腹部往下瞥見他的陽具。它很大，而且微微顫抖著，像是個活的東西。我的頭感到暈眩，同時開始喘不過氣。我閉上眼睛。我以前從來沒有見過一個男人的陽具。對，我看過嬰兒的，但我沒想過男人的居然長得如此不同。那些皺褶和囊袋，令我感到噁心和恐懼。

他把我的頭按到地上，手依然遮住我的嘴，而我可以在他眼中看見自己的倒影。「噓，噓。」他小聲說道。他的身體稍微從我身邊抽離。他的手放開了我的嘴，拉扯著我的褲子，將它拉到我臀部下方。尖叫聲從我喉嚨中爬出，響亮地爆發出來。他嚇了一跳，暫停下來，然後很快地環視四周。我把我的褲子重新穿上，扭轉了身體試圖爬起來。他的長手指緊緊地抓住我的腳踝，將我拉得越來越近，現在一隻手已經來到我的大腿上。我的臀部一滑，無法掙脫了。我發出響亮的尖叫聲，扭動著身子掙脫他的掌握，一邊踢著試圖逃開。

「救命啊！壞人！誰來救救我啊！壞人！」我一邊大叫，淚水滑落我的面頰，鼻涕也從鼻子流入我口中。陰沉、如雷般強烈的憎恨從我內心升起，一邊尖叫著用各種名字咒罵他。在一股憤怒下，我將左腿從他的手中掙脫開。「我恨你！」我對著他不知所措的臉吼道，我的腿則往他的胸前一踢。他的臉因疼痛而抽搐。他上氣不接下氣，放開了我的另一條腿。「去死吧！去死吧！」我使盡全身力氣大聲尖叫道，用我所有的恨意朝他的鼠蹊部踢去。他彎下身子倒在地上，像一隻受傷的動物般哀嚎著。我用雙腿讓自己站起來，然後以最快的速度跑開，完全不敢停下來。

我朝著之前和珠及碧西分開的地方，看見她們的身影朝我跑過來，她們的肩上揹著斧頭，臉上充滿了擔憂和恐懼。

「良！妳還好嗎？我聽見妳尖叫的聲音了！」珠尖聲問了我。

我顫抖地點了點頭。

「我們都好替妳感到害怕！我們覺得很奇怪為什麼他要把妳帶進樹林裡，遠離基地。我們一直注意著妳，但後來妳就消失了！」珠現在哭了起來。她把斧頭扔在地上。

「我再也不會那麼笨了。我想要向當局舉發他。」我告訴她。

「不，我們還是離開這裡，去一個人多一點的地方吧。」碧西懇求道，抓著我的手臂拉我離開。

我心不甘情不願地讓自己被拉走。碧西幫珠用繩索將柴火綑綁了三圈，然後她們面向著彼此坐著，柴火放在兩人中間。她們用腳踩著柴火然後往前推，兩人都各拉著繩索的一端。當繩索變緊時，珠打了一個雙結。她把斧頭和柴火放在一起，然後將她的布巾穿過繩索，做成一個把手。等她完成後，又幫碧西處理另外兩堆柴火。我們抓著布巾，拿起那些跟我們的身體一樣龐大的柴火，橫揹在背上。當我們快靠近基地的時候，我仔細地觀察著所有的士兵，希望能夠逮到那個壞人。我想要舉報他，但我不知道能向誰舉報。大多數的士兵都戴著那可笑的圓帽子加上身上的制服，在我眼中看起來都一樣。我不確定可以跟誰告狀。我以為他們是在這裡保護我們不受波布的傷害，而不是來傷害我們的。「來吧，我們得走了。」幾分鐘後，碧西再次懇求道。

這時，從我的眼角，我覺得我在遠處看見他了。我的腦海中頓時燃起復仇的怒火。我感覺心臟快從喉嚨跳出來了，立刻就拔腿朝他跑去。「壞人！」我跑著大喊道。珠和碧西喊著我的名字，要我停下並回頭來，但我沒有理會她們。我的內心充滿了恨意，完全沒有注意自己在往哪兒去。突然間，我的腳下發出一個嘎吱作響的聲音，疼痛刺穿了我的腳底。我開始冒汗，但依然沒有停下來。我全神貫注在他身上，跳躍著朝他的方向跑去。我的腳抽痛著，鮮血在地上留下了一道痕跡。我很快看了一下，看見一塊碎玻璃從我的腳上突出。我彎下身把玻璃抽出，更多鮮血湧了出來。當我再次抬起頭時，他就不見了。

「他不見了！」當珠和碧西跑到我身邊時，我尖叫著說道。現在我已經痛到不得不坐下來。珠什麼也沒說，用她的布巾包住我的腳止血。

「來吧，我們得走了。」她同情地說道。

「他不見了——」

「別管他了。我們該走了。」

我站起身來，跛著腳走了幾分鐘，試圖找到那個越南佬，但他已經不見蹤影。

她們走在我前面，我跛行在後方。一路上我們都沒有多談，她們也沒有問我關於那個男人的陽具的事。我心想不知道珠會不會告訴金，或者碧西是否會告訴她的家人。對我而言，那份羞辱實在太大，恐懼實在太深，我根本無法再提這件事勾起回憶。我決心要帶著這個祕密進墳墓。

當我們抵達會面點後，碧西就和我們分道揚鑣了。珠和我繼續沉默地往前走。

「妳們去了一個上午，就拿回來這麼一小堆的柴火？」當我們回到家後，那位母親對我們吼罵道。珠和我點點頭。「妳又是怎麼回事？」她問道，注意到我的腳。

「我踩到一塊碎玻璃了。」我告訴她。

「粗心又懶惰的女孩！妳這麼笨，將來一定一事無成。」

「不，妳錯了，我會大有成就的。」我喃喃對她說道。

「什麼？妳在跟我頂嘴嗎？」她走到我面前，用食指推了我的額頭一下，在我腳邊吐了一口口水。

「妳才不可能有成就。妳憑什麼認為妳會有成就？妳什麼也不是，妳是個孤兒，頂多只能當個妓女出名罷了！」她的話縈繞在我耳邊，我的全身因恨意而顫抖。

「我不會當妓女的。」我忿忿不平地回答道，轉身背對她，跛著腳走開了。之後，我蹲在一個樹叢附近，將膝蓋抱在胸前。那個母親的話在我的腦海中迴盪，絕望的感覺爬上了我的心頭。她說得沒錯，我是個沒有未來的孤兒。我以後會變成什麼樣子？我坐在這個位於世界一角的樹林中，躲避著這場我幾乎一無所知的戰爭，突然間聽見了爸的聲音。

「沒有人知道妳有多麼珍貴。妳是顆樸實的鑽石，只要稍加雕琢，就能閃閃發亮。」爸柔聲說道。他溫柔的話語讓我的唇邊露出了一抹小小的微笑。那個母親或許無法給我我所渴望的愛，但我知道被愛是什麼感覺。爸愛我，也相信我。多虧了他的小小提醒，我知道這個寄養母親錯看了我。我確實擁有將來能夠讓自己出人頭地的一點——我擁有爸曾經給過我的一切。

飛射的子彈　一九七九年二月

現在，我已經和這家人住在一起一個月了，和他們在一起越久，我的恨意就越深。然而，我知道無論我對他們是什麼感覺，住在他們家都比我們自己住要安全得多。雖然菩薩市有越南佬保衛著，但人們依然活在恐懼當中。村民們經常在討論紅色高棉快要逼近我們的事。村裡的男人都說紅色高棉士兵已經在我們四周，有些甚至躲在村裡或是在附近的樹林裡。由於士兵和村民都是同種人，說著同樣的語言，身上也穿著同樣的黑衣，所以很難分辨誰是誰。那些士兵只要把槍藏起來，就很容易滲入難民營中，監視我們的活動。偶爾，一群紅色高棉士兵會隨意攻擊某個村莊，洗劫人家、殺幾個人，然後又躲回樹林中。他們的攻擊都是毫無預警的，由於沒有人知道他們何時或會在哪裡出現，我們都必須隨時隨地保持警覺。難民村很大，所以每當這些突襲發生時，越南佬都無法及時趕來保護我們，就會有人不幸被殺。

某天下午，當那個祖母和我在茅屋外，蹲在井邊刷著鍋碗瓢盆的時候，我清楚地聽見了子彈在我周遭飛射的咻咻聲。「飛射的子彈！」我尖叫道，平趴下來，將我的胸部緊貼在潮濕的地上。我趴在洗碗水的潮濕浮垢中，髒水浸濕了我的上衣和褲子。我聽著自己砰砰的心跳聲，注視著一隻小螞蟻在我臉旁的一灘水中轉圈圈。當更多子彈在空中飛射時，我用雙手掩住耳朵。它們像炮竹般爆炸，一個接著一個地連續發射。幾秒鐘後，子彈不再發射了。我的臉頰緊貼著地面。我看著同一隻螞蟻在半英吋深的水中揮動著四隻腳。牠越掙扎就轉得越快。幾秒鐘過去了，子彈依然沒有再發射。我抬起頭，很快地從泥濘中站起身來，爬到一棵樹後方。

突然間，那個祖母發出一聲響亮的尖叫。上空的太陽已經躲到了雲朵後方。我的身體依然被樹保護著，但我偷偷探頭出去看她。她蜷縮著身子側躺在地上，雙手抓著她的大腿，鮮血從她腳踝上方的一個傷口流出，沾污了她的裙子。她的腳邊形成了一灘血跡，混雜著洗碗水滲入地面。她尖叫哭喊著求助，但我卻蹲在我的藏身處。在茅屋中，孩子們也尖叫哭喊著，那個母親噓聲要他們住口。幾秒鐘後，那個父親慌亂地從茅屋中跑出來，將祖母從地面上抱起，然後抱著她跑向營區的醫院，他的兒子們則跟在後面。

我沒有從我的藏身處出來，因為我擔心他們看見我之後，會怪罪我沒有幫助那個祖母。我一直等到他們離開了，等到那個母親安撫了年幼的孩子之後，我依然躲在樹後面。我坐在那裡，將乾掉的泥巴從我的腳趾之間摳掉，然後抬起頭看著天空，一邊想著不知什麼時候子彈會再次朝我們墜落而來。雖然我的心砰砰地跳著，但我什麼感覺也沒有。我依然在腦海中勾勒著畫面和思緒，但我對那些絲毫不帶感情。那個祖母被射中了我感到很遺憾，但她很兇惡，經常呼我巴掌，還捏我的手臂和耳朵。現在我暫時不用再看到她那張佈滿皺紋的臉，或是聽見她惡毒的言語。我留在樹後方，深陷在自己的世界裡，直到珠和金扛著柴火回來。

三天後，那個母親派我拿食物去給在醫院的祖母。我拿著包在香蕉葉中的食物，往醫院的方向走去。我花了一個小時走了兩英里的路。那條經常有人行走的紅土小徑穿越鎮上，而且通常很安全。這天，一切都看似無事，然而我卻緊張地走在路上，眼睛掃視著周遭的樹木和樹叢，搜尋著紅色高棉的蹤跡。但我忘了往下看，於是踢到了一個東西，我聽見它從我身邊滾了開來。那是鏽綠色、形狀像一顆蛋、表面有方形塊狀物的東西。我僵住身子倒抽了一口氣，雙膝發軟，腳也像被電到一般刺痛著。那是個手榴彈。「蠢女孩！妳得小心一點才是。」我暗自咒罵自己。

當我看見醫院時，已經是中午了。我跨著小小的步伐，緩緩地朝它走去，我實在很不想進去。這座廢棄的臨時醫院看起來比裡面的病人還要沒救。一層樓的倉庫因年久失修而灰濛濛的，因戰爭的摧殘而殘破不堪。深綠色的黴菌生長在牆上的裂縫中，野生的樹木和藤蔓威脅著要占據整棟建築。從陽光下走進陰暗的建築中，讓我一時之間失去了視力。到了裡面，不僅氣溫炎熱得很不舒服，空氣也沉重得毫不流通。嬰兒的尖叫聲、反覆的呻吟聲以及淺短吃力的呼吸聲都在這偌大的空間中迴盪。排泄物、尿液、腐爛傷口的臭味以及強烈的藥用酒精味道圍繞在四周，滲透進我的衣服、皮膚和頭髮。我的喉嚨一陣緊繃，吞嚥了一下忍住了想吐的衝動。我想要逃離這棟建築。我的眼睛抽搐著，想要閉上眼睛，如此一來就不用看見躺在地上的那些屍體。在紅色高棉統治的期間，我曾見過許多屍體。很多人失去了逃出紅色高棉魔掌的希望，於是乾脆到醫院去等死。他們變得殘弱不堪，沒有家人握著他們的手、替他們趕走蒼蠅。他們像琪一樣，躺在自己的糞尿之中慢慢死去，完全孤苦無依。在紅色高棉的醫院中，人們會痛苦地呻吟嗚咽著，但他們不會尖叫。在這座位於新解放區的醫院裡，人們卻痛苦地尖叫著，因為他們想要活下去。

我小心翼翼地踏著小步伐，走過一排排躺在行軍床和地上草蓆的人們。從我的眼角，我看到某個東西匆忙跑開。我跳了起來，然後又放鬆了，那只是一隻老鼠罷了。我繼續往前走，看著每一個病患，尋找著那個祖母。我很不想拿食物給一個我不喜歡的老太婆。如果她是媽，那就另當別論了。這個念頭令我的心一沉，哀傷傳遍了全身。如果她是媽的話，照顧她應該能夠彌補我所犯下的所有過錯吧。

在我前方，兩個護士跪在一個小男孩身邊，旁邊有一個愁眉苦臉的老婦人盤腿而坐。護士們正在忙著準備用銀色盤子裝著的工具、繃帶以及酒精罐。我站在他們旁邊，看著那個一動也不動地躺在草蓆上的男孩。他看起來約五、六歲，但我真的不確定。他的眼睛微微睜開，嘴唇是毫無血色的灰白色。當我看到他那嚴重燒傷的上半身，我的身體因疼痛而顫動。他的皮膚看起來似乎很容易就可以被撕下來。他的其中一條腿從大腿以下都不見了，另一條腿則裹著繃帶。那個老婦人輕聲哭泣著，她的手緊抓著男孩的小手，拇指輕輕畫著圓圈按摩著他的手背。她用另一隻手扇著他的身體，趕走那些等著舔舐他燒傷身軀的黑綠色蒼蠅。

「Bong Srei[7]，他怎麼了？」我問那個正在準備替他清理的護士。

「他走來這裡想要看——」這時那個男孩尖叫起來，讓那個老婦人啜泣得更大聲了。當我聽到那個護士說男孩是因為踢到一個手榴彈或是踩到地雷時，我的腳趾和腳又感到刺痛起來。我很快地從他們身邊離開，那個男孩尖叫著，直到昏厥過去。

當我找到那個祖母時，一個護士正在替她換繃帶。那個護士很年輕漂亮，身上的白色制服已經變灰。她跪在那個祖母身邊，伸向她的手臂。那個祖母把護士的手揮開，尖叫抗議著。另一個護士聽見她的尖叫聲，很快走地過來幫第一個護士。她抓住祖母的肩膀，把她壓在行軍床上。被壓住後，祖母只能乖乖躺下。

「妳認識她嗎？」護士問道，注意到我就站在她身後。

「是的。」

「嗯，那妳最好幫我們一下，她很難搞。抓住她的另一條腿，免得她踢我。我必須換她的繃帶。」我很快照做了。

一個護士壓著她的肩膀，我的手臂抱著她的一條腿，另一個護士很快解開一層層血淋淋的繃帶，那個祖母扭動著身子試圖掙脫我們。地上盤繞的繃帶像長著紅點的白蛇。然後祖母的腳踝

7　高棉語，意思是「姊姊」。

露出來了，它又紅又腫，上面覆蓋著一層薄薄的乾血，腳踝上方有一個菸蒂大小的黑色圓點。「子彈直接穿過了肉實在是太幸運了。如果再低一點的話，腳踝很可能就碎了。」那個祖母尖叫以示回應。「看起來狀況不錯，但我們還是得清傷口。」護士拿著裝有工具的銀盤，把酒精倒在一個白色塑膠碗中。然後她拿著一個夾子，把一塊白布放入酒精碗中將它浸透。「好，現在真的得把她壓住了。」我緊緊抓住她的腿，指甲掐入她的肉中，護士則用那塊沾滿酒精的布擦拭傷口。祖母尖叫出聲，同時咒罵著我們，但護士繼續用布擦著傷口，將乾掉的棕色血跡擦拭乾淨。當她終於清乾淨、感到滿意之後，就用乾淨的白色繃帶把傷口再包紮起來。

「求求妳，」那個祖母懇求道，她瘦骨如柴的手指將鼻涕從鼻子抹到臉頰上。「求求妳給我一點藥。真的很痛。」在那短暫的一刻，那個祖母看起來很脆弱，顯得走投無路，具有人性。我心裡很同情她。護士看著她，緩緩地搖了搖頭。「很抱歉，奶奶。如果我們有藥的話，我一定會給妳一些的，但我們根本沒有藥。」祖母哭了起來，雙手按摩著靠近腳踝的地方。她看起來如此虛弱和哀傷，連我都覺得她可憐了。

護士離開後，祖母的臉就陰沉下來，把注意力放在我身上。「妳在幹嘛？快把我的食物給我！」她很兇地對我說道，打開香蕉葉，露出裡面的飯和鹹豬肉。「蠢女孩！我知道妳在路上一定偷吃了一些。我老了，我比妳更需要這個。」我什麼話也沒說，只是繼續站在那裡。「妳是個小偷——我知道妳一定是。我們收留了妳，妳居然一點都不知道感恩。愚蠢的小偷！」聽到她惡毒的話語，我實在無法再繼續真心替她感到難過了，因此我離開她，把她留在叫罵呻吟聲以及垂死的惡臭中。

第二天，那個父親就把祖母從醫院接回家了。在茅屋中，她笑著和孫子們玩耍，完全不理會站在茅屋外的珠和我。幾個小時之後，當珠和我在餵孩子們吃飯和魚當午餐的時候，我們看著那個父親走向正在菜園澆水的金。那個父親站在他面前，對金說幾句話，令他噘起了嘴。金把水桶放下，然後朝我們走了過來。

「我們再過幾個小時就必須離開了，這家人無法再負擔讓我們留在這裡。他說有一家人願意收留我們，他很快就會回來帶我們到那裡去。」金的聲音很堅強又堅定，但他的肩膀卻垮下，垂頭喪氣的。金和珠對於這個父親這樣的宣布感到很驚訝。而我呢，早就知道這是遲早會發生的事，而我心想他會做這個決定有多少該歸咎於我。我們和他們住在一起已經將近兩個月了，也漸漸習慣了這裡。我很感激他找到一個願意收留我們三人的家庭，我很慶幸我們不用再回去過無依無靠的日子。

珠和我繼續餵那幾個孩子吃飯，金則回到菜園裡去。孩子們吃完飯後，我把他們的手和臉上的髒污及飯渣擦乾淨。在茅屋中，珠把我們額外的那套已經褪色破舊不堪的睡衣褲摺好，然後將它們放進金的背包裡。

到了下午，那個父親回來後問金我們是否已經準備好了。金點點頭，拿起背包，把我們所有的家當都扛在肩上，珠和我則跟在他身後。我們的手緊緊地牽著，眼睛看著前方，沒有和那個母親或那些孩子道別就離開了。那個父親帶我們走到一英里外的一戶人家，把我們介紹給新家庭，告訴他們我們工作得很努力。金感謝之前的那個父親替我們說好話並為我們找到新家庭。珠和我也學金一樣，向他鞠躬謝謝他。他突然間轉過身，沒有說一句安慰或祝我們好運的話，就離開了。

這個新家庭裡有一位母親、父親以及三個孩子，年齡介於一歲到五歲之間。他們住的茅屋比第一個家庭的大，但我們依然被貶到茅屋的一角。在茅屋後有一座生長茂密的大菜園，屋前佇立著一顆果實累累、高大的芒果樹。珠和我必須幫忙照顧孩子和菜園，以及負責各種其他家事，金則必須和那個父親一起去捕魚及撿拾柴火。放下我們的行囊後，那個母親就把嬰兒交給我，指示我照顧她的孩子們，然後帶珠到菜園去。在茅屋外，我抱著嬰兒，一邊看著那個母親蹲在一排排蔬菜旁邊，開始拔草，珠也順從地照做了。當她在菜園裡彎著身子，她那身褪色的紅色高棉睡衣褲鬆垮地垂在纖瘦的身體上。珠今年十一歲，只比我大三歲，但有時候我覺得自己比她年長。我依然對她能夠這樣逆來順受而不反抗感到很不可思議。

雖然我們是以幫傭的身份和這家人住在一起，但他們對我們很好。這家人經常會吃特別的點心，例如椰糕或甜麻糬。無論多麼想吃，金、珠和我都不能自己去拿來吃。那個母親和孩子們可以任意拿他們想吃的，我們只能等到人家拿給我們。就算他的孩子們大吵大鬧說想多吃一點，那位父親總是會各放一塊在我們的盤子裡。他們偶爾會大聲一點講話，但從來不會咒罵或動手打我們。儘管紅色高棉禁了宗教，但他們依然持續祕密地信奉佛教。佛教中一個主要箴言是教人要對其他人仁慈，否則下輩子就會轉世成鼻涕蟲被所有人踐踏。這家人由於來自鄉下，所以非常迷信——尤其是那位母親。每當有那種她無法解釋或理解的事發生時，她就會怪罪於超自然力量。她每天都會向土地婆祈禱蔬菜能豐收，向河神祈禱漁獲量豐收，向風神祈禱雨量能豐沛，向太陽神祈禱生命力能旺盛。

我每天要做的家事之一就是洗全家人的衣服。現在很多村民都穿顏色鮮豔的衣服了，包括我們的新家庭。我用充滿渴望的眼神看著那位母親的深橘色紗籠，羨慕地望著她那天藍色的襯衫。我想起了媽幫珠、玉和我做的紅色連身裙，我們的第一件連身裙。

某個新年的早上，我記得琪上了粉紅色、紅色、藍色和綠色的塑膠大髮捲在頭髮上，還用了上百根黑色小髮夾固定在各處，看起來就像刺蝟身上的刺一樣，然後她一邊幫我梳頭，把我的頭髮綁成馬尾。珠在她旁邊，坐在我們的床上幫玉穿衣服。琪弄完我的頭髮後，在玉的嘴唇和臉頰上擦了口紅和腮紅，珠和我穿上我們的新連身裙，站在那裡對彼此的美麗感到驚豔。我們在床上興奮地跳著，床墊發出嘎吱聲，惹得琪開口罵了我們。在走廊的另一頭，媽從她的珠寶首飾中挑了金項鍊和手環給我們戴。她把一對紅寶石耳環拿出來留給琪，因為她是我們幾個女孩當中唯一有穿耳洞的。在廚房中，我們家的幫傭把棕色的烤鴨切片，同時將白色月亮形狀的糕點放在一個藍色的大盤子上。在客廳裡，爸、貴、孟和金身上穿著最好的衣服，正點著橘色的線香。他們朝裝飾著金色和銀色中國字、寫著「幸福快樂」字樣的紅色神壇鞠了三個躬，然後把線香插入一個裝滿飯的黃色陶碗中。

我臂彎中的嬰兒拉了拉我的頭髮，把我從白日夢中拉回來。我看著那位母親，相信她對於能夠穿著顏色鮮豔的衣服一定感到很快樂欣喜。我低下頭看著自己的衣服，心想我什麼時候才能換下這身紅色高棉制服，穿上顏色鮮豔的衣服。我夢想著有一天能擁有一件紅色連身裙，取代被士兵燒掉的那一件。

那位母親把嬰兒從我手中抱過去，打斷了我的遐想，並叫我去洗衣服。由於吃了太多青芒果，三個孩子都拉了肚子，把床單都弄髒了。我把髒衣服和床單捲起，放進一個柳條編製的籃子中，然後往河邊走去。我把籃子抱在腰間，涉水走進河中，直到水深及我的膝蓋。我拿出床單將它攤在水面上，讓它緩緩往下沉，腹瀉物漂浮在水面上。當我這樣做時，有小魚游過來吃那些髒東西，有些甚至咬著我的腳。由於沒有洗衣精或肥皂，我必須將床單在岩石上拍打才能試圖把它清洗乾淨。這份差事令我感到噁心，但我還是沒有抱怨地照做了，我擔心如果不做，新家庭就會把我送走。

有時候那位母親會派我到森林裡去撿拾柴火。我會在路上和碧西碰頭一起出發，並確保我們不會靠近越南佬的基地。有一天我們走在路上時，一股惡臭撲鼻而來，令我開始咳嗽。那聞起來就像雞肝曝曬在太陽底下太久而腐爛的味道。我們從小徑走進一塊空地，我在還沒看到屍體之前就知道那是什麼味道了。那具屍體在陽光下腐爛著，我屏住呼吸朝它走過去。

「走吧，我們回去吧。」碧西催促道，一臉蒼白。我對她搖搖手繼續往前走，她留在後面。我捏著鼻子，朝它走過去。那張臉看起來像已經融化了一般，露出了顴骨和鼻軟骨的尖端，牙齒外的嘴巴也已經沒有嘴唇。在腐爛的眼瞼下方，那雙眼睛深陷在頭顱中。眼瞼和嘴巴上都覆蓋著白色的小蟲卵，有些已經孵化成蛆了，爬呀爬著就消失在皮膚下方。黑色的長髮陷入了草地中，和泥土合而為一。胸腔已經塌陷在黑色衣服下方，上百隻黑綠色的蒼蠅早已以此為家，在屍體上大快朵頤。我摀住嘴，強忍住嘔吐的衝動，不敢再看下去。我很快地轉身離開，但死亡的氣味依然在我的衣服上揮之不去。

「他是紅色高棉士兵。他死了是活該，真可惜他們沒有全都死光。」我激動地對碧西說道。她什麼也沒說。我其實並不知道那具屍體是平民的還是士兵的。如果把屍體想成平民，就會讓我想到爸。如果我把它們全想成紅色高棉的屍體，就比較容易不對死者產生憐憫之心。我恨他們所有人。

緊抓著對紅色高棉的恨意不放也讓我能夠繼續過著這種平淡乏味的日子。我的另一個固定職責是到河邊為全家人取水。每天早上，我都會把兩個水桶用一根扁平的長木棍扛在肩上，然後出發去取水。走到河邊只需要十分鐘的時間，但在二月的豔陽下總是感覺更久。我瞇著眼睛看著水中的倒影，勾勒出一個站在河岸上的女孩身影。她的身高不比我高出多少，一隻手插在腰間，一臉挫折地注視著河岸。她把她的水桶從木棍上拿下來，揮打著岸邊草叢裡的一個東西。

「妳在做什麼？」我問她。

「我想要把屍體鬆開，讓它流到下游。」她趁停下來喘息的時候說道。距離我們站的地方幾尺處，有一具身穿黑色睡衣和長褲的屍體漂了過去。他是個成年男子，比村裡大多數人都要高大，身材也更胖。他在河裡上下浮沉著，手和腳看起來又光亮又臃腫，彷彿是白色橡膠做成的。他的上半身隨著水流搖擺，但他的褲管被河岸上的樹枝勾住了。每次那女孩用木棍戳他時，他的頭都會在水中上下浮動。

「我想要把他鬆開，讓他可以流到下游。他會把水弄髒，然後他的體液會流到我的水桶裡。」我覺得她的邏輯很有道理。我把我的水桶拿下來，用我的木棍幫忙把屍體推開。在我們兩人一起揮打的情況下，它浮沉搖擺得更厲害了。最後我們終於把褲管鬆開了，屍體往下流動了幾尺，但又在河岸附近卡住了。這一回他離我們又稍微遠了幾英寸。

「這裡的水太淺了。數到三，妳推身體，我來推頭。」我指揮道。在我們同心協力之下，屍體終於往下游流去，他的長髮飄散開來。這個畫面令我感到揪心，也讓我腹部一陣翻攪。在那短暫的幾秒鐘，我想到了玉，希望那些士兵沒有把她裝在一個袋子裡，然後扔進河裡。我一想到有人戳著她的身體就差點哭出來，但我把淚水壓抑了下去。「又是一個該死的紅色高棉。」我低聲嘀咕道。「我恨他們。我真希望他們都能死光。」我們等了幾分鐘，直到認為體液都已經從我們身邊漂走之後，才開始取水。

在茅屋中，那個陶土做的水缸和我的胸口一樣高。我得跑好幾趟路，幾乎花一整個早上才能將它裝滿，但到了一天結束時，水還是快用完了。到了傍晚，珠、金和我在睡前會再次去取水。我們會讓水缸裝滿水，這樣拿水的時候才比較容易，否則我們很擔心如果得從底部取水，我們很可能會掉進水缸裡。

金、珠和我現在已經得了兩個星期的紅眼症了。我擔心可能是我傳染給他們的，都是因為我太大膽去看死人的屍體。不知道怎麼搞的，那種病一定是從屍體上飛到了我的眼睛裡，讓眼睛變得像我用棍子去戳的鮮血一樣紅。每天早上我醒來時都無法睜開眼睛，因為我兩眼的眼瞼都黏在一起了。雖然很痛，但我依然又摳又捏又拉地把眼屎從眼睫毛上弄掉，但因為實在太厚了，所以一直徒勞無功。

「金，你在嗎？」我喊著他。在黑暗中，我感覺到一隻手摸過來找我，抓住了我的手臂。

「是我。」珠小聲說道。「妳準備好了嗎？我已經牽著金的手了。」

「好了。」

金抓著珠的手，用屁股往前滑行，直到他來到茅屋門口。他往下跳到地上，接著幫忙珠和我。我們手牽著手，摸索著走向水缸。金舀起一整碗的水放在地上，我們蹲在旁邊，用手舀起水洗眼睫毛。

這時那位母親已經醒來了，驚訝地看著我們。「你們一定是看到狗在交配了。」她告訴我們。「看髒東西是種罪惡。這是神祉在懲罰你們，讓你們瞎眼了。」

紅色高棉的攻擊　一九七九年二月

天空一片漆黑，空氣靜止了。除了蟋蟀彼此呼喊的規律叫聲之外，一切都寂靜無聲。突然間，一個響亮的爆炸聲把我們吵醒。我猛然坐直身子，依然因巨響而耳鳴，我的心臟和腹部都因震動而抖動。然後我們聽見一個尖銳的哀鳴聲，接著是另一枚飛彈在附近爆炸的聲音，茅屋的稻草牆和屋頂因震動發出沙沙聲。孩子們聲嘶力竭地尖叫著，緊緊貼在他們的母親身旁。那位父親從茅屋中跳出去，跑到外面看，珠、金和我跟在他身後。在外面，地面劇烈地搖晃著，劈啪作響的黃色、橘色和紅色火焰吞噬了一個鄰居的茅屋。灰色的煙飄上了天空，白色的灰燼像粉末般落在我們身上。

「珠！金！」我喊道。

「跟我來，不要走散了。」那位父親對他的家人大喊道。他抱起其中兩個孩子，跳出了茅屋外。那位母親緊緊將嬰兒抱在懷中跟了出去。珠和我在那裡等著，金跳進茅屋中拿他的背包。隨著更多枚飛彈朝村莊飛射過來，我們四周到處都有人在哭喊尖叫著求助。黑色的夜空變得光亮無比，因為許多房子都被火焰吞噬了，村民們也爭相逃離。

我們踩著恐懼的步伐，跟在那位父親身後，當他閃躲時我們也跟著閃躲，當他彎身時我們也跟著彎身。我們來到河邊，然後手牽著手，涉水朝對岸走去。河水像波浪般噴濺著，因為有數以千計的人同時跳入了河中，試圖前往對岸。他們的頭上頂著或肩上揹著小包袱，背上則揹著孩子，涉水走過深及胸口的溪流，迫切地想要逃往安全的地方。一到對岸，我們就暫時躲在一棟有著低矮水泥屋頂、只剩下三面牆的老舊廢棄倉庫裡。

「我們今晚在這裡歇腳。」那位父親告訴我們。「這裡有越南佬在看守，所以很安全。」有越來越多的人抵達，庇難所很快就被擠滿了。在那些人當中，我看見碧西從門外跑了進來。

「碧西，在這裡！」我在哭喊的人群當中大聲喊道。她揮了揮手，和她母親及哥哥一起朝我們跑了過來，坐在我們旁邊的空位。

我們一整晚都待在黑暗中，擔心如果有任何亮光都可能向紅色高棉士兵暴露我們的所在位置。每個人都很安靜，輕聲呼吸著，有些人甚至還試著睡覺。我蹲在碧西和珠中間，一邊向爸祈求他的保佑，一顆心大聲砰砰跳著，任何一點聲響都會令我驚然一跳。珠坐在我身旁，緊緊抓著金的手，我用力緊咬著牙，試圖保持鎮定。我們一整晚都能聽見外面遠處傳來迫擊砲和飛彈持續爆炸的聲響。

時間過得很慢。我輕踏著腳，彷彿在聽著什麼輕快音樂打著拍子，希望能讓時間過得快一點。珠盤腿坐著，一下子緊握雙手，一下子又鬆開。金在她身旁，躺在地上，把背包當枕頭用。那位父親和母親在我們旁邊伸長了腿，孩子們睡在他們的大腿上。在我們四周，許多家庭都直接躺在地上，沒有蓆子或毯子將他們的身體和骯髒的地面分開。他們的膝蓋緊貼在胸前，手臂撐著頭充當枕頭。

到了大清早，一切又恢復了寂靜。每個人都發出鬆了一口氣的嘆息聲，我幾乎可以感覺到避難所似乎變寬闊了。突然間，飛彈的咻咻聲毫無預警地飛過附近，擊中了我們的避難所！爆炸聲響亮得幾乎令我們窒息。我伸出手去拉碧西，然後又突然把手抽回，因為我的掌心觸碰到她身上一個又濕又黏的東西，我的腹部頓時一陣翻攪。我轉頭看到碧西臉朝下趴在地上，靜靜地一動也不動。她的頭頂已經凹陷，一攤血緩緩地從頭部滲入泥土中。她的頭髮很濕而且纏結著，黑色的頭上沾著許多像豆腐一樣的小塊狀物。我的手上依然沾著她的血和腦漿。碧西的母親尖聲喊著她的名字，把她摟在懷中。我把她的血和腦漿抹在褲子上，在驚恐之中站起身來跟在金和珠身後跑出避難所，遠離碧西，遠離她尖叫的母親，遠離那份威脅著要佔據我心的哀傷。

到了外面，人們四處逃竄，一邊尖叫哭喊，一邊往四面八方跑去，碰撞推擠著彼此。金和珠牽著手跑在我前面，一邊喊著要我跟上。我們不知道該往哪裡跑，我們只是一味地跑著。然後金停下腳步，回頭朝避難所的方向望去。

「我把背包忘在裡面了！」他喊道。

「繼續往前跑！我去拿，再追上你們！」我對他大聲喊道，在他來得及回答之前，我就不見了。我知道他必須照顧珠。我走進那座被摧毀的倉庫，濃厚的人體燒焦味令我心跳加快。黑煙遮蔽了我的視線，刺痛著我的眼睛。跨越大片的水泥和部份已經倒塌的牆，我往我們之前停留的地方走去。當我看到碧西的媽媽將她的屍體摟在胸前啜泣時，我的心不禁往下一沉。碧西癱軟地躺在她媽媽懷中，血浸濕了媽媽的襯衫。到處都有好多血。然後我看到碧西的媽媽也受傷了，她的腹部和手臂都在流血。碧西的哥哥蹲在她們身旁，催促媽媽趕快離開。他的聲音顫抖著，告訴她紅色高棉士兵正在渡河，隨時就要過來了。

我抓起背包，對懇求哭喊的求救聲置之不理。我只顧著往前看，從死人身上跳過去，趕著和我的哥哥姊姊會合。我看見他們在等我，就大喊著要他們繼續往前跑。飛彈雖然已經停止射擊，但紅色高棉士兵正在逼近。我聽見他們的子彈從身旁呼嘯而過，不敢回頭看，我知道他們在那裡。我拚命地跑著，前方一個男人被子彈擊中倒下，他的身體跑到一半就停住了，胸口猛然往前傾，然後就墜倒在地。很多人都被擊中了，在我周圍一個接著一個倒在地上。有些人一動也不動，有些人則用手肘匍匐前進，試圖逃到安全的地方。

追上珠和金之後，我們一起往前跑，不敢回頭看。我們看見一面殘破的老水泥牆佇立在地上，約九十公分高、一百二十公分寬。我們蹲在牆的後方，珠用雙手掩住耳朵，緊閉著雙眼；金則一臉蒼白，倚靠在牆上。我們待在那裡，感覺過了好幾個小時，直到一切又恢復平靜。當我們不再被炸彈轟炸得震耳欲聾，我這才注意到頭頂上有東西正繞著圈子嗡嗡叫著，然後我感覺到皮膚像被很多細小的針刺著。

「大黃蜂！」我尖叫。我們站起身來，發現我們居然打擾了蜂窩。我們的手臂和腿上都佈滿了紅色的大腫包，之前被叮的時候因為太害怕，沒有感覺到疼痛。確定安全之後，我們才離開去找寄養家庭。終於，我們在越南佬的營區附近找到了他們。

「你們和婦孺一起待在這裡。」那位父親告訴我們。「待在這裡，直到我們回來找你們。男人們必須先把村裡的死屍都清理乾淨。」那天下午他這樣說道，然後就離開到村子裡去了。他告訴我們，越南佬已經在幾個小時前重新將我們的村子從紅色高棉手中搶了回來。

「這比任何人想像的都還糟。」那位父親從村子裡返回後對那位母親說道。「有一對夫婦躲在自己挖的防空洞中，不過那其實只是地底的一個洞罷了。士兵朝裡面扔了一顆手榴彈，把他們兩人都炸死了。我們也找到很多受害者的頭，被用頭髮吊掛在家門前，或是扔到街上。紅色高棉士兵真的認為這些人站在越南佬那邊，背叛了他們。」

這些死於紅色高棉攻擊下的受害者的故事像野火般傳了開來：嬰兒被扔到半空中然後用刺刀穿刺而死；被分屍的屍體一具具赤裸地堆疊在一起；一個男人的軀幹被發現在家門口，下半身卻出現在別人家門口；也有人被發現胸膛被剖開，肝臟卻不見蹤影。紅色高棉士兵相信吃下敵人的肝臟能帶給他們元氣和力量。那天晚上，當我小心翼翼地朝村裡走去時，這些屠殺的畫面在我腦海中不斷重播。我毫不懷疑這些故事的真實性，我知道波布的手下幹得出這種事。我走在那位父親和他的家人身後。珠和金拖著步伐走在我前面，目光緊盯著地面。悶燒的火堆殘骸中飄散出燒焦人體的味道，瀰漫了整個村莊，血跡和血泊沾汙了茅屋的台階和支柱。無論走到哪裡，我的目光都盯著地面，避開任何貌似手榴彈的東西。我也很害怕會踩到地雷，村民都說紅色高棉士兵會在攻擊之後埋下地雷，以便在他們離開之後繼續進行傷害及殺戮。

攻擊發生後的幾天，我在撿拾柴火的途中碰巧遇見了碧西的哥哥。他和金年紀差不多，也和金一樣，眼中露出非常哀傷的神色。他的身體相當結實靈活，所以能夠輕而易舉地爬上棕櫚樹摘果實。我站在那裡看著他，非常欽佩他能夠飛快地爬上爬下。「Chum reap suor[8]。」我喊道。他對我點點頭。「你要去哪裡？」我沒有問他關於碧西的事。

「我每天都會去捕魚還有摘棕櫚果給媽。她人在醫院，我會帶食物去給她，然後陪她過夜。她已經逐漸康復了。」我很驚訝他跟我說了這麼多話。他把果實剝了皮，然後遞給我一片。

「Aw koon[9]。」我向他道謝，但他沒有聽見，他已經走遠了，拿著果實往醫院走去。

第二天，我又在同樣的地方遇見他，正剝著棕櫚果。我走過去問道：「你媽媽今天好嗎？」他抬起頭，我看見他的眼睛又紅又憤怒。

8 高棉語，意思是「你好」。
9 高棉語，意思是「謝謝」。

「滾遠一點，別煩我。」他吼道，拿著生鏽的銀色大菜刀朝我撲來。我雙膝顫抖著從他身邊跑開。「別靠近我！我恨你們所有人！」他大吼大叫著，我蹲著身子躲在樹叢中。突然間，他不再追我了，他扔下了菜刀，呆若木雞地站在那裡。他垂頭喪氣地彎下腰，緩緩坐在地上。他的手肘靠在膝蓋上，將臉埋在手中，泣不成聲地嚎啕大哭著，肩膀不由自主地顫動。我為他感到心痛。我想要去安慰他，但我只是轉身離開了。現在他也孤苦無依了。

現在是一九七九年四月，我們的未來一天比一天渺茫。一想到要去和另一個家庭住在一起，我就感到懼怕，但我知道這遲早會發生。金依然希望我們的哥哥貴和孟還在某處活著，很快就會來找我們。我們也不知道能如何去找他們或我們在巴登的舅舅們。

金每天晚上幹完差事後，就會到越南佬的營區去。那裡有個供新來的難民居住的區域，人們會聚集在那裡，試圖找尋彼此。每次有新人來到營區，金就會問他們是否認識或聽過我們的哥哥。然而，他們總是會給他同樣令人難過的答案。每天晚上，他都會邁著蹣跚的步伐回來告訴我們消息，但在他有機會開口之前，我的心就已經無比沉重。腦海中一浮現他們可能已經死亡的念頭，我就會感到世界一片黑暗。我盡力將這個念頭趕出腦海，貴和孟一定還在什麼地方活著。

有一天，當我正在餵寶寶的時候，其中一個孩子跑過來告訴我金和一個男人一起回來了。我不敢抱有希望。珠和我互看了一眼，我們的眼中充滿恐懼，祈禱那個男人是我們的哥哥。我看見金的身影朝我們靠近，孟走在金的身邊。我不知道該哭還是該朝他跑去，我實在是太開心了。他還活著。我們是一家人。我發現自己竟然有點害羞，生硬又不自在地站在那裡。孟微笑著撥亂了我的頭髮，當我被他的手碰到時，整顆心都飛了起來。他是真實的——這不是我的憑空想像！

「跟我們一起走吧。」孟說道，然後去找那位父親談話。當孟再次走出來時，珠、金和我就跟他一起走了。當金和孟交談時，珠和我很安靜。我看著大哥，內心因為想到媽而沉重起來。他有和媽一樣的杏眼、長臉、高聳的顴骨和薄唇。在金邊的時候，他都會穿藍色的喇叭褲、牛仔夾克，還會留著當時流行的鬢角。他對每個人都很和善，女孩們都覺得他很帥。而現在的他二十二歲，卻已經是個老頭了。然而，即使他身穿破爛的黑色睡衣褲，有著一張滄桑的臉和一雙哀傷的眼睛，我依然能看出那是我在金邊時的哥哥。

孟帶我們到那個新來的人居住的地區。他們的深綠色帳篷搭在幾棵樹的中間。在帳篷前，有兩個黑色的布製吊床低垂地綁在兩根樹幹之間。帳篷和吊床看起來都很髒，卻比這裡最大的茅屋更讓我有家的感覺。他告訴我們他和貴跟三個女性朋友一起住在這裡的兩頂帳篷中。他說貴的妻子在越南佬入侵時逃出了勞改營，他相信她回到家人的村莊找生還的家庭成員了。和他們住在一起的那些女子是朋友，因為女人自己住很危險，所以她們問我哥哥是否能同住。

我們抵達他們的帳篷後不久，貴也回來了。我看著他悠哉地朝我們走來，他的姿態很優雅，步伐很穩。他總是讓我想到老虎——強壯、飛快、敏捷，但露出牙齒的時候很兇惡。他褪色的黑色上衣和長褲捲了起來，露出小腿和前臂。他的眼睛很深邃，臉很消瘦，下巴方正，耳朵豎得筆直。雖然年僅二十歲，但貴全身上下都給人一種冷酷嚴厲的印象。當他看見我們時，他的臉變得柔和起來，然後露出了開懷的笑容。他走過來和金、珠和我打招呼。他一邊和孟說話，手一邊放在我的頭頂上——就像爸以前一樣。

那天晚上，我們一家人坐在營火旁，聽著孟訴說他們的故事。當越南佬在十二月底入侵柬埔寨時，他和貴一起在一個勞改營。有一天晚上，飛彈墜落在他們營地附近，在混亂之中，很多人都逃跑了，包括貴的妻子。但孟和貴就沒那麼幸運了，他們在茅屋外被紅色高棉士兵攔了下來。士兵之所以沒有殺掉他們，是因為需要他們當搬運工。當越南佬越來越逼近，紅色高棉士兵只能往叢林深處撤退。每天晚上，當紅色高棉士兵停下來休息時，貴就負責砍柴，而孟為他們所有人煮飯。某天晚上，貴告訴孟他們必須想辦法逃走。士兵一直往深山裡撤退，到時候他們就會完全被紅色高棉控制，不但與外界隔離，連逃亡的路線都會被阻斷。如果他們現在不逃的話，很可能就再也不會有機會了。

貴和孟趁士兵們在睡覺的時侯假裝去上廁所。他們各偷了一袋二十英磅重的米，然後在樹林裡會合。他們起初走在一條小徑上，但後來擔心被士兵追蹤，於是又往樹林裡走去。在那裡，他們聽著湍流的水聲找到了一條小溪。到了溪邊，他們把幾根木頭綁在一起，做了一個木筏。他們把米袋放在木筏上，然後往下游漂去。水又冷又急，很多次都差點把木筏沖壞。儘管他們的牙齒打顫，身體也顫抖著，依然勉強漂流在水面上撐過了一夜。到了早上，他們就來到了菩薩市的基地營，也就是我們現在的所在地。

我們又團聚了。孟看到我的眼睛開始緩緩閉上，於是帶我走向他的布吊床。我爬了上去，頓時感到疲累不堪。珠也走了過來，爬上吊床躺在我身邊。吊床把我們緊緊地包起來，就像豆莢保護著裡面的豆子一樣，讓我們的身體緊貼著彼此。入睡時，我想著爸和媽，我好想他們。我聽見金在營火旁，用顫抖的聲音告訴哥哥關於爸、媽和玉的事。他們用悄悄話彼此交談，彷彿試圖保護珠和我，不讓我們聽見已經知道的事實。我閉上眼睛，不想看到孟和貴得知消息後臉上的表情。我們家剩下的家人又再次團聚了。有哥哥們在身邊，我感到既安全又放鬆。當我漸漸墜入夢鄉，我聽見孟宣佈我們接下來要去巴登找舅媽和舅舅們。巴登是媽的老家，也是我們和亮舅舅及興大舅道別的地方。我們會到那裡等著其他倖存的家族成員回來。由於巴登離這裡很遠，我們必須在此地多留一段時間聚集物資。雖然這樣有風險，因為紅色高棉很可能依然掌控著某些路段，但我們會再次步行上路，希望能夠和親戚團聚。

處決　一九七九年三月

幾天後，孟滿臉通紅、氣喘吁吁地回到帳篷，告訴我們他剛從越南佬的監獄回來。他說越南佬逮到了一個紅色高棉士兵，而且把他囚禁在那裡。他說當村民們得知這件事後，有上百個人衝到了監獄那裡，要求把紅色高棉士兵交到他們手中。男人、女人和小孩擋住了監獄的入口，威脅著如果沒有達到他們的要求就要暴動。他們手上拿著鐵棒、斧頭、刀子、木棍以及榔頭——所有那些被紅色高棉士兵用來殺死受害者的武器。

孟說擠在監獄那裡的村民們只想著一件事：血債血還，一命還一命。他們想要公開處決那個囚犯。他們吶喊威脅著越南士兵，質問為什麼囚犯可以被保護。他們已經抱著就算把監獄拆了也要把囚犯弄到手的決心。最後，越南佬打開了大門，把囚犯交給了人民。群眾拿著武器在空中揮舞，心滿意足地歡呼著。他們終於有力量可以為自己的苦難報仇了。

孟描述著兩個高棉男人如何往前走去，把那個囚犯從越南佬手中接過來，群眾又再次歡呼起來。兩個男人把囚犯拉走，人們在他們周圍又推又擠。他們把他帶到城鎮外圍的一片空地中央。有人拿了一張椅子過來，將它放在人群中央。兩個男人把囚犯推到椅子上，把他的雙手綁在背後，雙腳也綁在一起。

聽到這裡，我的心就興奮地怦怦跳了起來。終於有機會替爸、媽、琪和玉殺人復仇了。「來吧，珠！我們去看吧！」我懇求著她。

「不，拜託妳不要去。」珠懇求著我。

「我必須去。我們終於有這麼一次機會可以殺掉他們其中一個。」

「如果孟和貴知道的話，他們不會高興的。」

「那妳可別告訴他們。妳難道不想親眼看到處決嗎？」

「不。」珠一旦下定決心後，就不會再改變。

我無法說服她，只好一個人去了。為了走到空地，我得涉水橫跨一條河，爬過一座高高的山丘，走過一座破橋，然後在大太陽下走三十分鐘。當我抵達時，已經有上百人在那裡，站在那個囚犯四周。他們的身體擋住了我的視線，我左移右動，試圖在人群中找到空隙，卻徒勞無功。挫折不已的我在人群間鑽動著往前移動，一邊大聲喊道：「抱歉，我看不見。」那些高大的身體厭煩地發出輕蔑和氣惱的哼聲，不過還是讓我過去了。我在人群正中央，四周滿滿的都是人，我什麼也看不見。我抬起頭看著那些大人的臉，他們都朝同一個方向看過去。我鬆了一口氣，跟隨他們的視線望去。「抱歉，我看不見。」我重複請求著，一邊推擠一邊踩著別人的腳趾試圖擠到最前面。終於，我在人群的腿間看到空隙了。我試著穿越，但大家對眼前的事實在太全神貫注了，所以沒有人肯移動。我下定決心，手腳著地，在一雙雙棕色的人腿叢林中爬到了最前方。

他就在那裡。我站了起來，發現自己幾乎和他面對面，中間只相隔了四．五公尺。我不自覺地拉起布巾遮住了我的頭和臉，我的心狂亂地跳著，恐懼滲透了全身。他正在看著我，他可以看見我。如果他逃脫跑過來殺我怎麼辦？我往後退開一步，緊靠著人群尋求庇護。群眾蠢蠢欲動，充滿期待和興奮，緊緊包圍那個囚犯，怒視著他。我從來沒有目睹過處決。憤怒令我全身沸騰，只看到他們一個人被殺是不夠的！

他的臉上面無表情，也沒有開口求饒。他直坐在那張高椅背的椅子上，佈滿碎石子的山丘就像個舞台。他很黑，身穿紅色高棉的黑色衣褲——我身上依然穿著這身黑色衣褲。他打結的頭髮汗水淋漓，他低垂著頭專心看著腳。粗糙的麻繩把他的腳綁得很緊，都滲出血來了。還有更多繩索將他綁在椅背上，從胸口繞著身體一直往下到腹部。

「殺人犯！應該要讓你慢慢痛苦地死去！」有人大喊道。

我們就是這樣打算的。我希望他知道他的生命就要結束了。我希望他知道，我們之所以在這裡是因為想要他的命，而且很快就會讓他見血。人們大聲談論著該用什麼方法殺他最好，爭論著什麼樣的處決方式是最漫長、最痛苦的。他們討論著應該使用哪種工具敲破他的頭顱、割斷他的喉嚨。有人說我們應該讓他坐在大太陽下，一點一點地削開他的皮膚，然後把鹽抹在傷口上，還有人想要徒手掐死他。討論持續了很長一段時間，但人們對於該怎麼做無法達成共識。

最後，兩個中年男子走到最前方，群眾安靜了下來。那個囚犯抬起了頭，他現在看起來非常害怕。他瞇著眼睛，嘴唇移動著，彷彿在喃喃說些什麼，但又改變主意緊閉上嘴。汗水從他臉頰上滑落，流過喉結，浸濕了他的上衣。他低著頭，再次看著自己的腳，知道已經無路可逃。他的政府養出了一群一心想要復仇、嗜殺成性的人民。波布把我變成了一個想要殺人的人。

「兄弟們、姊妹們、叔叔們、阿姨們，」兩個男人之一喊道，「我們已經決定要處決這個紅色高棉，他的血將會為他所屠殺的無辜人民復仇。我們想問有誰願意當劊子手。」群眾歡呼起來。他們環視四周，心想誰會第一個自願上台。起初都沒有人舉手，之前大家說了那麼多大話，但現在每個人都沉默下來。然後，有幾個人開始舉手，群眾才又熱絡起來。

一個女人大聲地哭泣著，擠到了人群最前方。她很年輕，或許才二十幾歲。她的黑色直髮往後綁，露出一張方正、消瘦的臉。她和我一樣身穿紅色高棉的衣服。雖然她流著淚，但她的臉陰鬱而憤怒。

「我認識這個紅色高棉士兵！」她大聲說道。她的左手拿著一把九英寸長的刀，那把刀是銅棕色的，不僅生鏽了而且很鈍。「他是我村子裡的紅色高棉士兵。他殺了我的丈夫和寶寶！我要為他們報仇！」

這時另一個女人也從群眾當中擠了出來。「我也認識他。他殺了我的孩子和孫子，現在我在這個世界上已經沒有親人了。」第二個女人比較老，大約六、七十歲。她很瘦，身上穿著黑衣。她的手中拿著一把榔頭，木製的把手已經磨損有裂痕。一個男人把那個女人拉到一旁，其他人繼續對觀眾說話。我已經沒有在聽了，我像著了迷一般盯著那個囚犯。當那兩個女人走上前時，他稍微抬起頭看了一下，但現在他又恢復了原本的姿勢，低著頭，眼睛注視著地面。

我面無表情地看著那個老女人緩緩地朝他走去，手上拿著榔頭。在我們上方，烏雲也隨著她移動，她走到哪就跟到哪。她站在他面前，盯著他的頭頂。我想要遮住眼睛不看即將發生的事，但我做不到。那個老女人的手顫抖著，將榔頭高舉在頭頂上方，然後用力地朝囚犯的頭顱敲下去。他大聲地尖叫，那個聲音像木樁一樣刺穿了我的心，而我想像著，爸或許就是這樣死的。那個士兵的頭往下垂，然後像隻雞一般上下搖擺著。鮮血從他的傷口湧出，流下他的額頭、耳朵，然後滴到他的下巴。那個女人再次舉起榔頭。我幾乎為他感到憐憫，但現在要放他走已經太遲了，要回頭已經太遲了。對我的父母和我的國家而言，一切都已經太遲了。

鮮血濺滿了那個女人的衣服、身體、頭髮和臉。她尖叫著，再次將榔頭高舉在頭頂上方。血滴噴濺到我的褲子和臉上，我把它們擦掉，手掌上留下了紅色的污痕。那個老女人又發出一聲尖叫，這一回她的榔頭擊中了他的腿。他的腿抽動了一下，卻被繩索牽制住了。榔頭一而再再而三地擊中他的手臂、肩膀、膝蓋，然後那個年輕女人朝他走了過去，手上拿著刀，朝囚犯的腹部猛刺過去。更多的血湧了出來，灑在他的椅子上。她又朝他猛刺，這一回是在他的胸口。那個紅色高棉的身體抽搐顫抖著，彷彿有電流正在他的腿、手臂以及手指中流竄。漸漸地，他不再動了，癱坐在椅子上。

最後兩個女人也停止不動了。她們的武器滴著血，然後離開了。當她們轉過身時，我看到她們的表情也像是死了一般。她們的頭髮和衣服滴著血和汗，她們的臉又紅又僵硬，只有眼睛看起來是活的，燃燒著更多憤怒和憎恨。當群眾讓開讓她們通過時，兩個女人都沒有說話。在處決的過程中，群眾並沒有歡呼，只是看著，沉默而面無表情，彷彿在看一隻被殺來作食物的動物一般。當兩個女人離開後，群眾才開始騷動起來。

「你有看到他的血有多濃稠、多黑嗎？那簡直是惡魔的血！」

「血很濃稠是因為他一直在吃我們辛苦栽種的食物，而我的家人卻因飢餓而死！」

「她們為什麼沒有讓他死得慢一點？」

人們一個接著一個回家去了，留下我獨自站在那裡盯著那具屍體。我的腦海中浮現我父母和妹妹被謀殺的畫面。當我站在那裡想著他們是怎麼死的，我的心又再次被撕裂了。我很快地把悲傷趕走。那具倒下的屍體讓我想起了躺在自己母親懷中的碧西，碧西的頭也同樣流了很多血。這個士兵的死卻無法讓他們任何人起死回生。

群眾已經散去，只剩下我們十個孩子想看看大人會如何處理屍體。最後來了三個男人走向屍體，割開了綁住他的腿和手的繩索。當他們鬆開他胸口的繩索時，屍體從椅子上滾落，墜倒在泥土地上。一個男人用繩索緊緊繞了屍體的胸口三圈，三個男人抓著繩索的末端，將屍體拖走，在泥土地上留下了一條血跡。我和其他孩子跟了過去。那些男人把屍體拖到一口井邊，然後停下腳步。直徑一百二十公分的圓形水泥井牆高出地面六十公分，過去曾經是白色的水泥牆現在已經長滿了黴而變成灰色，周圍的雜草也因枯萎變成棕色。

他們轉身對我們喊道：「你們幾個孩子幹嘛跟著我們？快回家去吧！離這裡遠一點。這裡沒什麼好看的！」

我不相信，繼續和其他孩子一起站在那裡。他們背對著我們，彎下身子，把那具沾滿塵土的屍體從地面上扛起，扔進井中。當它墜落到底時，我聽到一個很大的撲通聲。然後每個男人都將他們沾滿血的雙手在草地上抹了抹，又抓起了一把土，搓著手掌去除血跡。最後，他們一起離開了。其他孩子和我則面面相覷。

從井裡傳來的味道實在太可怕了。我捏著鼻子，一邊摀住我的嘴，走上前往裡面窺視。那股味道如此惡臭，我的眼睛都流出淚來了。幾秒鐘後，我的眼睛才適應了井中的黑暗，然後，在下方九公尺處，我緩緩地看見了水面上漂浮著的人形。我的眼睛看不見的，我的腦海都能幻想出來，而我看到了陰暗的死人面孔往上盯著我瞧。我立刻拔腿就跑，手臂和腿上的汗毛都豎了起來。

「不要摔進去了——否則那味道永遠也洗不掉！」我對其他孩子大喊道。

回到巴登 一九七九年四月

在難民營的時候，孟、貴和金每天早上都會去捕魚。我的工作是在附近的樹林裡找野菜和香菇，珠則負責守著我們的帳篷。男孩們每天帶糧食回來，我們通常會吃一半，剩餘的我們會用鹽醃、炙烤或是曬乾來保存。這些日子裡，我們每天晚上睡覺時肚子都是飽的。我們有魚和野菜，還有孟和貴從紅色高棉那裡偷來的米。我們算是幸運的，大多數的老人和小孩都病懨懨地躺在營地外圍，難民營中有很多人都會因疾病或飢餓而死。

到了四月底，貴和孟決定我們可以離開菩薩市了，他們認為我們已經累積了足夠的物資，可以撐過前往巴登的漫長旅途。我們拋棄了帳篷，帶著幾個深鍋、平底鍋和一些衣服以及我們所有的糧食。我們跟貴和孟的兩個女性朋友一起離開，但第三個女生留了下來，她要去尋找可能生還的家人。貴和孟的肩上各扛了十五磅重的米，我們其他人則幫忙帶幾包衣服、毯子還有其他食物。

我的頭上頂著米鍋，轉身看了菩薩市最後一眼。我的目光停留在山脈上，想起了爸、媽、琪和玉。山峰雄偉地朝天空聳立著，大片的雲朵在上方投射出陰影。一切看起來都如此平靜、正常，彷彿我們過去四年中所經歷的地獄從未發生。四年前，在一九七五年四月十七日，紅色高棉佔領了金邊，最終讓我們流落到菩薩市。在那山上的某處，爸、媽、琪和玉依然被困在那裡，無法和我們一起離開。「爸、媽、琪，還有玉，」我對他們喊道，「我現在要帶你們回家了。我不要道別。我永遠不會道別的。」

我們日復一日往前走著，只有到了晚上才停下來。在乾熱的四月豔陽下，我們的黑色衣褲吸著陽光，熱氣沉重地壓在皮膚上。我們的身體越來越疲憊，我們的背很痛、腳起了水泡，然而我們還是一直往前走。就在幾乎整整四年前，我們從金邊撤離。我記得那時我一直哭著抱怨太陽有多熱，爸把手放在我頭上撫慰我。那時的我根本不習慣炎熱、太陽以及堅硬的地面，因為爸讓我們過著備受呵護的中產生活。現在我的身體早已習慣了極端的環境和天氣，但我的心卻從未真正接受我們失去的人所留下的空缺。現在我們要離開了，我希望無論他們在哪裡，他們的靈魂都會跟我們回巴登。

一天晚上，我們在一個廢棄的茅屋裡歇息。這裡是鳥不生蛋的荒郊野外，而且非常容易受到紅色高棉的攻擊。這個臨時避難所必須容納我們七個人，還有另外一戶比我們早到的家庭。另一戶人家有一個母親、父親和一個寶寶。那位父親生病了，他的臉和腳都是腫的，那位母親和寶寶也是。當我看見那個家庭的母親時，我把她認成了媽。那個女人簡直是媽的翻版！我想要朝她跑過去，和她說話、抱抱她，但後來我看到躺在她身旁的丈夫。他的年齡和爸差不多，但他們的相似之處僅此而已。那時我就知道她不是媽了，因為媽絕對不可能和爸以外的男人在一起。我不敢問我的兄姊們是否也覺得相像。我看著他們的眼睛，注意到他們並沒有像我那樣盯著那位母親。我的哥哥們和珠是否也覺得她像媽呢？

那家人待在茅屋的一樓，我們則移到樓上去。那天晚上，在入睡之前，我的哥哥們練習著從二樓往下跳，以便遭受紅色高棉攻擊時能夠逃生。他們用不同的方式往下跳，並移開了任何可能在著地時傷害我們的物體。然後他們測試了樓梯在壓力下的穩固程度，並練習從樓梯跑上跑下。珠和我坐在那裡擔心著，不認為自己能夠跳下來而不把腿摔斷。現在我們又團聚了，但我總覺得會有事情再次把我們分開。我很擔心如果遭受攻擊，我會被遺留在後。如果我們不能所有人都活下來的話，我希望至少有些人可以，我知道那會是爸想要的，不過這個念頭依然讓我感到焦慮。當我確定哥哥們都已經入睡後，我脫下我的布巾，躺在樓梯下方的地板上睡覺。

次日早上，在我們離開之前，我趁哥哥和姊姊不注意的時候，拿了一些煮好的飯包在香蕉葉裡。樓下那個女人已經醒來了，正在餵她的寶寶喝母奶。我沒有勇氣和她說話或是看她，因此我只是把飯放在她旁邊，然後在她來得及開口說話之前就離開了。我用渴望的眼神回頭看著茅屋，心想不知道他們日後會如何。看起來他們今天似乎無法離開了，因為她的丈夫和寶寶都生病了，他們或許又得獨自在這裡度過一晚。

我們日復一日繼續往前走著，直到我已經數不清我們走了多少天。我們每天都在走路，只有到了晚上才會停下來。一路上，我的腦海中都有爸、媽、琪和玉的陪伴同行。我在心裡和他們說話，我會向爸抱怨我的腳長了水泡、關節疼痛，向媽描述我在路邊看到的美麗花朵，向琪報告貴、孟和他們的女性朋友如何打情罵俏。至於玉——我實在想不出來該和她說些什麼。對於玉，我只能保持沉默。

「我們已經離巴登很近了。」孟說道，打斷了我的思緒。「如果舅媽和舅舅們還活著，我們很快就能和他們團聚了。」我們已經在路上走了十八天，糧食配給也一天天地變少。

在我們前往巴登路上的最後幾個小時，孟和貴問了很多騎自行車或搭牛車的人是否和我們同路。當他們說是的時候，我的哥哥們就會懇求他們替我們捎口信給舅舅，說我們已經到了。不到一個小時，我們就看到一個熟悉的身影朝我們騎著自行車過來。是亮舅舅！亮舅舅依然有著當年我在金邊畫的那副火柴人身材，只不過現在他的背更駝了。哥哥們朝他跑去，他們擁抱著彼此哭泣起來。亮舅舅從包包裡拿出一些甜米糕，看到那些灑滿烤芝麻粒的甜米糕，我不禁瞪大了眼睛口水直流。

「這個是給妳的，珠，還有一個給金。」我害羞地走到他面前，伸出了一隻手。「對不起，小女孩。我只夠給我的家人，沒有多餘的可以給妳了。」我的臉因羞恥和困窘而漲紅，我的親舅舅居然不認得我了，他以為我是個無家可歸、正在討食物的乞丐。

「舅舅，」孟笑著說道，「這是良啊。」

「噢，那這個給妳吧。」亮舅舅驚訝地微笑一下。

珠、金和我前胸貼後背地坐在自行車後座，緊抓著亮舅舅。我們正在往媽的兒時故鄉前進，但媽卻已經不在了。到了巴登，每個人看到我們都很開心。亮舅舅和他的家人依然住在我們當年借住的那間茅屋。亮舅舅的妻子錦舅媽看到我們後，第一件事就是讓我們把身上的髒衣服脫下來，給了我們幾套新衣服。她給了我一件天藍色的上衣和長褲，衣服柔軟地觸碰我的皮膚，同時閃閃發光，讓我感覺既美好又輕快——整個人脫胎換骨了！在茅屋後方，我看著錦舅媽把我們的髒衣服扔進一個鋁盆中用水浸泡著，然後她在水中灑了一把白色的洗衣粉，開始搓洗我的衣服。我著迷地看著清水在洗衣粉的作用下變成灰色，然後是黑色。

當貴和孟在兩個小時後徒步抵達時，他們訴說了我們的經歷。錦舅媽聽到發生在我們身上的故事，不禁哭了起來。舅舅夫妻要他們兩個一遍又一遍地敘述一切發生過的事。在同普村，亮舅舅的家庭被認為是基地家庭，因為他們從革命前就已經居住在同一個村莊裡。我的家人一邊聊著戰爭的事，我則假裝什麼也不記得。他們沒有過問我的經歷，在我們的文化中，都是由最年長的孩子負責講述家族故事。人們不會去詢問小孩的意見、感受，或是他們各自承受了什麼，我也不會主動說出我如何被教化成童兵、差點被強姦，或是當我得知媽的事時如何失去了三天的記憶。我有很長一段時間都緊抓著那些記憶不放，因為它們令我感到憤怒。我的怒火讓我變得更堅忍不拔。然而，現在將這些記憶封在心裡和腦海中卻成了一件無法忍受的事。

我經常在他們聊天的時候離開，但有時我只是坐在那裡默默地聆聽。從他們的對話中，我得知在菩薩省被解放前的幾個星期，位於磅士卑省的村莊巴登就被越南佬解放了。此外，紅色高棉的幹部在每個省也各有不同。在東部的省份，紅色高棉的幹部比較溫和、有人性，人們的工作時間通常比較短，糧食配給比較充裕，士兵也不會不分青紅皂白地亂殺村民。在巴登，亮舅舅和興舅舅的家庭都被允許可以同住。雖然許多在他們村莊落腳的新人都被帶走，從此不見蹤影，但由於我的家人擁有基地人士的地位，保護他們免於被殺戮的命運。在我們先前居住的菩薩省，那裡的幹部是最兇殘瘋狂的。「你們的母親，」亮舅舅說道，搖了搖頭，「再過兩個月，只要再過兩個月，她就能熬過來了。」

聽到這裡，我很快地站起身從他們身旁走開。我走到鎮上的新市場，那是越南佬來了之後才設立的。由於沒有貨幣系統，米被當作貨幣使用。人們購物的時候會帶著一袋米，用來交易想要的物資。我沒有米可以買東西，但我依然在市場中穿梭，同時也想起了金邊。和金邊不同的是，這個市場其實只是空地上的一個聚集場所罷了。這裡沒有販賣八軌磁帶播放器、進口膠皮長褲或是染髮膏的棚子，也沒有隨著吊掛的金銀項鍊與手環而閃爍著光芒的高檔攤販。在這座巴登的市場中，自製的木頭長桌上擺著魚乾、豬排、已去毛的黃色雞肉、綠色的四季豆、白色的玉米、紅色的番茄、橘色的芒果、成熟的芭樂、木瓜以及一些煮熟的食物。那些擁有最多「貨幣」

的人還可以從食物區走到書籍區，只要花幾公斤的米就可以買到舊高棉語、中文、法文或英文的字典和小說。

這裡的市場生意很興隆，因為大多數的人先前都不需要離鄉背井，所以他們都安頓在此已久。我們的家人很窮，靠著耕作一小塊地才存活下來。我帶著一顆沉重的心，一邊走在市場中，一邊聞著所有美味食物的香氣。我在一攤賣豬肉餃子的攤販前停了下來，豬肉餃子總是會讓我想到媽，那是她最愛吃的。「再過兩個月她就能熬過來了！」我在腦海中尖叫著。「她為什麼不能再撐兩個月？媽是不是做了什麼蠢事被逮到了？她抱怨工作了嗎？她們一定是露出軟弱的樣子了。她們到底做了什麼？」我的目光緊盯著那些餃子，憤怒在我心中升起，我憎恨同時怪罪母親沒能再撐兩個月。只要再八週，六十天，一千四百個小時，她就能熬過來了。

幾個星期後，舅舅為孟安排了一樁婚事。他的新娘叫央，今年二十出頭。央在撤離金邊時因為人在學校，所以和家人失散了。她不知道他們在哪裡，也不知道他們是否還活著。錦舅媽說，央不僅是華裔，而且非常聰明伶俐，所以她真的相信央就是最適合孟的妻子。錦舅媽告訴孟他現在是一家之主了，需要一個妻子在他工作的時候幫忙照顧我們。他們見面後的一個星期就成婚了。沒有什麼大型的慶祝，只有一場小小的儀式，一切都在一天內搞定，然後就結束了，生活又恢復到和往常一樣。

每天早上，孟、金和表兄弟們都會跟亮舅舅一起在他們茅屋後方的小田野中幹活。他們種植了馬鈴薯、洋蔥、大蔥、豆子以及番茄，但土地在紅色高棉執政期間全都荒廢了，所以十分貧瘠，根本長不出任何農作物。貴偶爾會去做苦力，幫人把一袋袋沉重的布料、水果和米從牛車搬上搬下扛到新市場中，賺點小錢。央和表姊妹們則留在家裡用玉米和小麥製作烤薄餅、甜糕以及餅乾，我們也會用這些食物來換米。

珠、那些年紀較小的表兄弟姊妹和我會在市場中賣他們製作的東西。我們沒有攤子、沒有椅子、沒有推車，也沒有桌子。我們把柳條編製的籃子靠在腰間，身穿藍色衣服，打著赤腳走在新市場中，叫賣著當天的貨品。我們大多是賣給其他攤販，五個甜糕或十個餅乾可以換得十二盎司的米。當我看見一個衣著講究的女人走進市場時，我就會衝到她身邊，露出開懷的笑容，將籃子舉到胸前，希望能吸引她的目光。我盯著她耳朵上垂下的紅寶石耳環，一時之間，我突然喘不過氣。「媽。」我在心中輕聲喊道，然後朝她走得更近一點。那個女人抬起手揮了揮把我趕走，沒有理會我，從我身邊走了過去。我的眼睫毛濕潤了，我的微笑也消失了。

三個月以來，我們就是這樣在巴登過日子的。然後有一天，一位女士從鎮上來到這裡找央。她年約三十多歲，是名華裔，她說她是從越南過來找央的。當央看見那個女人，她的臉立刻皺了起來，開始嚎啕大哭。那是她其中一個姊姊！她們投入彼此的懷抱，相擁了好久。她們站在那裡哭著，沒有對彼此說太多話。

「母親和父親都還活著，在越南過得很好。」她告訴央。「大姊也是。我們的哥哥失蹤了，大家認為他應該死了。我們在撤離的時候逃到越南去，就一直住在那裡。我們以為妳死了！」第二天，央和孟就出發前往越南了。柬埔寨的經濟很糟，孟認為在越南或許會有工作機會。他說他過幾天就會回來，無論是否和央一起。

我們等著孟的歸來，日子過得特別慢。我們的家人繼續和以往一樣生活著，男人們在田裡工作，女孩們在市場裡賣食物。到了晚上，珠和我會坐在茅屋外看著路面，直到天色變暗，直到舅媽叫我們進屋睡覺為止。每一個孟不在的日子，我的焦慮感都會倍增，我心想，不知道他是否真的會回來。金感覺到我的恐懼，告訴我孟前往越南的那條路非常安全，而且不會穿越任何紅色高棉的地區，然而我還是很擔心。但孟遵守了承諾，終於在四天後獨自回來了。孟和我們一家人坐在茅屋裡，興奮地談論著越南、西貢以及央的家人。最重要的是，他談著打算離開柬埔寨前往美國的事。

孟告訴舅舅們，很多柬埔寨人都離開前往泰國尋求新生活、逃離戰爭了。此外，他們也擔心紅色高棉可能會再度奪權，殺掉更多人，直到一個也不剩。很多柬埔寨人都徒步往北邊走，穿越危險的地雷區和紅色高棉掌控的區域，身上只帶著少量的糧食和水，涉險前往泰國。很多人不是在路上踩到地雷死了，就是被紅色高棉俘虜。

他說前往泰國最安全的路就是經由越南。孟解釋，在越南，人蛇集團或是沒有身份文件就離開那個國家都是違法的行為。如果我們被逮到和集團有牽扯，無論是唆使者或是難民，越南政府都有權拿走我們的黃金，並把我們送進大牢裡關上五年。

「那需要花很多錢。」他告訴我們。「我們不可能有錢負擔所有人的費用。從越南前往泰國難民營的小船，一個船位就要十盎司的黃金。」他說央的家人認識這個經營人蛇集團的人。「從其他家人那裡籌到以及賣掉媽剩餘珠寶的錢加起來，我們只夠兩個人可以去。」

亮舅舅把手搭在孟的肩膀上。「你爸已經不在了，孟，所以現在你是一家之主了。你的人生已經不再只是屬於你自己了，你有一家人得照顧啊。」他默默地說道。

「舅舅，我這麼做就是為了我們家人。我會帶良跟我一起去。她還小，可以有機會去上學、受教育，然後出人頭地。」在金邊的時候，我們這些年紀較小的孩子學的是法文，但爸讓孟和貴學的是英文，因此孟的英文已經很流利了。到了美國之後，孟打算努力工作寄錢回來給家人。他要存錢蓋一棟房子，然後在五年內讓其他家人也一起過去。亮舅舅依然有顧慮，但我們已經決定了，孟和我在週末之前就會出發離開。

雞鳴時分，我們的家人聚集在茅屋外和我們說再見。當孟和親戚們道別時，我和珠站在一起，緊抓著她的手。舅媽和表兄弟姊妹一個接一個上前來摸著我的頭髮、手臂和背。孟把我們的行囊綁在自行車後座，然後把我抱起來，讓我坐在上面。我跨坐在包袱上，終於和大人們一樣高了。然後我低頭看著珠，她抬起頭看著我一邊哭著，嘴唇顫抖著，臉也垮了下來。我們向彼此伸出手，又再次緊握了幾秒。我不知道該如何說再見，所以我什麼話也沒說。無論如何，我都堅決不讓自己哭。珠可以哭，每個人都知道她會哭。我是堅強的，所以我不能哭。我永遠不會了解珠是怎麼從戰爭中生還的。

孟坐上自行車，緩緩地開始踩著腳踏板，珠不得不放開了我的手。他們現在全都淚流滿面，揮手向我們道別。我沒有回頭。我知道他們會等到我們離開視線之後才離開。我咬著牙，強忍住淚水。「五年。」我們騎著自行車離去時我在心中想著。「再過五年我就可以再見到他們了。」

從柬埔寨到越南 一九七九年十月

我坐在孟的自行車後座，回到了金邊。我的心狂亂地跳著，一邊全神貫注地觀看和聆聽這座城市的景象和聲音，一切都和我記憶中大相逕庭。建築物都已經被火燒焦，牆壁上佈滿了彈孔；街道上四處散落著廢棄物，路面上到處都是又大又深的坑洞。路上有很多自行車和三輪車，但卡車卻很少。寬廣的林蔭大道兩旁那些又高又綠、盛開著燦爛花朵的樹木都不見了，取而代之的是高大的棕色棕櫚樹和椰子樹，根本無法為這座乾熱、殘破的城市遮蔭。雖然棕櫚樹上長滿了沉重的果實，我卻沒有看到有人爬上去摘。人們說紅色高棉把屍體都埋在這些樹旁，所以現在棕櫚汁全都變成了像沖淡的血一般的粉紅色，而果實嚐起來也像人肉的味道。臨時搭建的帳篷已經不僅出現在貧民區，而是遍布在整座城市中。在巷弄內、街道上、殘破的建築和帳篷裡，到處都有人住。有很多農民和鄉下的村民，他們搬到城市來原本是想找工作，因為他們的土地都已經被到處埋了地雷，他們為了逃避依然掌控著部份鄉間的紅色高棉而來到金邊。來了之後，他們就隨便找了廢棄的住宅住了下來。我的腦海中頓時盈滿了過去曾經住在這裡的回憶。

「大哥，」我對孟喊道。在中國文化中，年幼的孩子從來不許直呼兄姊的名諱，因為那被認為不成體統而且不尊重。「大哥，你可以帶我去看我們以前的家嗎？」

「那裡跟以前已經不一樣了。它已經殘破不堪，到處都是彈孔，不過我們可以去看看。」他回答道，繼續踩著自行車。他告訴我當他和央及她的姊姊前往越南的途中經過這座城市時，他曾經去看過。他說現在已經有別人住在我們的公寓裡了。因為在一九七五年被佔領之前，並沒有保留任何證明人們的資產所有權的文件，所以誰先抵達房子或公寓在裡面住下來，誰就有權說那是自己的。他說那已經不是我們的家了。不過我還是想去看看那個記憶中充滿喜悅和歡樂的地方。我想問孟更多關於舊家的事，但他變得很安靜，陷入了沉思。城市和垃圾的臭味撲鼻而來，令我想捏住鼻子，但我沒有這麼做。相反地，我只是緊抓著孟。他猛然將自行車左彎右拐，試圖避開路上的坑坑洞洞。

我們在下午接近傍晚的時候抵達了港邊，但太陽依然炙熱地曬著我們。孟扶著自行車讓我跳下來，然後告訴我留在原地等著，就牽著自行車消失在人群當中。小販對著來往的人群叫賣著他們的商品，海鮮攤販手臂和臉上的魚鱗在陽光下閃爍著金光。在一排排的桌子上，大大小小的魚拍動著牠們的尾巴，下方則放著一塊塊的冰磚。現在是十月，雨季即將結束，乾季就要開始了。孟說當天氣熱的時候，海洋中的水面就會下降，所以魚群會移動到離海岸更遠的地方，也會更難捕獲，因此這裡的魚價格才比平時更加昂貴。

幾分鐘後，孟和一個越南漁夫一起回來了，他們很快地陪我上了一艘小漁船。上了船之後，他就遞給那個漁夫一個小金塊，那是他賣掉自行車得來的，然後我們就出發了。這艘船看起來不到四．六公尺長，大約有一．五公尺寬。它的木身船體非常老舊，小馬達發出嘎嘎聲，緩緩地沿著湄公河前進。我放眼望去所能看見的都是被水覆蓋的土地。刺眼的陽光將原本綠油油的景色變成了一片銀色湖泊的魔幻之地。黑色的長獨木舟宛如鱷魚般滑行，優雅地在水面上行駛。在湄公河的另一邊，我看見橘色和金色的寺廟尖頂，在泥濘的紅色表土上方聳立。那個漁夫坐在一小堆魚旁邊駕駛著船隻。我坐在中間，頭髮朝四面八方亂飛著，風清涼地吹拂在我的皮膚上。我的目光飄向港口，聽著那裡傳來的雜音。我正在離開柬埔寨，搭著一艘越南佬的船，和一個越南漁夫在一起，前往越南。孟忘了帶我去看我們的舊家了。突然間，我的腦海中出現大姊同志拿著鐮刀衝過去掐著漁夫脖子的景象。我很快搖搖頭將那個畫面趕出腦海，我要把這一切都忘了。

過了好幾個小時之後，我們就快到越南了，那個漁夫用不流利的高棉語叫我們趴在地上，不要抬頭。他攤開一張藍色的塑膠布把我們蓋住，只留下一個讓我們的頭可以穿出的小洞，然後把一堆堆的漁獲扔在塑膠布上面，再次示意我們躲在下面。在塑膠布下方，我身上蓋滿了魚，進入了越南。我掙扎地呼吸著，試圖不讓自己被魚腥味薰得窒息。當我們靠近朱篤港後，漁夫把塑膠布掀開，讓我們可以呼吸新鮮的大海空氣。我們上岸後，孟找到一個公車站，用他上次來這裡時留下來的越南錢買了車票。我們就要前往西貢了！

從公車的車窗看出去，西貢是個繁榮熱鬧的城市。街道上擠滿了頭戴錐形草帽的男男女女。女人都擦著紅色的唇膏，身穿鮮豔貼身、側邊開岔的連身長裙，露出下方寬鬆飄逸的長褲。在街上，她們都大聲地彼此交談和大笑，也不會遮住嘴巴。她們不會避開眼神，也不會左顧右盼；她們不會低垂著肩膀，手臂也不會緊貼在身側。她們輕鬆地邁著大步，就像當年的我們在紅色高棉佔領之前那樣走路。在每一條街上，都有商店展示著錶帶上有花朵裝飾的手錶，黑色的收音機中大聲播放著越南歌曲，電視裡的布偶在對開心的孩子說話，無頭的人體模型穿著大紅色的傳統連身裙。街道上擠滿了比金邊更多的自行車、摩托車以及小轎車。小吃攤和推車看起來更大、更乾淨，而且都漆著比柬埔寨更鮮豔的色彩。就像在金邊一樣，人們會坐在巷弄中大啖著湯麵，咬著包在萵苣葉中的香脆炸春捲。我只希望有一天金邊也能像西貢一樣快樂和富饒。

我們和央的父母在他們位於西貢的一間小公寓裡一起住了兩個月。孟、央和我睡在閣樓上。央的姊姊們也住在城裡，但有她們自己的公寓。孟和我因為沒有工作，靠著央的家人慷慨解囊才得以生活。央和她的父母都會說流利的越南語，因為他們在金邊時就是住在越南佬的社區。現在他們已經可以和人交流、購物，而且不會顯得那麼孤立。央的家人對我們非常好。跟孟和我不同，吃飯的時候總是大聲地喧嘩大笑著，尤其是喝酒的時候。孟和我不會說越南語，所以我們大多數的日子都只能看著別人，試圖學會他們的語言。

在我們抵達後的一個星期，央告訴我，我們要去美容院燙頭髮。我上次剪頭髮是在同普村時錦舅媽幫我剪的，但那已經是好幾個月前的事了。我和她一起搭著三輪車，在城市裡隨著司機在車陣中穿梭。我一邊指著霓虹招牌和電影看板給央看，一邊咯咯笑著，非常期待我多年來第一次的專業剪髮體驗。

三輪車最後停在一間美容院前。央付車資給司機，我盯著海報中有著捲曲棕髮、黑色直髮、波浪短髮，以及頭頂上高高盤著編織麻花髮髻的俊男美女相片。到了裡面，牆上掛滿了鏡子以及更多的美人照片。越南音樂持續從收音機裡播放出來，美容院裡的女人剪著顧客的頭髮。一個女人讓我坐在椅子上，然後開始替我的頭髮上小髮捲。接下來，她把聞起來酸味很重的藥水倒在我的頭髮上。過了二十分鐘後，她把髮捲取下來，呈現在我面前的是一整頭小捲髮，不再是我過去那頭直髮。我盯著鏡中的自己，一邊笑著一邊拉扯著捲髮，覺得它們好漂亮。那天晚上我是趴著睡的，害怕把那頭捲髮給壓壞了，然後我夢到了琪。

每天晚上，我都會坐在孟的大腿上，聽他翻譯從附近書店買的關於美國的書。他描述著雪花如何像一張柔軟的白色毯子般覆蓋著大地。我無法想像雪是什麼模樣，因為我這輩子只見過兩種冰，一種是我們用來冷藏肉類的冰磚，另一種則是壓碎拿來吃的刨冰。他說那比較像刨冰，但更軟一些。我可以想像自己製作刨冰賣給美國小孩發大財，然後我就也可以幫忙寄錢回家了。孟告訴我應該用正確的名稱「越南人」來稱呼越南佬，他說越南佬這個字眼是帶有貶損意味的，既然我們現在住在越南，我們就不該用這個稱呼。在西貢，孟的臉因為吃了央做的春捲和湯，每天都變得越來越圓。我的身體也漸漸填滿了衣服，不過我的肚子還是比臀圍大。

到了十二月，孟告訴我，我們要去湄公河三角洲下方一個叫隆登的地方，和央的其中一個姊姊及她家人住在船屋裡。當我們抵達港口的時候，央的姊姊用一艘小船來接我們，帶我們到新家去。水面上看起來就像個船屋城市一樣，有好幾百艘船屋緊鄰彼此停靠在那裡。有些是十二公尺長的雙層船屋，有著穩固的木牆和漆著顏色鮮豔的屋頂，門上還垂掛著一串串七彩珠飾。其他的則看起來像臨時搭建的布帳篷或漂浮在水面上的茅草頂小屋。在甲板上，婦女們在陶土窯中烹煮食物，一邊和鄰居大聲交談。年幼的孩子們坐在甲板上，雙腳懸盪在水中，隨著船隻輕輕地來回搖擺。一個小女孩一邊笑著，一邊把水潑在兄弟姊妹的臉上，他們在船旁邊的水中上下跳躍著玩耍。

我用羨慕的眼神盯著那些女孩，心想我還要再等五年才能再次見到珠。當我們靠近目的地時，小船的速度也緩慢下來。我們的兩艘船屋長六公尺、寬三公尺，緊鄰地停靠在那裡。木牆和屋頂都因雨水和陽光而顯得灰白老舊，但除此之外看起來很堅固。央的姊姊和她的五個孩子住在其中一艘船屋上。孟、央和我則和另一個越南男人住在另一艘，那個男人也是人蛇集團的人之一。他的任務是看著我們、保護我們的安全。身為我們的負責人，每當鄰居問起關於我們的背景、我們為什麼在這裡，或是我們還住過這條河上哪些地方時，都是他負責開口回答的。他年約二十出頭，看起來像個好人，但我還是不怎麼信任他。

住在船上讓我們能夠融入其他人當中，因為船屋換地方停靠是很稀鬆平常的事。如果我們突然在某天晚上消失前往泰國的話，也不會引起太多疑心。當我們坐在甲板上，我們不能說高棉語或中文，只能說越南語，我們也不能結交朋友或是和任何家人以外的人來往。

日復一日，因為沒有別的事好做，我學會了摺紙鶴和說越南語。在小甲板上，男孩們和我會摺紙飛機，讓它們在空中飛翔。天氣熱的時候，我就會從船屋上跳進混濁的河水中，保持謹慎不讓自己喝到水。河水看起來黃黃的，我經常得游開漂過的動物死屍、垃圾以及糞便。

三個月以來，我們就這樣過著緩慢、平淡的生活，我們的船屋也一直停靠在同一個地點。然後，在一九八〇年的二月，另一個越南人到船上來加入我們。某天晚上，這些越南人叫我們進去裡面，於是我們緊張地坐在黑暗中，隨著船緩緩地駛離。突然間，傳來對著我們喊叫的吵雜聲，要我們停下來。我的一顆心都快蹦出來了。

「我們只是一艘漁船而已。」我們的負責人說道。

「我們想看你們有什麼魚。」那個聲音堅持說道。在幾分鐘的交談之後，我們的人成功地用他的金錶賄賂了闖入者，然後一切又安靜下來。我們的船繼續平穩地往前駛，然後我就睡著了。我應該睡了好幾個小時，因為當我再次醒來時，我們已經在汪洋大海中了，四周除了一望無際的海之外什麼也沒有。不久之後，好多隻手把我抱了起來，把我帶向從一艘漂在我們船旁邊的大船側邊懸吊下來的繩梯，我很快地爬上梯子到另一艘船上。在那艘九公尺長的船隻的甲板上，七個船員忙著把人拉到船上，然後把他們趕到甲板下方。一整個早上都有更多小船抵達，送來乘客。到了下午，船上已經有九十八個人，每個人都以五或十盎司純金的代價支付了逃亡的費用。他們蹲在甲板下，準備奔向自由。

就這樣，我們在暹羅灣的海洋上漂了三天兩夜，宛如在一個木棺材中漂呀盪著。通往甲板的小入口旁坐著一個船員，確保所有人都乖乖待在下方。「船的底部一定要重。」他說。「否則就會翻船。」在甲板下方，比較幸運的人可以靠邊坐，沒那麼幸運的人則蹲伏在中間，把頭夾在雙膝之間。空氣很糟，聞起來有汗臭和嘔吐物的味道。我夾在孟和央中間，當周遭的人嘔吐時，我屏住呼吸。天色很快就暗了，我從甲板的門口偷瞥見明亮的星斗，它們也興高采烈地對著我眨眼。我爬到門口，站在那裡，沉浸在明亮的月光下。

「先生，求求你，可以讓我上去嗎？」我小聲對那個看守人說道。他低頭往下看著我，點了點頭。我緩緩地爬上台階坐在他身旁，清涼的微風吹拂在我身上。那個看守人對我微笑，用他的手指指著夜空。它很美——漆黑，永無止盡，被數十億顆星星照亮著。它美得令人屏息，我真希望可以讓時間靜止，永遠存在於這個夢境之中。在我們四周，水面和天空的交接處清晰地將天與地分隔開來。在天堂的某處，我希望爸、媽、琪和玉都在守護著我。

第二天早上，我被船員的吵雜聲吵醒了。「鯊魚！」他們喊道。「如果牠們撞到我們的船，弄出一個洞來的話，我們就全都死定了！」我挪到船邊，瞥見了一群有著銀色皮膚的鯊魚，牠們的體型和我一樣大，朝我們的船游來，但在最後一秒鑽到了船下。我暗自向爸祈禱，請爸將牠們趕走。過了幾分鐘後，那群鯊魚覺得無趣了，就不再跟著我們了。當水面又再度安全後，船員才讓一小群人到甲板上呼吸新鮮空氣。過了幾分鐘後，他們又再回到下面來，直到每個人都有機會到甲板上。因為那個船員喜歡我，所以我一整天都可以待在甲板上。

第二天，天空佈滿了憤怒的風暴雲。一陣陣猛烈的雷雨打在海面上，巨浪威脅著要吞噬我們的船隻。除了船員之外，船長要所有人都待在甲板下方，並把船艙蓋緊緊關上。乘客們緊緊依偎著彼此祈禱著，然而海面卻變得更加波濤洶湧，船身也像鐘擺一般左右搖晃得更厲害，每一波浪濤都劇烈地拍打著船側。人們嘔吐、大聲呻吟，害怕自己的死期將近。哭喊聲在黑暗中迴盪，震耳欲聾。我倚靠在牆上，將我的食指深深插進耳朵中，試圖阻隔那些聲音。當我塞住耳朵後，我聽見的只有自己呼氣和吐氣的輕微颼颼聲。

感覺像過了好幾個小時之後，船身終於慢慢不再搖晃得那麼劇烈，一切也又恢復了平靜。在暴風雨過後，船員打開了船艙蓋，新鮮空氣湧入了船艙中。我跨越過病懨懨的人們，在任何人能阻止我之前爬上了甲板。雲已經散了，太陽又從雲朵後方露出臉來，在我們身上閃耀著光芒。甲板很濕，當我坐下來呼吸新鮮的大海空氣，我的褲子也被浸濕了。當船員分發兩個飯糰和六盎司水的糧食配給我們時，我坐在那裡看著夕陽在海中落下。晴朗的藍天就像一塊畫布，而神祉正在用橘色、紅色和金色的調色盤作畫。那些色彩雄偉地閃爍著，然後才和太陽一起消失在水面下。我緊閉著眼睛，不明白為何如此美景總是會勾起我的痛苦和哀傷。

到了第三天，船長在遠方看見了另一艘船。他已經走過這條航程很多次，所以知道對方是海盜。在過去的航程中，海盜曾經掠奪財寶、殺人、強姦並綁架女孩。他們對搭船的人們行進的路線瞭若指掌，因此在海上航行企圖掠奪財物。而我們知道海盜的企圖，因此也早有對策。央的姊姊做了糖果，把小塊的金塊都藏在裡面了。有些家庭則把金塊和珠寶縫在胸罩的內襯裡、長褲的褲頭裡、袖子裡、鈕扣後方以及內褲裡。其他人則把金子做成牙齒，有些人甚至把鑽石和其他珠寶吞下肚，他們知道之後可以用嘔吐或腹瀉的方式把東西拿回來。

船長將船隻加速，試圖逃脫海盜船的追趕，卻徒勞無功。海盜船比我們的船更大更快，所以很快就追上了我們。此時，船上的女人們也急忙將黑炭膏塗抹在臉和身體上，試圖讓自己變醜。臉上抹了灰燼之後，其中較年輕美麗的女孩將手伸進之前的嘔吐袋裡，撈出大把的嘔吐物抹到頭髮和衣服上。我跟著央有樣學樣，將黑炭膏塗抹在臉和身體上。當海盜船靠得越來越近，船長把每個不是船員的人都趕回甲板下方。

我蹲在孟和央中間，肚子因恐懼和惡臭而翻攪。我不知道會發生什麼事，我對海盜的了解僅限於過去在書中看過的照片。我的腦海中悄悄地浮現了那些畫有骷顱頭和骨頭的醜陋旗子、利劍割破人的喉嚨和長刀刺入我們心臟的畫面。我們的船緩緩地停了下來，隨著走上船的沉重腳步聲，我的心也怦怦地跳了起來。幾秒鐘之後，通往甲板的門被猛然打開來。

「出來吧，沒事了。」船長對我們喊道。「他們只是友善的泰國漁夫罷了。」他的聲音聽起來不像喉嚨被割斷的樣子。乘客們都拒絕出去，依然躲在甲板下方。「他們只是想幫我們而已。他們邀請我們所有人上他們的船吃東西，並且伸展筋骨幾分鐘。」船長向我們保證照他們的話做是無害的。我鬆了一口氣，跟孟和央一起爬了出去。出乎我意料地，那些海盜看起來一點也不可怕。他們沒有劍，也沒有戴眼罩，船上也沒有懸掛骷髏頭的旗子。他們的皮膚都很黝黑，臉部特徵也和我們柬埔寨人很像。

那艘船幾乎比我們的大上十倍，有足夠的空間可以讓九十八個人散步和伸展筋骨。他們也遵守了諾言，給我們白飯和鹹魚吃，還讓我們想喝多少水就喝多少水。之後，我四處走走，找到了一間廁所——一間真正的廁所，就和我們在金邊家中的一樣，是有座位的沖水馬桶。我們住在船屋上的時候，每當想上廁所時，都得蹲在船邊一個架在水面上方、底部挖空的草編籃子中，同時還得緊抓住一根柱子以免掉進海裡。正當我開始感到放鬆時，船長就宣布得回我們的船上了。然而，在來得及上船之前，我們必須排隊和新朋友「會面」。

那些海盜不知道是從哪裡冒出來的，突然間包圍了四周，而且他們的人數現在似乎越來越多了。央很快地把一個小火柴盒遞給我，裡面有一個鑲了金框的小玉製佛像，那是爸的。當海盜走到我面前來時，我不禁顫抖起來。他彎下身，目光和我平視。當他直視著我的眼睛時，我的喉嚨腫脹了起來。我的口袋裡有他想要的東西。

「妳有東西要給我嗎?」他面帶微笑，用不流利的高棉語問道。我低下頭，緩緩地搖了搖頭，不敢看他的臉。我的心跳動得如此厲害，感覺都快蹦出衣服了。他不相信我，將手伸進我的口袋中，拿出了火柴盒。我聽見他搖了搖盒子，佛像在裡面移動。他把盒子打開，拿出了佛像。

「這個可以給我嗎?」他問。

我順從地點了點頭。

「妳可以回妳的船上了。」他拿著爸的佛像，然後放進他的口袋裡。

我強忍住淚水，走回了船上。

當那些海盜對船上每個人搜身時，其他海盜洗劫了我們的小船，拿走了藏在衣服堆裡的鑽戒、藍寶石項鍊和金塊。在甲板上，人們只能乖乖地交出貴重物品。我們家人沒有任何金子可以讓他們奪走。孟早就知道會遇上泰國海盜，所以把媽所有的珠寶都留在柬埔寨給貴了。雖然他們拿走了對我而言最有價值的一樣東西，但船長告訴我們，我們應該覺得自己很幸運。當我們全都回到船上後，那些海盜還主動告訴我們泰國難民營該怎麼走。我們的船長禮貌地謝過他們，似乎絲毫沒有感到怨恨或憤怒。然後海盜祝我們好運、和我們揮手道別後，我們就出發了。

「陸地!陸地!」過了好幾個小時之後，有人這樣喊道。我立刻坐直起身。在海上待了三天之後，我終於看到那壯麗的景色了。真正的陸地，長滿了綠樹和綠草。我們曾聽說很多船隻在前來泰國的途中都會迷失方向，最後到了菲律賓或新加坡，而船上的難民經常在海警抵達之前就已經餓死了。

「不只是陸地，是拉加星難民營。」船長自信滿滿地說道。一群人聚集在港口等候，想看看他們的親朋好友是否在船上。每個人都立刻衝上甲板，令船隻搖搖晃晃沉重地朝一邊傾倒。船上的乘客激動地揮著手，笑著呼喊親朋好友的名字。船長大聲呼籲大家要冷靜，否則就要翻船了，但我對他置之不理。

「我們得救了！」我大喊道，手臂像翅膀一般上下揮動著。

拉加星難民營　一九八〇年二月

我們身邊圍繞著一大群難民，在碼頭上排成一路縱隊等著被登記。在我四周，那些剛搭船抵達的新人都在興奮地和親朋好友交談，告訴他們關於在越南親人的消息，他們很高興能夠重逢。「五年。」我對自己說道。

我們又等了好幾個小時才排到登記桌前，給工作人員所需的資訊。當孟說話和回答問題時，我對自己臉上的黑炭、油膩打結的頭髮以及脫屑的皮膚感到難為情。難民營的工作人員要孟填寫了很多頁文件，然後才把我們送往營地的教堂，讓我們去那裡領乾淨的衣服、床單和食物。沒有親友的新來者在泰國的第一晚，都會在這座空曠的木造教堂中過夜。

那天晚上，我們家人、央的姊姊跟另一個朋友把金塊從胸罩裡、褲腰間以及裙擺和褲管中拿出來。大家把金塊湊在一起，向另一戶即將在下週前往美國的家庭買了一棟竹造小屋。然後我們用僅存的一點錢買了鍋碗瓢盆和器皿用具，準備在這裡待上很長一段時間。難民營的工作人員告訴我們可能要很久才能找到贊助人。他們說贊助人可以是一個人、一群人、一個組織或是一個教會團體，他們會負責幫助我們在美國的新家安頓下來。贊助人會幫我們找到住的地方，去學校學英文，也會幫助我們適應在美國的生活。我們的贊助人也會教我們如何在雜貨店裡購買食物、看醫生和牙醫、買衣服、上銀行、學開車以及找工作。他們還警告我們，在等待贊助人出現的期間，很多難民都會結婚生子，而每次發生這種事的時候，就必須繳交新的資料，也會因此拖延在這裡停留的時間。他們還說我們無法做任何事加快前往美國的腳步，只能耐心等待。孟說在拉加星大約有三、四千個難民，所以我們應該不會等太久。他告訴我在一些其他難民營裡住著超過十萬個難民，所以得等更久。

每天早上都有一排卡車載著一袋袋的米、魚和一桶桶乾淨的水，浩浩蕩蕩地來到拉加星。然後難民營的官員就會分配鹽、水、米、魚給我們，有時候甚至還有雞。我們必須自己去找所有其他的物資，包括肥皂、洗髮精、清潔劑以及衣服。當糧食配給減少時，我們就會在營區外圍的泰國市場裡買食物補充。一般而言，在營區裡的生活不外乎是排完一個隊後再去排另一個隊，等著領取我們的食物和水的配給。

有一天，我看到很多人在海邊排成一個很長的隊伍。炎熱的二月陽光曝曬在他們身上，他們的上唇都冒出汗珠來了。我站在樹蔭下，笑著看他們一個個走進海水中，去面對那個叫「神父」的人。我目不轉睛地看著那個神父，心想他怎麼有辦法在我們炙熱的陽光下還保持如此白皙的膚色。神父的眼睛和天空一樣湛藍，他的鼻子很長，有棕色捲曲的頭髮。他和那些站在他面前的男女相比，顯得又高大又魁梧。他一隻手緩緩地做出十字的手勢，另一隻手則輕輕指引著人們的頭，向後按入海水中。當我看到孟全身溼淋淋站在旁邊一群人當中的時候，不禁瞪大了眼睛。

「大哥！」我喊道，一邊朝他跑去。「你也被神父按入水中了嗎？」

「是啊，他讓我變成基督徒了。」孟和他的朋友一起輕笑道。

「為什麼？我以為我們是佛教徒。」

「我們是啊，但變成基督徒可以幫助我們快點找到贊助人。很多難民都是教會團體贊助的，基督徒喜歡幫助其他基督徒。」我雖然不明白，但孟已經轉過身背對我了。

日復一日，由於沒有別的事好做，我和表兄弟姊妹會走到海邊去。我身穿短褲和T恤跑進水裡游泳，涼快一下。從水中，我從眼角瞥見一個紅色的東西。我轉身震驚地倒抽了一口氣，不敢相信我的眼睛。一個年輕女子走進水中，身上只穿了一套鮮紅色的小泳裝！彈性的布料緊貼在她的身體上，讓每個人都能看見她性感的身材。V領的上半身露出她的乳溝，當她跑進水中，雙乳上下晃動著。我知道她一定就是每個人都在八卦的「那種」越南女孩，因為沒有一個高棉或華裔女孩會穿這種東西。高棉女孩游泳時，不是把長紗籠緊緊裹在胸前，就是穿著衣服下水。

幾個星期後，我在三更半夜被一個響亮的尖叫聲吵醒。從一個鄰居的茅屋中傳出許多憤怒的吵雜聲。一個小時後，一切又安靜下來，我才又睡著了。第二天，整個營區都在談論這件事。聽說當我們睡覺的時候，一個越南女孩驚醒過來，因為有一個男人坐在她的肚子上。他手持一把刀威脅她不准尖叫，但她還是尖叫了，而他也跑走了。在排隊等著拿食物的時候，很多女人都在閒聊，說是那個女孩自找的。「畢竟，」她們說道，「她是越南人。這些越南女孩總是和男人大笑、說話和調情，她們愛穿高開叉的裙子和泳衣，是她們自己招惹這些上身的。」我的臉因憤怒而發燙，我跑了開來，不想聽這些閒言閒語。她們是對的嗎？這些人總是很快就把罪怪在女孩們頭上。

幾天變成了幾個星期，幾個星期變成了幾個月。五月很快就到了，我們依然沒有贊助人。有更多人一船船地抵達我們的難民營，其他人則離開前往別的國家。自從我們離開柬埔寨已經過了八個月。我們沒有管道能夠聯絡珠和家人，讓他們知道我們平安無事。對他們而言，我們很可能在海上迷路或是死了。一想到我的家人會擔心，就令我心情沉重不已。雖然很多難民都很窮，但我們顯然是最窮的。日復一日，孟和央都必須向她姊姊以及朋友借錢才買得起食物補充我們不足的糧食配給。當其他女孩都穿著漂亮衣服、吃著從泰國市場買來的美食時，我只能吃稀飯，偶爾買得起的時候才能吃點魚。由於持續營養不良，我的肚子依然是腫脹的，身體其他部位則又瘦又小。

然後，在一九八〇年的六月五日，孟從難民營官員辦公室回來的時候，臉上充滿了興奮之情。他宣布我們找到贊助人了。「我們要去美國了！」央和我開心地又叫又哭起來。

「我們要去美國了！我們不用再存錢了！」央停止尖叫，然後盯著我看。「我們得去買布，幫妳做件連身裙穿去美國！」第二天，她帶我到泰國市場買布料。我在店裡走著，看著堆疊在桌上的各種七彩鮮豔的美麗布料。我把手指在褲子上擦了擦，確定手上很乾淨沒有灰塵和污垢之後，才敢輕輕地觸摸布料。絲布在我手中閃閃發亮，摸起來既柔軟又涼爽。它好漂亮，但我知道我們買不起。「來看看這個吧。」央把我叫過去。她手中拿著一塊橘色、紅色和藍色的格子布料。「很漂亮吧？我覺得在妳身上會很好看。」我點點頭，目光緊盯著那紅色的格子方塊。

第二天，孟、央和我滿心歡喜地走到一個大空地上，觀賞難民營官員當晚播放的電影。電影的目的是讓即將前往美國的難民大概了解一下我們的新家是什麼樣子。電影是在戶外放映的，影像投射在營地中央的一張白色大床單上。黃昏時刻，難民們拿著毯子、米鍋、一盤盤的魚和裝在保溫瓶裡的茶聚集在此，吵雜地吃著東西等待電影開始放映。我趴在毯子上，孟和央在我身旁，屏息地看著臨時搭建的螢幕上播放的關於美國的影片。建築物都是綠色大理石、白色花崗岩或是紅磚所建造的，還有大片的玻璃窗。在那些像鏡子的銀色牆面間，各種不同身高的人們穿著高跟鞋和黑色皮靴走在街道上。那些人都有不同的髮色，有的又黑又捲，有的是橘色的捲髮，還有紅色的直髮、金色的大波浪或是黑色的直短髮。他們上下車、對朋友吹口哨，或是穿著高跟鞋走在路上，走起路來聲音大得像從喇叭中播放出來的音樂一般。

「美國。」我輕聲說道。孟微笑著，撥亂了我的頭髮。

「加州。」他告訴我。

「那是我們要去的地方嗎？」

「不，我們要去的州叫做佛蒙特。」他說道，然後又將目光轉回螢幕上。

「那裡和加州一樣嗎？」我問。

孟告訴我說他不知道。似乎沒有很多人要去佛蒙特，而且很多人根本連聽都沒聽過。但他向我保證那確實是在美國，所以一定和加州有點相似。

回到家中，央和她的朋友幫我上下量身，準備替我做連身裙。一整個星期，她們都努力地縫製著我的連身裙，用別針別住又放下裙襬、衣袖以及衣領。她們甚至還在領口縫製了荷葉邊。我們要離開難民營的前一晚，我緩緩地將衣服打包。我把那件做好的連身裙還有新涼鞋放在一旁，然後把一本孟買給我的小記事本、兩支鉛筆以及幾張畫畫用的活頁紙放進背包內。然後我又再次拿起我的連身裙將它撫平，才小心翼翼地放下來，確保它明天不會變皺。我哀傷地想道，我終於有一件衣服可以替代那件被士兵燒掉的紅色連身裙。這是我五年以來的第一件連身裙，而明天我會穿上它給大家看。在我來得及發出咯咯笑聲之前，一陣哀傷的感覺又將那份情緒壓了下去。我盯著這件連身裙，頓時明白它將永遠無法取代媽為我做的連身裙。媽和裙子都再也回不來了。

那天晚上的空氣又熱又悶，是泰國六月典型的天氣。潮濕的空氣中伴隨而來的是閃電和雷雨。我打著顫，聽著遠處傳來風暴雲的隆隆響聲。我很討厭雷雨，因為那聽起來像天空在和自己打仗。爆炸聲讓我感覺彷彿死亡又在追趕著我。我緊閉著雙眼，試圖讓自己不要害怕。在我身邊，孟和央背對著彼此沉沉地睡著。我很羨慕他們已經是大人，不會害怕這些風雨交加的黑夜。感覺像過了一輩子之後，雷聲終於不再，取而代之的是雨點。雨水打在我們稻草茅屋上的輕柔嗒嗒聲令我的眼皮變得沉重起來。當我緩緩墜入夢鄉時，我想起了爸。我知道他的靈魂可以飛越土地來找我，但我擔心他是否能夠飄洋過海到美國。在夢中，爸坐在我身邊，手指輕撫著我的臉頰。那輕柔的觸碰讓我覺得癢癢的，於是我微笑起來。

「爸，我很想你。」我輕聲說道。

爸對我笑了一下，他圓臉上的嘴角和眼角露出皺紋。

「爸，我明天就要去美國了。大哥說美國離柬埔寨很遠，離你很遠……」我的話懸盪在空氣中。我好擔心，不知道他的答案會是什麼，就連在夢中，我都不敢把我的恐懼告訴爸。

「別擔心。無論妳去哪裡，我都會找到妳的。」他告訴我，手指輕柔地將幾絡髮絲從我臉上撥開。到了早上，當我睜開眼睛時，雨已經停了，太陽也從雲朵後方露出臉來。清涼的微風將我的頭髮吹拂到臉頰上，感覺癢癢的。

幾個小時後，孟、央和我手牽著手，走進了曼谷國際機場。我們的飛機像有著翅膀的銀色巨型子彈，在登機口等著我們。我的心大聲地怦怦跳著，掌心也冒著冷汗。帶著爸在夢中的鼓舞，我走上了飛機。

後記

我快到家了。在搭了三十一個小時的飛機橫跨太平洋後，這是我在從曼谷前往金邊的飛機上最後一個小時的航程。在我下方的就是柬埔寨——我的土地，我的歷史。我將額頭靠在窗戶上，看到現在是雨季，幾乎整個柬埔寨都被一片閃爍的銀色水面所覆蓋。我想起了爸、媽、琪和玉。我強忍著滴在喉嚨中的淚水，回顧著自己將家人拋在腦後的那段過往。

當孟和我來到美國後，我極盡所能地不去想家人。在我的新國家，白天的我完全讓自己沉浸在美國文化中，然而到了晚上，戰爭卻會從我的夢境中跨越到現實。就像在一九八四年衣索比亞發生乾旱時，每天都會看到孩童餓死的畫面。在電視螢幕上，孩子們挺著巨大的肚皮，皮膚鬆垮地垂在骨瘦如柴的身軀上，乞討著食物。他們的臉瘦如骷髏，嘴唇乾燥，眼睛下陷、因飢餓而無神。在那一雙雙眼睛中，我看到了玉，而我想起當時的她是多麼想要有東西吃。

當衣索比亞危機從螢幕上消逝，也逐漸被美國人淡忘後，我就更下定決心讓自己變成一個普通的美國女孩。我踢足球，加入了啦啦隊，我和朋友一起混，吃很多披薩，我剪了頭髮並上了髮捲。我用深色化妝品畫眼妝，讓自己的眼睛看起來更圓、更像西方人。我很希望藉由讓自己美國化，抹去我對戰爭的記憶。在珠寫給孟的信中，她總是會問我在做什麼——但我從來沒有回過信。

貴、金和珠繼續和舅舅跟舅媽住在媽的老家巴登。我和孟離開後不久，我們的外婆以及最小舅舅的妻子和他們的兩個女兒也搬到村裡了。小阿姨在信中說紅色高棉殺了她的丈夫。至於我們的外婆，她已經八十多歲了，因為年事已高所以很虛弱，而且只會說一點點高棉語。當問起她曾看見什麼，外婆佈滿皺紋的眼睛便熱淚盈眶，淚水滑落面頰。她搖搖頭，用小手擦拭著眼睛，然後揉了揉心臟上方的胸口。

當珠年滿十八歲時，她嫁給了村裡的一個男人，之後生了五個孩子。他們一起在家門口擺了一個攤子，販賣竹製容器和黑糖。身為村中警長的貴，他的一份薪水就能養活妻子和六個孩子。在巴登，一個將近有一百人的安家社區從戰後的灰燼中逐漸壯大。

一九八八年，原本希望能夠到美國來和我們團聚的金也前往了泰國的難民營。他在那裡躲了幾個星期，靠著孟寄給他的錢過活。在世界另一頭的佛蒙特州，孟匆匆地填好家庭團聚文件以便讓金到美國來。幾個月之後，我們接到消息，美國已經減少了能夠以難民身分入境的人數。因此，泰國難民營的官員把難民們都聚集起來，全部遣返回柬埔寨。在佛蒙特州，孟倉促地湊足了一萬美金，以便把金弄出泰國。孟透過一個黑市集團安排了他的逃亡，最後讓他逃到了法國。在等待了多年、填寫了多份移民文件後，現在孟迫切地等待著金和他的家人抵達佛蒙特州。

孟和他的妻子自從我們在一九八〇年以難民身份來到美國後，就一直住在佛蒙特州，現在他們有兩個女兒。因為他們的辛勤以及決心，我們在柬埔寨的家庭以及在美國的家庭才能茁壯成長。我們困在外國的土地上，對當地的文化、社會、食物或是語言都所知甚少，他們兩人在IBM公司從早工作到晚，以養活全家人。雖然孟多年來讓我們在柬埔寨和美國的家人都能免於經濟拮据，但他依然對於無法成功把全家人帶來這件事感到無比地哀傷。加上當前的政治和移民法規，我們一家人想要再團圓的希望非常渺茫。

至於我，我過了十五年和柬埔寨持續不斷的戰爭完全隔離的生活。當孟和央不僅要工作養活我們，還要有餘額可以寄去柬埔寨的同時，我則努力學習說英文、上學，並照顧他們的兩個孩子。最後，我拿到了政治學的大學學位，去緬因州一個家庭暴力的庇護所工作。三年後，在一九九七年，我搬到了華府，在無地雷世界運動組織（CLFW）工作。

現在，身為該組織的發言人，我經常在美國各地和海外出差，宣導關於地雷的訊息，以及當年我們在柬埔寨是如何生活的。每當我告訴人們關於集體屠殺的事，我便找到救贖自己的機會。我終於能夠做一件讓自己活下來顯得有價值的事。這不但讓我覺得充滿力量，而且感覺是我該做的事。我說得越多，我的噩夢就越少；有越多人聆聽，我的怨恨就越少。經過一段時間之後，我因為說了太多，居然忘記了害怕。不過，那都是在我決定回到柬埔寨之前。

隨著出發的日子越來越近，我的焦慮也越來越重，那些可怕的噩夢又回來了。在一個夢中，我在美國以一個成年女子的身份搭上飛機，在柬埔寨下機時卻變成了一個孩子。那個孩子在擁擠的人群中迷失了，迫切地想找到家人，喊著兄弟姊妹的名字，喊著父母。每天早上醒來，我都會對要回家這件事感到越來越驚慌失措。

出發的那一天，我的焦慮轉為興奮。當我在洛杉磯登機時，我幻想著回到屬於我的地方會是什麼感覺。一個每個人都會說我的語言、長得像我，和我有著同樣故事的地方。我想像自己下了飛機，走進家人敞開的懷抱中。我做著白日夢，想著我的舅媽和阿姨、表兄弟姊妹以及珠對我敞開的溫暖雙臂。他們環繞在我四周，形成一道保護膜，保衛著我的安全。

終於，飛機的輪胎在停機坪的短跑道上發出刺耳的聲響，我打起精神準備和多年未見的家人見面。我在腦海中可以聽見自己怦怦的心跳聲，令我的頭皮冒汗。空服員廣播要大家繼續留在座位上，直到飛機停穩為止。等我過了海關往機場外走去時，感覺彷彿已經過了好幾個小時。

我一眼就看見我家人了。他們全都在那裡。二、三十個人並排站在一起，他們推擠著，爭先恐後想在這麼多年後看到我第一眼，站在最前面的是珠和貴。雖然那天的氣溫是溫暖的華氏七十五度，但我的雙手卻又濕又熱。我注視著阿姨、舅媽和舅舅們棕色的眼睛，他們也不停地打量著我。我那身舒適、實穿、不怕髒、寬鬆的黑色長褲和棕色T恤以及黑色的Teva牌涼鞋讓珠和貴對我投以疑惑的眼神。然後我明白我哪裡做錯了，我的一身打扮就像是紅色高棉。我所有那些關於我們會立刻心連心的幻想全都粉碎了。我的家人和我尷尬地面對著彼此，他們溫暖的雙臂也垂落在身側。

我獨自站在那裡，緊盯著珠，喉嚨一陣緊繃。雖然她已經長大了，但我依然比她高出幾英寸。她留著一頭黑色長髮，她的皮膚很光滑，嘴唇和臉頰上塗了唇膏和腮紅，讓我想起了媽。她很美。當她的目光移到我的臉上時，我們四目交接，而我看到的是同樣善良、溫柔、包容的眼神。在那個瞬間，她摀住了嘴，淚流滿面，朝我跑了過來。全家人都說不出話來。她牽著我的手，滴在我掌心的淚水是涼的。我們的手指自然地交纏著，彷彿那份聯繫從未斷過。然後我讓珠帶著我朝車子走去，我們的表兄弟姊妹拿著我的行李，跟在我們後方。

致謝詞

首先我最感謝的就是巴比．穆勒（Bobby Muller），我的上司和精神導師。由衷感謝他在柬埔寨所做的一切，以及創立千高凌康復中心（Kien Khleang Rehabilitation Center）。當年我在美國極力想把集體屠殺從記憶中抹滅時，巴比已經在柬埔寨為當地人發聲請願，對地雷以及在波布暴政統治下被殘害的生還者和受害者提供援助。沒有他的支持與鼓勵，這本書很可能不會被撰寫出來。巴比讓我看到一個人能夠如何改變世界。我同時也要對佛蒙特州的參議員派屈克．雷希（Senator Patrick Leahy）致謝，我一直都受到他的鼓舞。他是一位政治家，但他的所作所為早已超越了他的職務範圍，他的奉獻和工作成果對我們在廢除地雷的努力是極為寶貴的。

我要感謝我卓越的經紀人喬治．葛林菲爾德（George Greenfield）對這本書的信心。非常感謝我的朋友、讀者，同時也是優秀的寫作老師，瑞秋．史奈德（Rachel Snyder）。我也要感謝我在HarperCollins出版社中天賦異稟的編輯崔娜．基登（Trena Keating），她對這本書的支持和熱情始終不減。沒有崔娜優秀的編輯，這本書可能就更厚了。同時也要感謝布朗森．艾略特（Bronson

Elliott）的鼓勵。

我要特別感謝馬克・普米爾（Mark Priemer），我最好的朋友，無論我做什麼或去哪裡，他總是會鼓勵我，沒有他的愛和支持，就不會有今天的我。感謝我在美國的女性朋友和新姊妹們：麗・卡波努（Ly Carboneau）、海蒂・藍道爾（Heidi Randall）、貝絲・普爾（Beth Poole）、琪亞・多曼（Kia Dorman）、布麗塔・史崇梅爾（Britta Stromeyer）、瓊恩・蒙絲（Joan Mones）、妮可・德瓦瑞恩（Nicole Devarenne），以及吉妮・布恩（Jeannie Boone），謝謝妳們讀了很多草稿。

感謝我在佛蒙特州的第二個家庭，琳達、喬治，和金・卡斯特羅（Linda, George, Kim Costello），謝謝你們把我的家人帶來美國。感謝艾利斯・薩維倫斯（Ellis Severance），我在埃塞克斯章克申中學就讀九年級時的英文老師，謝謝你給了我的作文有生以來第一個A^+。每當我覺得自己寫不下去的時候，我就會想起你。感謝所有在亞伯特羅頓初中和埃塞克斯章克申高中以及聖麥可大學的每一位優秀教師，謝謝你們幫助我融入在美國的生活。同時也要特別感謝佛蒙特州埃塞克斯章克申社區，這裡處處有溫情，沒有任何地方比這裡更適合我療傷了。

最後，我要對我兩個在美國出生的姪女瑪麗亞和維多莉亞說，我希望這本書會讓妳們更了解妳們未曾謀面的祖父母和姑姑們。

高寶書版集團
gobooks.com.tw

新視野 New Window 179
他們先殺了我父親：柬埔寨女孩的回憶
First They Killed My Father : A Daughter of Cambodia Remembers

作　　者　黃良
譯　　者　蔣慶慧
責任編輯　陳柔含
校　　對　蕭季瑄
封面設計　林政嘉
排　　版　趙小芳
企　　劃　鍾惠鈞

發 行 人　朱凱蕾
出　　版　英屬維京群島商高寶國際有限公司台灣分公司
　　　　　Global Group Holdings, Ltd.
地　　址　台北市內湖區洲子街 88 號 3 樓
網　　址　gobooks.com.tw
電　　話　(02) 27992788
電　　郵　readers@gobooks.com.tw（讀者服務部）
　　　　　pr@gobooks.com.tw（公關諮詢部）
傳　　真　出版部　(02) 27990909　行銷部 (02) 27993088
郵政劃撥　19394552
戶　　名　英屬維京群島商高寶國際有限公司台灣分公司
發　　行　英屬維京群島商高寶國際有限公司台灣分公司
初版日期　2019 年 02 月

國家圖書館出版品預行編目（CIP）資料

他們先殺了我父親：柬埔寨女孩的回憶 / 黃良作；蔣慶慧譯．-- 初版．-- 臺北市：高寶國際出版：希代多媒體發行，2019.02
　面；　公分．--（新視野 179）

譯自：First They Killed My Father : A Daughter of Cambodia Remembers

1. 黃良 (Ung, Loung)　2. 回憶錄　3. 政治運動　4. 暴動　5. 柬埔寨

ISBN 9978-986-361-599-6（平裝）

738.4　　107016755